三匹獅子舞の研究

笹原亮二著

思文閣出版

鳥屋の獅子舞

下九沢の獅子舞

三増の獅子舞

田名の獅子舞

大島の獅子舞

三匹獅子舞の研究※目次

序

第二章　三匹獅子舞の現地

第三章　舞の伝承

第四章　歌の伝承

第七章　伝承と現在

三匹獅子舞の研究

序

一　見ることと民俗芸能の現在

本書は、神奈川県北部において、過去から伝わり、現在も演じられている三匹獅子舞をどのように理解することができるか、そして、それをどのように記述することができるかという問いに対する取り組みとその成果を記したものである。

神奈川県北部では、津久井郡津久井町鳥屋《とや》・愛甲郡愛川町三増《みませ》・相模原市田名《たな》・同市下九沢《しもくざわ》・同市大島の五カ所に三匹獅子舞が伝わっている［田辺　一九八三］。獅子舞は北海道から九州にかけて日本中に分布していて、最も広い分布と数を数える民俗芸能とされる［西角井　一九七九：一八九］。それらは、一匹の獅子を二人以上の演者で演じる伎楽・舞楽系統の二人立と、一匹の獅子を一人で演じる風流系統の一人立に大別される［本田　一九五七］。その分類にしたがえば、本書で取り上げる神奈川県北部の三匹獅子舞は風流系統の一人立の獅子舞となる。

三匹獅子舞とは、一人の演者が獅子頭を被り、腹部に鞨鼓風の太鼓を抱いて一匹の獅子役を演じ、それが三匹一組となって獅子舞を演じるもので、二匹の雄と一匹の雌が、腹部の太鼓を叩きながら、囃子方の演奏する笛や歌や簓にあわせて舞う。三匹の獅子以外に道化役や天狗など様々な役が加わったり、花笠を被った簓摺りが登場したり、舞の構成や演出は場所によって様々な違いがある。三匹獅子舞が上演される機会は、社寺の祭礼のほか、盆・雨乞い・彼岸など様々で、時期も夏場が多いものの、ほとんど一年中に渡っている。三匹獅子舞は関東地方を中心に、甲信越・東北・北海道の東日本各地に夥しい数が分布しているのに対して、西日本には若干の例外を除くとほとんど見られないという分布の偏りが認められる。神奈川県北部の三匹獅子舞は太平洋岸の南限域にあたっている。

以前ある研究会において、戦前から民俗芸能の調査研究に携わってきた一人の民俗学者の話を伺う機会があった。(1) 発表が終わり、続いて出席者との間で質疑応答が行われた。その時筆者は民俗芸能の調査を現地でどのように行っていたかを彼に質問した。それに対して彼は、一瞬怪訝そうな表情を見せてから、その芸能が行われているのを見たと簡潔に答えたのであった。

いわれてみれば至極当然の話である。筆者が何故そうした質問をしたかというと、彼は、民俗学や民俗芸能研究に関わる以前、フリーの速記者として働いていた経験があった。関わるようになって以後も、折口信夫の講演を雑誌に掲載する際の速記を行ったりしていた［新井　一九九二：一七－一八］。民俗芸能の調査といえば演者たちへのインタビューは欠かせない。そんな時、速記者としての技術が役に立ったのではないか。速記の技術を有している彼ならではの独自の調査の進め方があったのではないだろうか。そんなことを考えて前述のような質問を発してしまったのである。

このやり取りは、当時筆者が行っていた調査研究が直面している問題点を気付かせることになった。その第一点は、三匹獅子舞をはじめ、民俗芸能を「見る」場合、それが文字通り「見る」ということ、即ち、それがどんなものかを現地で見定めることを必ずしも意味しなくなっていたということである。筆者に限らず民俗芸能を研究している者は、ほとんどの場合、その民俗芸能に接する前に、すでに報告書や先行研究によってその芸能に関する情報を一通り入手している。したがって、現地においてその民俗芸能を「見る」ことは、往々にしてその情報の確認となってしまうのである。

第二点は、三匹獅子舞を「見る」ことがそれのみでは完結しない不完全な行為と考えられていたということである。現在現地において見ることができるのは、かつては「民俗的」なあり方をしていた芸能が時代の推移にともなって変貌した姿である。したがって、それを見ただけでは正しく認識したことにはならない。そこで、変化する以前の様相を老人から聞き出して、かつての「民俗的」な原型を再構成することが必要となってくる。つまり、民俗芸能の調査では、それを「見る」と同時にそれについて話を「聞く」ことにも重点が置かれ、ややもすると主たる調査が「聞く」ことになってしまうのである。

もちろんこうした点は、否定的にのみ理解されるべきではない。各地で行われている民俗芸能を資料として考察を進める場合、第一点目は重要である。民俗芸能の様相は多様性に富んでいて、文字による報告のみでは実態がどういうものか判断が困難な場合が多く、事実誤認によって思わぬ間違いを犯すことになりかねない。現地にそれを見に行くことは一種の資料批判的な意義が認められる。特にそれは、民俗芸能の原型の成立やその後の伝播の解明を目的とする芸能史的研究において、重要になってこよう。

また、民俗芸能は過去から伝えられてきたものがほとんどである。過去の様相や由来、系譜は、多くの場合実際に語られることで人々の知るところとなる。民俗芸能は、現地においても演じられると同時に語られるものなのである。したがって、第二点目に関しても軽んじることはできない。

しかし、民俗芸能の調査研究において「見る」ことがまず第一に想起されないといった状況が肯定されていいものであろうか。この場合、問題は、民俗芸能の現在の様相、それが実際に演じられる様相に対して関心が払われなくなるということである。「見る」ということは、実際にそこで行われている状況と直接的に対峙することを意味する。民俗芸能の調査や研究が「見る」ことから始まるとするならば、現在の様相を全く無視した研究はあり得ない。ところが、「聞く」ことが主となるならば、対象は必ずしも現在のことである必要はなくなる。

こうした状況にあった筆者が、三匹獅子舞の実際の上演の現場を前にして、自らの調査研究の遂行に疑問を感じたのはある意味当然なことであった。筆者は平成元年（一九八九）の津久井郡津久井町鳥屋を皮切りに神奈川県北部の三匹獅子舞の本格的な調査を開始していた。調査にあたり、当初は、「その社会における前代から受け継いだ習慣として、住民一般が毎年繰り返し行っている芸能の類」［三隅　一九八一：二四］という従来の一般的な民俗芸能の理解の枠組みに依拠することで、鳥屋の実態を理解しようと試みていた。その際、枠組みからこぼれ落ちてしまう部分については、民俗的ではない例外的な部分、あるいはかつての民俗的なあり方が変化した結果と見なし、調査をその枠組みに収まる部分に対してのみ行う、あるいは演者たちからかつての様相を聞き取ることに限定するというかたちで対処することもできた。しかし、こぼれ落ちてしまう部分が現実の上演の様相の相当部分を占めていたことは、筆者にそれをためらわせた。それでは実態を十分に把握したことにはならないのではないか。むしろ、そうした部分も含めて包括的な理解を試みる必要があるのではないか。そのためには、従来の理解の枠組みに代わるどのようなかたちの理解が可能であろうか。調査が進むにつれて、次第にそんなことを考えるようになっていたのである。(2)

結局、当時筆者が直面している問題は、実際に行われている民俗芸能とどのように向き合い、どのような調査研究を行い、どのような理解を構築するか、そして最終的にその結果をどのように記述するか、つまり、「「民俗芸能」を調査／記述する方法自体を問い直す」［橋本　一九九三：四］ことであった。それは、民俗芸能の民俗誌(3)の作成と言い換えてもいいかも知れない。それを神奈川県北部の三匹獅子舞に対して試みた結果が本書ということになる。

二　民俗芸能の民俗誌と民俗芸能研究

従来の民俗芸能研究において、民俗誌の作成という問題に対しては、必ずしも高い関心が払われてきたわけではない。民俗芸能の民俗誌ということでまず想起されるのは、昭和五年（一九三〇）に刊行された早川孝太郎の『花祭』［早川　一九三〇］である。(4)それ以降、一つの民俗芸能を掘り下げた著作はほとんど出現していない(5)［上野　一九九三：一二二］。また、『花祭』に対しても、その後の研究において、資料集として注目し、言及し、活用することはあっても、まとまった著作として取り上げて、そこで行われている民俗芸能の調査や記述の方法が問題とされるということは、若干の例外を除けばほとんど見られなかった。(6)

山路興造は、従来の民俗芸能研究における研究方法を、演じられる演技自体を研究の対象とする芸態研究、民俗芸能の原型の成立やその後の伝播の様相を明らかにすることを目指す芸能史的研究、民俗芸能の各地域における伝承や変容の民俗的・宗教的背景を見極めようとする民俗学的研究の三類型に大別しているが、民俗誌的研究には言及していない。山路の所論において強いてそれに当たるものをあげるとすれば、個々の民俗芸能の報告ということになる。しかしそれは、研究に先だって行われる現地調査の成果の報告を意味し、(7)基礎的な情報収集としてもはやその使命を終了したと位置付けられている［山路　一九九四］。

また、山路が指摘した三番目の民俗学的研究は、本来民俗誌の作成を巡る問題と極めて近い位置にあったはずである。しかし実際は、こうした動向を担ったのが「神」や「古代」に主たる関心を寄せていた折口信夫を中心とする「慶應・國學院派」であったことや［三隅　一九八九］、研究者が戦後の民俗芸能における信仰的性格の急激な滅失に直面し、文化財保護的見地からそうした面をことさらに重視したこと［三隅　一九九四：一〇］などによって、「民俗学的」というのが神や信仰との関わりや古い時代のあり方と同義であるかの如く見なされ、民俗芸能の現状を含む実際のありように対する民俗誌的関心はあまり生じなかった。

このように見てくると、従来の民俗芸能研究における民俗誌の作成あるいは民俗誌的研究に対する関心は総じて低いものであったといえる。(8)

しかし、近年の民俗芸能研究は様相が変わってきた。新しい研究の動向として最も注目されるのは、民俗芸能の研究史に対する思想史的な再検討である。従来の研究が無意識のうちに自明のものとして寄り掛かってきた「古風」・「信仰」・「神」といった諸前提のイデオロギー性を明らかにして、その呪縛から研究を解き放ち、閉塞した研究状況を克服する新たな研究の方向を模索するものである。橋本裕之はこの方面の問題をいち早く提起し、議論を主導してきた［橋本　一九八九a・一九八九b・一九九〇］。こうした視角から個人の研究者の業績を検証した論考としては、橋本自身による牛尾三千夫の論考［橋本　一九八九d］、上野誠による折口信夫の論考［上野　一九九一］などがあげられる。彼らの研究は、同時に民俗芸能研究と近代や現代の関係についての問題提起となっているが、特に現代と民俗芸能を巡っては、それ以外にも様々な研究が現れてきた。

現代の民俗芸能は文化財保護を通じて行政当局と深い関係を有している。こうした点に関しては才津祐美子

［才津　一九九七］、俵木悟［俵木　一九九七］などの論考がある。橋本は文化財保護に加えて観光との密接な関係も視野に収めて論じ、民俗芸能の現況に対する認識をさらに深めている［橋本　一九九六］。また、彼らの研究においては民俗芸能研究に内在する本質主義的理解の問題点を明らかにし、それを克服した研究を目指そうという意図が窺われるが、小林香代［小林　一九九七］の論考は演技の実践に対する精緻な分析を通じてこうした問題の検討が行われている。そのほか、民俗芸能に対する行政組織の一員としての自らの関与を織り込みつつ現地の上演のありようを論じる山田尚彦の論考［山田　一九九三］なども現われ、こうした方面での研究の一層の進展を見ることができる。

民俗芸能の伝承を実践的な水準において捉え直す試みが盛んに行われるようになったのも近年の特徴である。従来の民俗学において、伝承は「以前からのしきたりの通りにくりかえし行うとか、父祖以来の慣行通りに行う」こと［和歌森　一九七〇：六］、つまり、ある一定の形式がそのまま超世代的に反復されていくことと単純に考えられがちであった。しかし、断絶や変化を常態として時代を経てきた民俗芸能の実態を考えると、それではいかにも不十分である。そこで、新たな伝承の理解の構築が試みられるようになってきた。上野誠は、民俗芸能に関する演者たちの言説から、見立てによって従来とは異なる再解釈が行われ、それが周知のものとなっていくという、実際の伝承の場における行為の実践と釈義の動的な関係を論じている［上野　一九九〇］。小林康正も、身体運動や演者たちが抱く美意識を重視した独自の伝承論を展開している［小林　一九九四・一九九五・一九九七］。

こうしたもの以外にも様々な観点や方法による研究が近年行われるようになってきて［上野・西瀬　一九九二・大石　一九九八］、研究の動向を簡単にまとめるのは容易ではないが、敢えていえば、民俗芸能を、従来「民俗的」とされてきた「古風」で「素朴」で「信仰」に満ちた「不変」で「伝統」的な姿においてではなく、実際に行われている状況において凝視し、そこから課題を見出して調査研究を行い、より妥当性の高い対象の理解を構築しようとする試みであったといえるのではないだろうか。そして、その結果見出されたのが、研究史と方法論・自明とされてきた諸前提の再検討・研究者と現地・近代・現代・政治・文化財・実践と釈義・伝承の変化といった課題であった。

三　本書の視角と構成

本書において試みられる三匹獅子舞に関する民俗誌的研究は、こうした近年の民俗芸能研究の動向と軌を一にしたものである。本書の課題は前述のように、従来の民俗芸能の理解が三匹獅子舞の現況の捕捉に対して十分に機能しないという事態に発している。そこで本書では、三匹獅子舞について、それらの上演の実態に焦点を定め、演者たちがどのようにしてそれを上演しているかを、観察とインタビューを主とした現地調査によって得た情報や資料に基づき解明を試みることにした。実際の上演は、芸態・歌・歴史的知識・用具類といった諸側面が一体となって行われているが、本書では便宜的にそれぞれ別個に分析を行った。音楽面に関しては、太鼓の演奏は獅子役の踊り手の動作として習得が行われていること、また、笛の演奏は笛吹きが現在いないところもあって少数の人に限られ、十分な情報が収集できなかったことから、いずれも芸態との関係で若干の検討を行うにとどめ、歌のみを独立して取り上げた。それぞれの分析の際には、従来の民俗芸能研究の枠組みを適用することを意識的に避け、それに代わって、実践と釈義・変化・現代・研究者と現地・政治・文化財といった観点を分析のための補助線として用意した。(9)

本書の構成と内容は次の通りである。

第一章「獅子舞の研究史」では三匹獅子舞に関する先行研究の成果を概観する。従来の研究は、三匹獅子舞の原型の成立とその後の各地への伝播に関する歴史的研究、東日本各地における所在状況に関する分布の研究が主であったが、近年は三匹獅子舞が伝承されている現地の状況に注目した研究が見られるようになったという研究の動向とその成果を確認する。

第二章「三匹獅子舞の現地」では、鳥屋の三匹獅子舞に関する筆者の現地調査の開始とその後の状況を提示し、それを通じて、本書における基本的な観点を設定するに至った経緯を述べる。

第三章以降は、芸態・歌・歴史的な知識・用具類といった各側面ごとに、世代間での技術や知識の伝授と実際の上演がどのようなかたちで行われているか、その様相を明らかにし、そこから上演を実現してきた演者たちの発想や論理を読み取ることを試みる。

第三章「舞の伝承」では、各地の三匹獅子舞の芸態の比較を通じてそれぞれの芸態の特徴を抽出するとともに、芸態が具体的にどのような教授と習得を経て実現されてきたかを明らかにする。

第四章「歌の伝承」では、歌を歌うという行為を演者たちがどのように考えているか、そして歌が上演においてどのような役割を果たしているのかを検討する。

第五章「歴史の伝承」では、三匹獅子舞の由来や過去の様相に関する演者たちの知識のあり方について、由来書を初め様々な文字で記された記録類や口頭伝承の遺存の状況を検討することを通じて考察する。

第六章「用具の伝承」では、各地の三匹獅子舞において使用される獅子頭を初めとした用具類について、管理や修理や新調といった措置がどのように施されて維持伝承が図られてきたかを明らかにする。

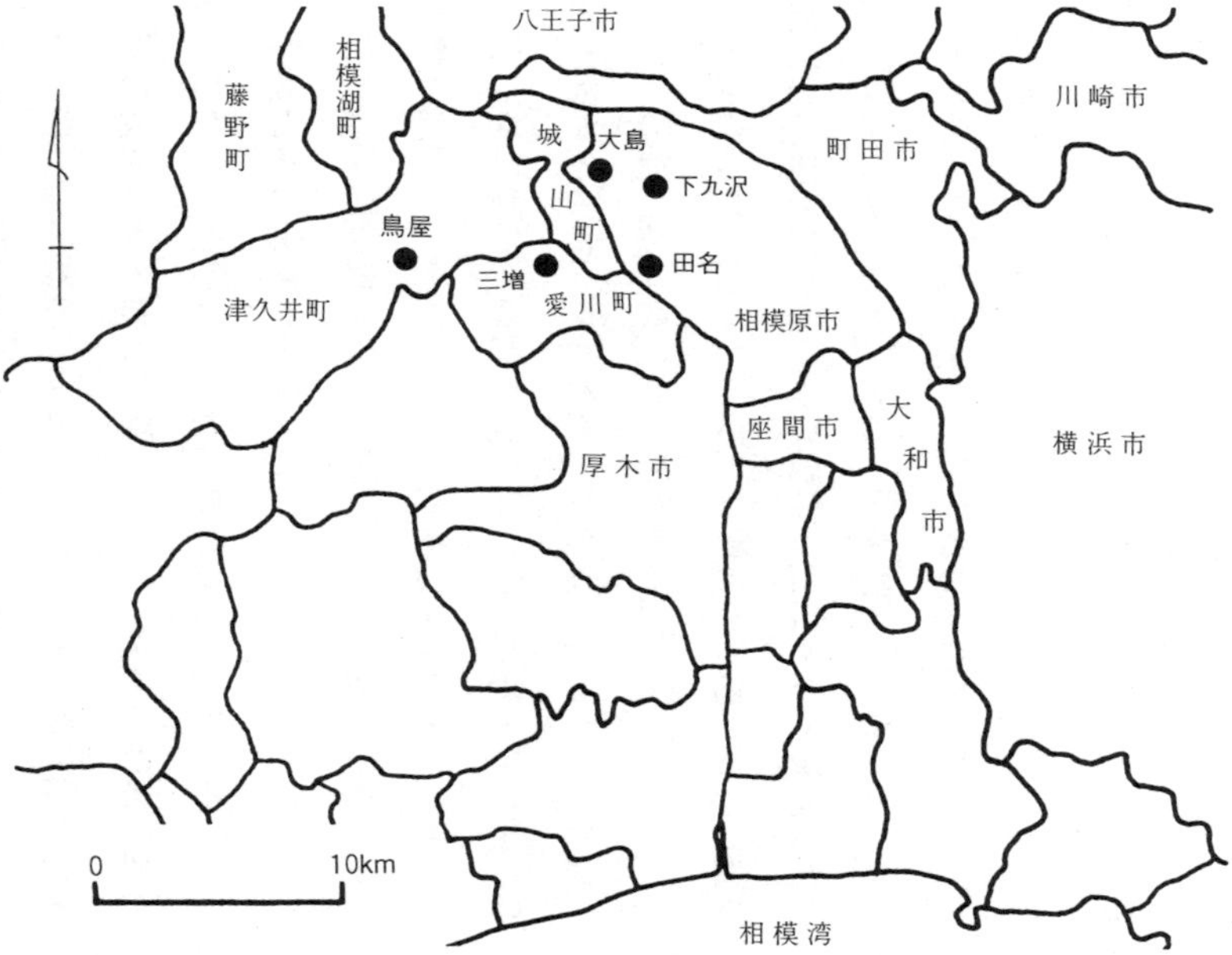

神奈川県北部の三匹獅子舞の所在地

第七章「伝承と現在」では、三匹獅子舞が民俗芸能大会の盛行に代表される同時代的な状況においてどのように上演が実現されているかを検討する。あわせて、本書で取り上げた三匹獅子舞に多大な影響をおよぼした永田衡吉の業績を取り上げる。

本書において筆者が試みる民俗誌的研究とは、民俗芸能における伝承の内実を、神奈川県北部の三匹獅子舞における演者たちの実践の様々な側面の検討を通じて明らかにするということである。その結果浮かび上がってきた伝承の姿については、後の各章に詳述した。

筆者がそうしたかたちで民俗芸能研究に取り組むに至ったのは、平成二年（一九九〇）から平成三年（一九九一）にかけて「民俗芸能研究の会／第一民俗芸能学会」に参加し、多くの刺激的な議論に接することができたこと、そして、同会の成果をまとめた『課題としての民俗芸能研究』［民俗芸能研究の会／第一民俗芸能学会　一九九三）に触発されたり教示を受けたりしたことが影響している。同書所収の諸論考を具体的に参考にした部分は本書の記述中で断っているが、それ以外にも教示を受けた点は少なくない。例えば、芸能という行為実践と、それを巡って様々に生成し、付着し、変化し、消滅する言説や意味と、両者の関係を軸に伝承の実態の把握を試みるという本書に通底する視角は、同書所収の諸論考から想を得たものである。(10) また、本書第三章以下の、演者の実践の具体的な様相を精密に検討することから伝承のあり方を探る作業を進める際にも、それらの論考は大いに参考になった。(11) 従来はなかなか研究の俎上に乗ってこなかった、民俗芸能の現代的状況にまで筆者が議論の範囲を拡張できたことについても、それらの諸論考の存在は小さくなかった。(12)

本書において主たる検討の対象として取り上げたのは、津久井郡津久井町鳥屋・愛甲郡愛川町三増・相模原市田名・大島・下九沢の五ヵ所の三匹獅子舞である。これらを対象としたのは、いずれも神奈川県北部という比較的狭い範囲に分布していること、以前から各地域間で人的交流があり、三匹獅子舞の演者間でも交流が見られたこと、現在はいずれも神奈川県域に所在し、同様の文化財保護行政の影響下にあること、そして何よりも、平成元年（一九八九）から平成八年（一九九六）にかけて筆者がこれら五ヵ所の三匹獅子舞に対して集中的な調査を行い、まとまった量の資料や情報を得ていたことによる。本書は基本的にそうした調査の成果に基づいている。(13)

神奈川県北部では三匹獅子舞という呼称は使われず、通常単に「獅子舞」と呼ばれている。そこで、本書では現地にならい、以下、単に「獅子舞」と表記した場合、特に断りがない限り三匹獅子舞を指すものとする。また、獅子舞は本来「舞う」とするのが妥当であるが、演者たちは通常「獅子舞を踊る」といっている。従って、本書では舞うことを「踊る」、舞手を「踊り手」と表記した。演者たちの言説を記述するにあたっても、彼らが舞を「踊」といっている場合はそのまま表記した。

（1） 平成三年（一九九一）一〇月一二日、民俗芸能研究の会／第一民俗芸能学会第二三回研究会において、新井恒易氏の「民俗の研究と芸術の研究」と題する発表が行われ［新井　一九九二］、筆者はそれに出席した。

（2） こうした経緯については、笹原亮二「三匹獅子舞研究の自分史――三匹獅子舞の現地と調査研究の実践を巡って――」［笹原　一九九八c］を参照。

（3） 民俗誌と類似した「民俗芸能誌」という名称を持つ著作として、永田衡吉『神奈川県民俗芸能誌』［永田　一九六六］以降、各都県別の「民俗芸能誌」が八冊刊行されている。これらはその地域に所在する民俗芸能を網羅的に報告したものであるが、民俗誌を、行政による民俗調査の報告書を含むかたちで最大限緩やかに定義すれば［岩崎・鈴木・松田・山本　一九七七：二］、それらも民俗芸能の民俗誌ということになる。また、本田安次が著した神楽や風流など、民俗芸能の各種類ごとの全国規模での事例の集成も同様に民俗誌ということになろう［三隅　一九八五：一〇・一四-一五］。しかしここでは、民俗誌を対象についてある程度総体的な把握を目指し、そこでの認識や記述の方法に作成者が自覚的なかたちで著された著作と限定的に考え、単なる事例や資料の報告を目的としたものとは区別しておきたい。

（4） 早川の著作を有賀喜左衛門は「日本の民俗学研究において最初の優れたモノグラフ」と位置付けている［有賀　一九七一：四八一］。

（5） 本田安次『陸前浜乃法印神楽』［本田　一九三四］や同『山伏神楽・番楽』［本田　一九四二］などは、特定の民俗芸能に関するまとまった著作という意味で、民俗芸能の民俗誌といえるかも知れない。

（6） 上野誠「早川孝太郎『花祭』の方法――「民俗芸能誌」の記述を巡って――」［上野　一九九三］など。

（7） 山路は民俗芸能のモノグラフを、一ヵ所の民俗芸能に対してじっくりと腰を落ち着けて集中的な調査を行った成果で、まとまりをもった量的にかなり大部な記述と定義しているが、基本的には調査報告ということで、研究とは一線を画するとしている［山路　一九九四：二五-二六］。

（8） ここで取り上げた民俗芸能研究は民俗芸能研究者によるものである。民俗学の研究者においては、民俗芸能研究は純粋な民俗学の研究と異なるという認識があり［山路　一九九四：二五］、彼らによる民俗芸能研究はあまり盛んではない。それでも、民俗芸能を主題とした研究や、祭や年中行事、信仰を主題とした研究において民俗芸能に言及する場合が若干見られるが、それらにおいても、分布に着目したエクステンシブな研究や信仰・儀礼的側面の重視などが認められ、全般的な特徴は民俗芸能研究者の研究と変わらず、民俗芸能の民俗誌の作成や民俗誌的研究に対する関心も同様に高くない［笹原　一九九八d：六二-六七］。

(9) 筆者が本書で取り組む民俗誌的研究という課題は民俗学の現代的な課題とも通底している。岩本通弥は近年の民俗学の状況に関して、民俗を客観的実在として実体視し、それを研究するのが民俗学であると考えてきた結果、そうした実体が見出せない近現代に対して民俗学は著しく有効性を失ってしまったが、それを打開するには「「民俗」をではなく「民俗」でという起点に議論を引き戻」し、「〝現在ここにある当たり前〟、ここから自己規定を立ち上げていく必要があるのではないか」と述べている［岩本　一九九八a］。岩本の主張は前述のような民俗芸能研究の新たな動向と極めて近い場所にある。民俗誌あるいは民俗誌的研究と近年の民俗学の関係については、都市とフォークロアの会『らく』一［都市とフォークロアの会　一九八七］、筑波大学歴史人類学系民族学研究室『族』一〇［筑波大学歴史人類学系民族学研究室　一九八九］、国立歴史民俗博物館『国立歴史民俗博物館研究報告』三四［国立歴史民俗博物館　一九九一］、国立歴史民俗博物館『国立歴史民俗博物館研究報告』五一［国立歴史民俗博物館　一九九三］などを参照。筆者の三匹獅子舞に対する調査はこうした研究動向に少なからず影響を受けている。

(10) 同書第二部、福島真人「儀礼とその釈義」・小林康正「芸能の解釈学――「東山伝説」と葛藤する解釈――」・樫尾直樹「ツブロサシ伝説考」・福原敏男「常行堂修正会の後戸――コク部屋を巡って――」の諸論考。

(11) 同書第三部、西郷由布子「人はどうして「踊りおどり」になるのか」・大月隆寛「目にはさやかに見えねども――あるいは、どうして民俗学から「芸」がなくなったのか――」・兵藤裕己「語りの場と生成するテキスト――九州の座頭（盲僧）琵琶を中心に――」の諸論考。

(12) 同書第四部、松田直之「近代浅草の芸能空間」・笹原亮二「民俗芸能大会というもの――演じる人々・観る人々――」・三隅治雄「芸能をもてあます村」・大石泰夫「「天下御免」の三番叟――西伊豆の若い衆と芸能――」・橋本裕之「ストリップについてお話しさせていただきます」の諸論考。

(13) 調査の成果はそれぞれの獅子舞に関する報告書として刊行している［相模原市教育委員会教育委員会　一九九一～一九九五・相模原市立博物館一九九六・愛川町教育委員会　一九九七］。なお、相模原市教育委員会発行の報告書の引用や参照に際しては、発行年とページ数のみを記載した。

第一章　三匹獅子舞の研究史

一　三匹獅子舞の歴史

(1)三匹獅子舞の成立

従来の三匹獅子舞に関する研究の論点のひとつとしては、三匹獅子舞の歴史や系譜、特に成立を巡る問題をあげることができる。三匹獅子舞に関する最も早い時期のまとまった研究は、『民俗芸術』獅子舞特集号である［民俗芸術の会　一九三〇］。そこには、青森・栃木・埼玉・東京・神奈川・長野・新潟といった各地の三匹獅子舞に関する報告が掲載されているほか、小寺融吉の「固有の獅子と輸入の獅子」［小寺　一九三〇］と柳田國男の「獅子舞考」［柳田　一九三〇］において、三匹獅子舞の成立が論じられている。小寺は、日本の獅子舞はすべてが大陸から伝えられた獅子舞に由来するものではなく、二人立の獅子舞は伎楽や舞楽とともに大陸から輸入された獅子舞であるが、三匹獅子舞や鹿踊などの一人立の獅子舞は日本固有であるとした。柳田も小寺と同様に、かつて日本では、祭の際に鹿や猪などのシシと呼ばれた動物を生け贄に捧げる習慣があり、それが後に木製のシシに変化し、さらにはそれを頭上に頂いて舞う芸能が行われるようになったものが一人立の獅子舞であると述べている。

小寺や柳田の一人立獅子舞固有説に対して異を唱えたのは本田安次である。本田は「獅子舞考」[本田 一九五七]において、三匹獅子舞の成立を次のように述べている。一人立が伎楽よりも古い日本固有のものならば、東日本にのみ分布しているのは不自然である。また、一人立という形態は、資料的に近世の地誌や随筆に見られるだけで古い時代にさかのぼれない。そう考えると、一人立を日本固有の獅子舞とするには無理がある。一方西日本には、風流踊の一種の太鼓踊が、一人立の獅子舞と東西に棲み分けるかたちで分布している。太鼓踊は花笠を被った踊り手が腹部の太鼓を叩きながら歌と囃子にあわせて踊るもので、中世に京都周辺で大流行した。太鼓踊は、一人立の獅子舞とは踊り手の被り物などの違いを除けば酷似し、同系統と考えられる。獅子役が太鼓を打つ必然性がなく、太鼓踊の歌謡は詩型や内容が獅子舞歌よりも古いので、太鼓踊が門付けの獅子舞の獅子頭を風流の趣向として取り入れて一人立の獅子舞が成立したと考えられるというわけである。

一人立の獅子舞は日本固有の獅子舞ではなく、風流踊の一派の太鼓踊を基に成立した風流系統の芸能とした本田の見解は、山路興造によって支持され、ほぼ定説化した感がある。山路の「三匹獅子舞の成立」[山路 一九八六]は、三匹獅子舞の歴史に関する従来の研究では最も注目される論考である。山路はそこで、本田の見解を、各地の風流踊や三匹獅子舞の芸態、獅子頭などの遺物、絵画資料など、様々な資料を駆使して細かく検証し、中世に近畿地方で大流行した風流踊が一六世紀末から一七世紀初頭に東日本に伝わり、江戸を中心とした地域で三匹獅子舞が成立したと、その経緯をより具体的なかたちで跡付けている。

小島美子は「三匹獅子舞のしくみと成り立ち」[小島 一九七七]において、本田や山路とは異なる見解を提示している。小島は前述の柳田の所説を受けて議論を展開する。日本には三匹獅子舞が成立する以前に、シシに扮してその増殖を祈念する宗教的な芸能が行われていたが、東日本にはそれが素地として強固に残存した。そこへ、古代から中世にかけて芸能者や民間宗教者が頻繁に訪れて獅子舞を演じた結果、その影響を受けて、中世末から近世にかけて関東地方で三匹獅子舞の原型が成立したとしている。

小島は、東日本に狩猟文化的な要素が近世まで残存した理由を、都から遠く離れていたことによる文化的後進性に起因するとしているが、西日本にも狩猟に関わる儀礼や芸能が伝承されていて、小島の主張と矛盾する。また、三匹獅子舞と風流踊の芸態的な類似を考えると、両者の密接な関係はやはり否定できない。こうした点から判断すると、小島説よりも本田・山路説に分があるといえる。

しかし、本田・山路説にも問題がないわけではない。河野弘は、茨城県大宮町には永正一四年（一五一七）の銘がある三体の獅子頭が遺存していて、一六世紀初期にはこの地方で三匹獅子舞が演じられていたとしている［河野　一九九〇：六六］。河野の見解は山路の見解と齟齬を来す。山路によれば、この時期には三匹獅子舞は成立していない。いずれの見解が妥当かは大宮町の獅子頭の銘の真偽が決め手となるが、どちらと判断するにも現在のところ決め手を欠き、決着はついていない［山路　一九九六：一三］。

⑵成立後の展開

三匹獅子舞の成立後の様相に関しては、近世を通じてどのようなかたちで東日本各地に伝播し、現在の広域的かつ大量の分布が見られるようになったかが問題とされてきた。山路興造は前述の論考で、成立後は東日本各藩の政策によって限られた拠点に伝播し、さらに元禄期（一六八八～一七〇四）以降、農村部の経済的基盤の確立にともない、若者が行う神事芸能として各地の拠点から周辺に徐々に伝播していったとしている［山路　一九八六：六二―六三］。しかし、山路は成立後に関しては、大まかな見通しを提示するに止まり、十分に議論を尽くしているわけではない。特に、為政者との関係を論じながら、為政者側の記録が全く使われていない点は説得力に欠ける。山路の見解も未だ検討の余地があるといえる。

それに対して、神田より子や永田衡吉は異なる伝播の形態を想定する。神田は、三匹獅子舞には各種の祈禱や厄災祓い、仏供養といった信仰儀礼としての性格が認められること、各地に遺存する由来書に宗教的な内容が記されていることなどから、その成立や伝播に民間宗教者や専業芸能者が関与した可能性を指摘している［神田　一九八〇］。また、永田も、神奈川県域の三匹獅子舞が薬師堂や不動堂などの小堂で行われる場合が多いことや、由来書に記された儀軌的内容などを根拠に、それらが僧や行者や陰陽師といった人々によって伝えられ、各地では村落生活の防衛と成年戒として採用されて定着したと述べている［永田　一九八七］。

各地の三匹獅子舞において、家々を巡る門付け的な上演形態や、辻切りといった信仰儀礼的な上演形態がしばしば見られること［埼玉県　一九八六：四二二―四二三］を考えると、三匹獅子舞と門付けの一人立の獅子舞は、風流踊が獅子頭を頂く趣向を獲得したという表面的な接触に止まらない［山路　一九八六］、より深い関係があった可能性も否定できない。神田や永田の見解が改めて注目される。

成立後の展開ということでは流派も議論の的となってきた。三匹獅子舞は流派や明確な伝播経路が伝わっている場合や、由来書に流派名が記されている場合がしばしば見られる。この点について山路興造は、基本形態が他所に正しく伝授される近世特有の芸能伝播の方式と指摘している［山路　一九八六：六二］。永田衡吉も流派を芸態的特徴を有する実体と見なしている［永田　一九八七：二二八］。それに対して古野清人は、栃木県域の三匹獅子舞では流派間に芸態上の差異を明瞭に描き出すのは困難と述べている［古野　一九七三：六六-六七］。多数の流派が主張されているが厳密な分類が不可能な地域があったり［群馬県　一九八二：五五九］、流派が伝承されてくる途中で変更される場合があったりしたことを考えると、流派を常に固有の芸態を有する実体と見なすことには無理がある。神田より子は、由来書に記されたひとつの事項として、由来書の存在とあわせて宗教的あるいは社会史的な観点から理解することを提案しているが［神田　一九八〇：六〇］、傾聴すべき見解である。

各地の三匹獅子舞には、獅子頭などの用具類や歌本・由来書などの古文書類といった江戸期の記録類が多数遺存している。それらは時代が下がるにつれて増加し、一八世紀には現在分布が見られるほぼ全域で確認できる［笹原　二〇〇一］。しかし、従来の研究において、それらは十分に活用されてきたわけではない。今後はそれらの整理分析によって、江戸期の三匹獅子舞の伝播や上演形態の実態を明らかにすることが課題となろう。

二　三匹獅子舞の分布

三匹獅子舞の最大の特徴は、わずかな例外をのぞき、東日本にのみ大量に見られるという分布状況である。したがって、分布は従来から研究者の注目を集めてきた。地域を限った分布に関する研究は、長野県域に関する田口光一「東信濃の風流系獅子舞」［田口　一九八五］、埼玉県域に関する倉林正次『埼玉県民俗芸能誌』［倉林　一九七〇］をはじめ、各地域に見られる。しかし、広域的な分布を扱った研究となるとそれほど多くはない。

本田安次は、東日本各地の三〇〇ヵ所以上の事例を集成して全体的な分布状況の概括を行っている［本田　一九七〇］。しかし、本田は三匹以外の一人立の獅子舞を含む風流系の獅子舞全体を扱っているのに加えて、各地で調査が進んだこともあり、本田の概括が現在では十分とはいえなくなっている。古野清人も三匹獅子舞に関して広域的に大量の事例を収集して論じているが、地域によって粗密のばらつきがあり、全体的な分布を把握するにはこちらも十分なものとはなっていない［古野　一九七三］[1]。筆者は、各地の調査報告や先行研究を集成し、全体的な分布状況の把握を試みた［笹原　二〇〇二］。その結果、それまでは八〇〇［山路　一九八六：五一］とも一、〇〇〇以上［畠山　一九九七：一四］ともいわれてはっきりしなかった三匹獅子舞の分布数が中断も含めて一、四〇〇以上におよび、芸態に地域によってかなり多様性が認められることが明らかになった。

　分布に関する研究には、埼玉県域の獅子頭の分布と形態差・墨書銘の分析から獅子頭の形態の時代的変遷を論じた山本修康「埼玉における獅子頭の形態分類についての一私論――三頭一人立ち獅子舞の頭を中心として――」［山本　一九八五］、太鼓の構造や音楽構造の比較に基づき原型の成立とその後の各地への伝播の様相を考察した小島美子らの「利根川流域の三匹シシ舞の音楽的系譜」［小島・小柴・半谷　一九六九］、芸態の比較から福島県域への三匹獅子舞の伝播の経路を論じた懸田弘訓「羯鼓を失った羯鼓獅子舞」［懸田　一九九一］など、単に現状の分布の有無を問題にするのではなく、分布状況を歴史や伝播との関係で考察したものも見られる。大量で広域的で偏った三匹獅子舞の分布状況が江戸期を通じて歴史的に形成されてきたものであるとすれば、その分析に際しては分布と歴史を関連づけることが重要となろう。

三　三匹獅子舞の現在を巡って

　三匹獅子舞に関する従来の研究は、前述のものを除くと、各地の事例の基本的な情報を記した調査報告の類がほとんどで、その数は枚挙に暇がない［大村　一九九七］。そうした中で、近年は単なる事例報告に止まらない研究も現れてきた。特に、三匹獅子舞が実際に伝承され、上演されている現地の同時代的な状況に注目した研究が行われるようになったのは注目される。

山本宏子は、福島県三春町において、かつての農業に基盤をおいた地域社会が変化していく中で、世代間の三匹獅子舞の伝承が従来とは異なるかたちで行われ、結果的に住民の連帯意識が形成されていく様相を明らかにしている［山本　一九八六］。また、こうした研究で注目されるのは、松戸市立博物館編『千葉県松戸市の三匹獅子舞』［松戸市立博物館　一九九四］である。この報告書には、松戸市域に所在する三ヵ所の三匹獅子舞について、各地の概要・稽古から本番までの実態・関連史料・楽譜などの資料報告に加えて、橋本裕之ら七名の論考が掲載されている。(2) 彼らの論考の内容は、文化財行政と演者の関わりから演技の習得課程、歌と演技の関係まで実に多岐に渡っているが、民俗芸能の伝承を、実際に演技を習得し上演する課程という実践的な面から検討している点では共通する。具体的には、それぞれの三匹獅子舞について稽古から本番まで精緻な観察を行い、その結果と演者たちから引き出した言説に基づき、「演技を習得する／させる課程」としての伝承のメカニズムについて様々な角度から論じている。

こうした実際の状況から議論を立ち上げ、従来の伝承の理解を問い直そうという試みは、三匹獅子舞の研究に限らず、近年の民俗芸能研究において盛んに見られるようになってきた。それは、断絶や変化の危機に日常的に見舞われている現代の民俗芸能に対して、ほとんど機能不全に陥った「下位の世代は上位の世代が示す型を、聞いたり見たりすることによって学習していく」［平山　一九九二：三六］といった従来の伝承の理解に代わり、新たなかたちの理解を構築する必要性が生じたことも一因となっていると考えられる。本書の基本的な視角はこうした近年の民俗芸能研究の動向と軌を一にするものである。

（1）同書では、各地域の三匹獅子舞の分布以外に、三匹獅子舞の起源伝承・三匹獅子舞以外の獅子舞や鹿踊の分布・三匹獅子舞の特徴に関する論考が掲載されている。

（2）収録されている論考は、山田尚彦「行政の調査者とフィールドのあいだ」・山下晋司「民俗芸能を伝承する論理――松戸市和名ヶ谷の三匹獅子舞――」・大石康夫「若者の民俗としての三匹獅子舞」・小林康正「伝承論の革新――獅子舞を伝えるとはどういうことか――」・上野誠「稽古とその場――「伝承」を考える――」・橋本裕之「演技の民俗誌――大橋の三匹獅子舞――」・中村仁美「獅子舞の笛の伝承」の七編である。

第二章　三匹獅子舞の現地

一　現地の当惑

筆者が三匹獅子舞に対して初めて集中的な調査を行ったのは、(1)昭和から平成に変わって間もない頃、津久井町鳥屋の獅子舞に対してであった。当時筆者は、三匹獅子舞を初め、各地の民俗芸能が上演される現場に足を運び、実際に上演されている存在としての民俗芸能の理解を確かなものにしようとしていた。しかし、その結果は、理解が深まったというよりは、多様な現実から浮かび上がってくる様々な疑問が間断なく脳裏に去来するようになり、何をどのように認識すればその民俗芸能を理解したことになるのかといった、ある意味では民俗芸能の調査や研究に関して最も根本的ともいえるような問題を、改めて考えざるを得ない状況に陥っていた。(2)

そこで、取りあえず調査に取りかかり、それを行う中から現地で実際に上演されている獅子舞を理解するための視角を探ることにした。本章では、そうした筆者の鳥屋の獅子舞に対する現地調査の経緯について述べてみたい。

二　鳥屋の獅子舞

最初に、鳥屋の獅子舞の概要について簡単に触れておく。鳥屋の獅子舞は、神奈川県津久井郡津久井町鳥屋に所在する諏訪神社で、八月一〇日の例大祭において行われている。この獅子舞は寛文期（一六六一～七三）に、諏訪神社の鍵取寺であった清真寺で住職を務めた圓海という僧が始めたといわれている。獅子は巻き角を持つもの、宝珠を持つもの、剣角を持つものの三匹で、それぞれ頭《かしら》獅子・女獅子・男《お》獅子、あるいは父・母・息子、爺さん・婆さん・息子と呼ばれている。頭獅子と男獅子は胸に太鼓を付け、女獅子は太鼓を付けずに簓を持ち、それらを演奏しながら、地面に敷いた四枚の筵の上で踊る。

実際の上演の様相を、平成二年（一九九〇）を例に記しておく。鳥屋では例年八月に入ると獅子舞に関する様々な行事が始まる。祭の一週間前の八月三日は「獅子を出す日」である。獅子頭は、普段は中開戸《なかかいと》地区にある

鈴木家に獅子頭を飾る

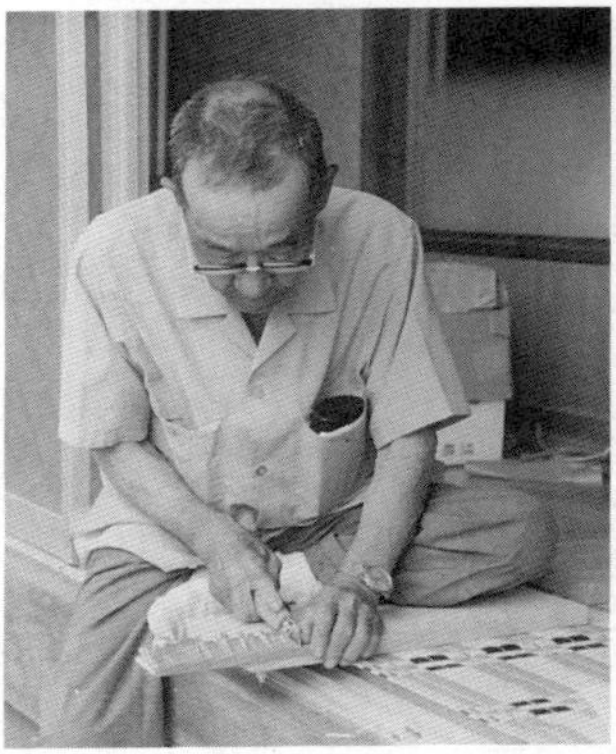
フサキリ

ブッソロイの獅子舞

鈴木家の奥の間に設けられた、専用の収納庫に納めてある。それをこの日、そこから出して鈴木家の床の間に飾り、灯明を上げ、御神酒を供える。以後本番の日までずっと獅子頭はそこに祀られる。鳥屋の獅子舞は昔から鈴木家が宿とされてきた。一時期宿を移したこともあったが、現在は旧に復し、鈴木家で獅子頭の保管や練習や諸準備が行われている。例年獅子を出す日の晩にはその年初めての練習が行われ、それ以降、本番の日までに何日か練習が行われる。

本番前日の八月九日にはフサキリとブッソロイが行われる。獅子頭や獅子役の腰などに取り付けられる房は、重ねて折った五色の紙を切って作る。その作業はフサキリと呼ばれ、九日の午後に鈴木家に世話人が集まって行われる。フサキリが終わって準備が整うと、夜にはブッソロイが行われる。ブッソロイは練習の総仕上げで、踊り手が獅子頭と衣装を着けて、鈴木家の庭で本番同様通して踊るが、この年は台風の影響で中止された。

翌八月一〇日は諏訪神社の祭当日であるが台風のために中止になり、一一日に例年通りの次第で行われた。当日は午前中神社で式典が行われ、それが終わると、御輿と屋台が神社を出発し、鳥屋地区内を練り歩く。昼過ぎになると演者たちが鈴木家に集まって来る。一同は支度を済ませて鈴木家を出発し、途中で御輿や屋台と合流して諏訪神社へ向かう。神社に到着し、ひと休みした後に境内で獅子舞を演じ、それが終わると神社の拝殿で直会を行う。翌日は主だった世話人が出てきて使用した道具類を片付け、所定の場所に収納してその年の獅子舞は終了した。

以上が鳥屋の獅子舞の概要である。筆者はこの年、獅子を出す日から後片付けに至るまでのほぼ全課程を見学した。そして、鳥屋の獅子舞に対して非常に好感を抱いたのであった。

三　獅子舞の印象

何故鳥屋の獅子舞に対して良い印象を抱いたのか、改めて考えてみると、演者たちが、昔から定められたかたちで熱心に獅子舞を行っていたように見受けられたからではなかったかと思われる。

それは踊り手や世話人の構成にも現れていた。現在鳥屋の獅子舞は、獅子役の三人の踊り手と笛と歌を受け持っている世話人と、併せて二十数名からなる鳥屋獅子舞保存会によって行われている。平成二年の場合は踊り手は三人とも中学三年生で、去年初めて踊った新人であった。世話人の年齢はまちまちで、一昨年まで踊り手を務めていた三人はまだ大学生である。笛吹きにも同じぐらいの年齢の人が一人いた。その上の世代としては、二代前に踊り手を務めた世話人が三人いて、全員昭和二八年（一九五三）生まれである。保存会の会計を務める三十代半ばの笛吹きは獅子舞に非常に熱心で、練習はもちろん、本番前日のフサキリと本番翌日の後片付けには仕事を休んで出て来ていた。その上の世代には、三代前に踊り手を務めた昭和一三年（一九三八）生まれの世話人がいる。彼は保存会の副会長で、保存会の全般を取り仕切っている。新人の踊り手への舞の教授も彼が中心となって行われていた。その上の世代としては、歌を受け持っている世話人たちがいる。現在の保存会長はこの世代である。そして、さらにその上に、明治四〇年（一九〇七）生まれで大正から昭和初期にかけて踊り手を務めた長老格の世話人がいる。

このように、鳥屋の獅子舞は、中学生の踊り手から明治生まれの長老まで、年齢や経歴の異なる何世代にも渡る演者で構成された集団によって行われていた。近年は後継者難で演者の高齢化が進み、上演に支障を来すようになった民俗芸能が多い。そんな状況を見慣れた筆者の目には、老若取り混ぜた潤沢な人員を擁する鳥屋の演者集団のありようは驚きであった。

また、鳥屋では前述のように、祭は曜日に関わらず毎年八月一〇日と決まっている。そして、その一週間前の獅子を出す日から様々な行事が行われている。特に、祭前日は午後からフサキリ、夜にはブッソロイ、それが終わるとブッソロイのお祝いの宴会が行われるというように、昼過ぎから深夜まで行事が続く。祭当日も、獅子舞自体は午後三時頃から神社の境内で踊られるが、午前中には鈴木家で演者たちが神主からお祓いを受け、昼過ぎには支度が始まるので、結局一日掛かりである。近年は、参加者の便宜を考えて祭を土日や祝日に変更したり、次第を簡略化してしまうところが多いが、鳥屋では従来の次第や日程を堅く遵守していた。しかも、本番だけでなく練習や準備にも、比較的時間が自由になる老人の世話人だけでなく、学生の踊り手や仕事を持っていて忙しいはずの若い世話人もよく出てきていた。(3)

ある世話人は、横浜から東北地方に転勤になって後もブッソロイと本番には必ず駆けつけていたが、この年はどうしても仕事の都合が付かずブッソロイを欠席するという連絡を入れていた。ところが、ブッソロイの宴会が始まってしばらく経つと、突然彼が現れた。途中からでも顔を出そうと、仕事が終わってから車をとばして来たという。思いがけない彼の登場に宴会は非常に盛り上がった。そんな光景も目にした。

舞の動作に関しては、同一の単純な振りを長い間繰り返すので、退屈な感じがすると指摘する研究者もいる［永田　一九五七：二七四］。厳密にいえば最初から最後まで同一ではなく、コウノ、ヤマガラなどと呼ばれる何種類かの動作の型があり、三匹獅子舞の唯一の演劇的演出とされる「雌(女)獅子隠し」(4)も演じられている。しかし、鳥屋の場合、獅子の動作が筵の上でのみ行われるので、動作がどうしても小さくなり、その結果、動きの変化が目立たず地味で単調な印象を与えることは否めない。

しかし、筆者は鳥屋の獅子舞を意外におもしろく見ることができたのである。その理由を考えてみると、ひとつには獅子の形態や動作の目新しさがあった。鳥屋の獅子頭は、それまで見慣れていた獅子頭とは異なり、前後に長い獅子というよりは龍のようなかたちをしていた。また、筵の上のみで獅子が踊るのも初めて見る光景であった。腰の後ろに尾のように取り付けられたシリバサミと呼ばれる大きな房も目を引いた。

そして、それらにもまして強い印象を受けたのは舞の動作そのものであった。民俗芸能は、写真を見たり話を聞いたりしている分には非常に面白いが、実際に上演を目の当たりにすると拍子抜けすることがよくある。演者が素人であり、技術的に高い水準にあるとは限らない民俗芸能においては、演技が上手か下手か、面白いか否かは問題にすべきではないのかもしれないが、魅力が感じられない場合が少なくない。そもそも三匹獅子舞自体、民俗芸能の中でも芸態が地味で、それが原因で従来あまり研究者の関心を引いてこなかった芸能といわれてきた［小島　一九八二：一五五］。しかし、それが意外と面白かったのである。舞の構成や動作の型は確かに単調であった。しかし、個々の動作が決まるところは決まり、同調するところは同調するといった動きのめりはりや、体力のある若者が演じることからくる力強さが感じられて、退屈せずに見ることができた。

鳥屋の獅子舞は、何世代にも渡る世話人と踊り手から構成された潤沢な人員を擁する熱心な演者組織によって、従来通りの祭の日程と煩瑣な次第を遵守し、活力的な上演が実現されていた。こうした点において、筆者は鳥屋の獅子舞に対して好感を抱いたのであった。

四　柔軟な演者の姿勢

しかし、筆者はその一方で、それとは少々肌合いの異なる様子が演者たちに見られることに気が付いた。例えばそれは、彼らが実によく酒を飲むということであった。練習の後は毎回宴会である。用具類の片付けが終わると、未成年の現役の踊り手たちにはジュース類、世話人たちにはビールが用意され、それを飲みながら反省会が始まる。演者たちは、初めのうちはその日の練習の出来を評したり、踊り手を注意したり、反省会らしい話をしているが、すぐに獅子舞とは関係のない世間話を話し出す。そのうちみんな酔いが回ってきて、単なる宴会の様相を呈してくる。まだ未成年で酒が飲めない踊り手たちを家に帰し、酒宴は夜遅くまで続いていた。

本番前日のブッソロイの日は、前述のように夜の試演が終わると宴会となるが、この日の酒宴はそれだけではない。昼間のフサキリの時も休憩の際に酒が出る。そうなると、単なる休憩のはずがつい長くなり、ちょっとした宴会のようになる。その結果、房を切る作業が遅れる。フサキリが毎年夕方まで掛かるのは、休憩の宴会化が一因となっていた。

ブッソロイの宴会

祭当日は、鈴木家を獅子舞の一行が出発する前に酒が振舞われる。本来の主旨は本番のためのお浄めの御神酒ということになっているが、お浄めに止まらない量を戴いている演者もいた。一行は諏訪神社に到着すると、本番までしばしの休憩を取るが、その時演者たちは酒やビールで喉を潤す。本番が終わると、神社の拝殿の中で直会ということで宴会が始まる。

演者たちはちょっとした機会を見付けては実によく酒を飲む。何かというと酒やビールが出てくる。一旦酒が入ると、本来の行事の主旨がどこかに追いやられ、単なる酒宴になってしまう。彼らは様々な話題に興じ、盃を重ねて実に楽しそうであった。鳥屋の獅子舞は、酒宴に次ぐ酒宴をともないながら行われていたのである。

そこで、改めて獅子舞の様相を見直してみると、やり方が厳密に定まっていない場合がほかにもあることがわかってきた。演者たちの組織にしても、保存会には会長、副会長、会計といった役職が設置されているが、それらが意味を持っているのは行政当局との関係といった対外的な場面においてである。演者集団内では宴席での挨拶と乾杯の音頭を会長が行う以外はあまり意味が認められず、個々の演者が役職に関わらず適宜必要な役割を果たすことで、全体としてうまく事が運んでいた。

獅子舞の歌においても同様の傾向が見られる。歌は最初から全員が声を揃えて歌っているわけではなかった。歌い出しのきっかけもきちんと決められていない。歌い手にリーダーがいるわけではなく、誰かが始めると自分も始めるといった感じで歌い出す。したがって、初めのうちは揃わず、しばらく歌っているうちにようやく揃ってくるのである。

平成二年の祭は前述のように、台風の影響を受けて祭が翌日に延期された。前日からすでに台風の影響が現れていたが、昼間はにわか雨が時折降る程度で、フサキリにはほとんど影響はなく、作業を無事済ますことができた。しかし、夜になると強い雨が間断なく降るようになった。演者たちと神社の氏子役員たちは一応鈴木家に集まったものの、ブッソロイは中止になり、ブッソロイのお祝いの宴会のみが行われた。翌日静岡県に上陸した台風は鳥屋を直撃した。午後には台風一過の晴天となったが、結局祭は延期された。その日は中止になったブッソロイの代わりに、舞の練習を踊り手と主だった世話人で行った。翌日、例年の祭の次第通りに獅子舞が行われた。

台風でブッソロイが中止になり、本番も延期になってしまったというのは、筆者には重大な事件に感じられたが、演者たちはそれ程気にしていないようであった。夜の宴会でも、外の天気や翌日のことを特に心配する様子は見られなかった。むしろ、前述したように予期せざる演者の来訪もあって、いつもの年よりもかえって盛り上がったくらいであった。本番でも、演者たちは延期になったことに対して文句をいうこともなく、例年通り獅子舞を演じていた。台風のせいとなれば致し方ないとはいえ、日程の変更にともない、演者の確保や神社側との段取りの再調整など、いろいろ厄介な問題が生じたはずであるが、そういったことを気にする様子もなく順延された日程を淡々とこなしてしまう演者たちの姿勢が印象深かった。

鳥屋の演者たちはすべてのことを定められたやり方に厳格にしたがって行っていたわけではなかった。ある時は定められたやり方をきちんと遵守し、ある時は定められたやり方に固執せず、柔軟な態度で獅子舞に取り組み、見事な上演を実現していた。鳥屋の獅子舞の練習から本番までの様相を見直してみて、そんな見解に到達したのであった。

五　柔軟な実践

その後、筆者はより詳しい情報を得るために、鳥屋を頻繁に訪れて演者たちにインタビューを行った。その結果、定められたやり方通りに行われていないことがさらに多いことがわかってきた。現在は定まったやり方できちんと行われていることも、以前は必ずしもそうではなかったのである。

鳥屋では前述のように、本番前日のフサキリで獅子役に付ける房を作る。房は六種類あり、それぞれ作る時の紙の大きさや重ね方や切り方が異なる。しかし、以前は結構いい加減に作られていた。戦後間もない頃、当時の世話人たちはフサキリの際には酒を飲んで騒いでいるだけでほとんど作業をせず、房の切り方をきちんと覚えなかった。従って、年寄りが次々と亡くなると、房を正確に切ることができる人がほとんどいなくなってしまった

獅子舞の行列

のである。

歌の歌詞についても同様であった。大正七年（一九一八）にN・A・ネフスキーが採録して報告した歌詞は［ネフスキー　一九一八］、歌詞の細部や順序が享保三年（一七一八）に記された歌本の写しや現行のものと異なる上に、四番欠けている。これは、ネフスキーの報告が正確ではなかった可能性もある。しかし、歌詞は固定していないらしいと小寺融吉が報告していることや［小寺　一九七四：二九八］、現在の演者たちも、かつては歌の文言や内容にはあまり気を留めず、歌詞をきちんと覚えていたわけではなかったと述べていることを考えると、昔の獅子舞が、常に歌本にある歌詞の数や順序通りに上演されていたわけではなかった可能性もある。

また、祭当日、鈴木家から神社へ向かう演者たちは、現在は御幣持ちを先頭に、幟・獅子・笛吹き・歌うたい・子獅子・歌うたいの順番で整然と並んで行列している。以前は先頭の御幣持ち以外、並ぶ順序は特に決まっていなくて適当に歩いていたが、それでは見苦しいということで前述のように定められた。先頭の御幣持ちも昔からあった役ではないという。

獅子舞の教授も以前は現在と大分違っていた。ある演者によれば、戦前初めて獅子舞を習う新稽古の時、先配たちは練習を始める時間になってもなかなか集まらず、ようやく練習が始まっても、座ったままで彼らの踊に勝手に文句を付けるだけで、かなりいい加減な教え方であったという。

六　柔軟な認識

現在は定められたやり方で行われていることが、かつては必ずしもそうではなかったのは、上演の次第や舞の教授といった実践的な面においてだけではなかった。獅子舞をどのように認識しているか、獅子舞についてどのような知識を有しているかといった面においても同様であった。

演者たちは、獅子舞に関する確固とした知識をそれ程所有していないように見受けられた。彼らは、獅子舞歌には意味の分からない歌詞が少なからず存在するが、歌本にある歌詞の通り歌うだけで、わからなくても別に困らないと語っていた。また、なぜ三匹の獅子を父・母・息子、あるいは爺さん・婆さん・息子と呼ぶのか、簓摺りの子供を子獅子というのかといった質問に明快に答えられる演者もほとんどいなかった。獅子舞の由緒や来歴に関しても同様である。彼らは毎年鈴木家を宿として使っていながら、どうして鈴木家が宿になるのか、その理由をはっきりと知っている人は少なかった。

獅子舞をその演者が何故演じることになったのか、自分が獅子舞を演じていることをどう考えているかといった、獅子舞と自らの関係について演者たちに尋ねても、明確な回答は得られなかった。戦前に踊り手を務めたある演者は、一四歳の頃に世話人から参加を頼まれた。当時は年配者のいうことを聞くのが当然であったので、獅子舞に加わり、八年程踊り手を務めたが、特に面白いとか、やってよかったと思ったこともなかったと述べていた。彼以外の戦前から戦後に掛けて踊り手を務めた演者たちも、いずれも当時の世話人から頼まれて獅子舞を始めているが、それを引き受けるか否かに関する彼らの側からの主体的な意志表示はなかった。踊り手は、かつては鳥屋の中でも渡戸《わたど》と中開戸の二地区の長男に限られ、彼らはその条件に適合する者として選ばれていた。しかし、彼らはそうした制限を知ってはいても、なぜそのように定められたのか理由はわからず、そうした制限の存在を訝しがる演者もいた。演者たちは、自らが獅子舞を演じることに対し、総じて自覚的ではなかったといえる。

舞の変化に関する演者たちの認識にも興味深い点が見られた。明治生まれの長老に昔と現在とで獅子舞に変化したところがないかどうかを尋ねたところ、彼の回答は、現在は前半の動作の繰り返しを減らしたので、時間が半分近くまで短縮されているということであった。このことは、舞が変化したことを意味すると思われるが、彼の受け取り方は違っていた。獅子舞の「踊は昔と同じ」で、「変えたところは一つもない」［一九九一：四四］というのである。また、戦後生まれのある演者は、獅子舞を伝承していくに際しては舞自体を変化させないように努力していると語っていた。実際に彼らが教授された獅子舞は、前半の繰り返しを減らしたものであった。それにも関わらず、彼はそれを昔から伝えられてきた伝統文化として認識し、今後も変化させずに継承していかなくてはいけないと語っていたのである。

演者たちは獅子舞を、昔と変わらず、将来も変えるべきではないものと考えていた。しかし、そうした彼らの認識は、獅子舞の実態の把握に厳密に基づいて形成されたものではなかった。

鳥屋の演者たちの言説からは、獅子舞に関する確固とした知識や認識の存在を窺うことができなかった。それどころか、演者たちの多くは獅子舞の由緒や意味や目的といったことにはあまり関心を寄せていないようにさえ感じられたのである。

七　厳密な獅子舞の出現

かつて鳥屋の獅子舞において、定められたやり方に従って厳密に行われなかったり正確に認識されていなかったりしたことも、近年は様子が変わってきている。

戦前の新稽古における前述のような舞の教授はやり方が変わってきた。現在は、最初に先輩が踊って見せたりビデオを見せたりして、獅子舞の全体を理解させる。それから、太鼓の叩き方や舞の動作を順番に教えていく。歌詞や口唱歌のテキストも使用されるようになった。全般的に効率的かつ体系的に獅子舞を教授するように工夫されていることがわかる。

子供が務める子獅子の役は、以前は衣装が特に決まっているわけではなく、普段着姿であったが、現在は紺絣の浴衣に花笠という揃いの出立ちをするようになった。世話人の衣装も不揃いであったが、現在は白絣の着物と夏羽織に揃えられた。

演者集団のあり方に関しても同様の変化を見ることができる。演者集団はかつては踊り手と世話人の区別があるだけであった。それが、昭和二九年（一九五四）に神奈川県の文化財に指定されると鳥屋獅子舞保存会が結成され、確固たる組織として運営されるように改められた。

演者たちの獅子舞に関する知識や認識も次第に確固たるものになってきた。本番前日のフサキリで作られる房は、現在は以前と異なり、作り方や必要な数量を記したマニュアルを用いて正確な切り方と数量で作られるようになった。獅子舞の目的や意味についても、演者たちは現在は、獅子舞は雨乞いを目的としたものであるということや、県指定の文化財として貴重な価値があるといったことをしばしば口にする。

このように、鳥屋の獅子舞は、準備や上演や保存会の運営といった実践的な側面に限らず、獅子舞に関する知識や認識といった側面においても、それまでは何となく曖昧で不明瞭であったことが確固とした輪郭を持つようになってきたのである。

八　我彼の違い

以上、鳥屋の獅子舞に対する調査を通じて到達した筆者の認識は、実際の鳥屋の獅子舞が、従来民俗芸能についていわれてきた「その社会における前代から受け継いだ習慣として、住民一般が毎年繰り返し行っている芸能」〔三隅　一九八一：二四〕といった理解からは幾分隔たったものであったということである。

鳥屋の獅子舞は、当初、演者たちが熱心に上演に取り組み、決められた規範や次第を遵守して厳密に行われているという印象を与えた。しかし、演者たちへのインタビューなどを通じて多くの情報を得るに従い、実際の上演はすべてが規範や次第に厳密に則って行われているだけではないことがわかってきた。何かというとすぐに始まる酒宴を初め、曖昧さや不明瞭さを含む局面が少なからず存在していた。時代をさかのぼると、そうした傾向は一層顕著に認められた。それは、獅子舞に関する演者たちの知識や認識といった次元においても見られたのである。

鳥屋の獅子舞は、規範や次第を遵守して行われている部分と、曖昧さや不明瞭さを孕みつつ行われている部分から構成され、結果的に活力的な上演が実現していた。これが、最終的に到達した鳥屋の獅子舞に対する認識であった。しかし、「規範や次第を遵守」と「曖昧さや不明瞭さを孕む」では指示される内容が正反対であり、それらを並列しただけでは、ひとつの事象の理解としてはいかにも不十分である。

そこで、例えばそれをこんなふうに考えてみてはどうだろうか。鳥屋における獅子舞の上演が正反対のふたつの局面に分裂して認識されてしまったのは、我彼の違い、つまり調査者として外部から獅子舞の上演を見ている筆者と実際に獅子舞を行っている演者たちの立場の違いを、筆者が明確に認識していなかったことに起因してい

たのではないかということである。(5)

鳥屋の獅子舞をそうしたかたちで理解するに至った経緯をもう一度見てみよう。筆者が獅子舞に向き合う際の前提として、民俗芸能は昔から毎年同じように繰り返し行われてきたという従来の一般的な民俗芸能に対する理解の枠組みがあった。ところが、現地を訪れて実際の上演に接したり、演者たちからいろいろ話を聞いてみると、実態はそうした枠組みに収まらないことわかった。そこで、それを従来と異なる枠組み、即ち厳密に行われている部分とそうではない部分に分けて整理することで、取り合えず理解を試みたのである。しかしその場合、厳密に行われているか否かの判断は、現地での観察や演者たちの言説に基づくものではあるが、基本的には筆者が下した解釈であり、演者たちが必ずしもそう考えていたわけではなかった。そうなると、外部から獅子舞に対して適用した理解の枠組みという点では、従来の民俗芸能の理解と変わらなくなる。(6)

現地の獅子舞の上演は、当然のことであるが実際は演者たちによって行われている。前述のように区別して整理した様々な事象も、演者たちによって上演のなかで一連の過程として行われているのである。筆者が曖昧さや不明瞭さを感じた行為も、彼らにとってはそうしたかたちで行われる必然性があり、それなりの役割を果たしていたのではないだろうか。しかし、筆者の認識においては、彼らの実践的な文脈に対する配慮が十分ではなかったために、それらをふたつの相反する範疇に整理するしかなかったというわけである。

そうなると、次に問題となってくるのは、獅子舞の上演について、いかにして演者たちの実践的な文脈により配慮しつつ理解を試みるかということであろう。こうした場合に採るべき方策としては、民俗学の現地調査においてこれまでも試みられてきたように、現地の人々との接触を、一方的な情報収集に止まらず、対話や議論も行いながら可能な限り深化させるということが考えられる。あるいは、より積極的なやり方として近年見られるようになったものに、演者集団に自ら参加してその民俗芸能を習得するということもある。そうした試みが一定の有効性を持つことは、従来の研究の成果が如実に示している。しかしそれも、外部の研究者が行う限り、演者たちの文脈に近づくことができても、最終的に彼らの側に立つことは不可能であり、その意味では完全無欠の方策とはいえない。そこで筆者としては、あくまでも外部から、演者たちの実践的な文脈を十分踏まえて、獅子舞の上演を理解することにこだわってみたい。

九　細部に分け入る視線

それでは、一体どのようなかたちの取り組みが可能であろうか。そこで注目したいのは、鳥屋の獅子舞において、厳密な部分と曖昧さや不明瞭さが認められる部分の区分が絶対的なものではなく、時代や周囲の状況に応じて変化していたことである。近年は全体として曖昧なやり方から厳密なやり方へと変化する傾向にあったものの、演者資格の制限が撤廃されて誰でも参加できるようになったように逆の変化も見られ、どちらの方向へも生じていた。そして、変化はいずれの場合にも、演者たちが獅子舞の上演を十全に実現する必要から生じたという実践的な性格を有していた。房の作り方の文書記録化は準備作業を滞りなく行うためのものであったし、教授法の変更は舞の伝授を確実に行うためのものであった。演者資格の制限の緩和や撤廃は後継者不足の解消を狙ったものであった。こうした変化は一定の効果を発揮し、それによって障害が除去されて、獅子舞の上演が現在見られるようなかたちで行われるようになっていた。

このことは、演者たちの実践的な文脈において最も重要とされていたのは、いかにして獅子舞の上演を実現するかであったことを示している。彼らにおいては、規範や次第を遵守したり、曖昧さや不明瞭さを残したまま行ったりしているように見えたことも、いずれも確実な上演の実現に至るための方策として行われていたのである。

ここに至り、筆者が今後採るべき取り組みの方向性がおぼろげながら見えてきたのではないだろうか。それは、獅子舞の実態をその時々の状況の中で演者たちが上演を実現する一連の過程として捉え、その経緯を詳細に追うことである。獅子舞の上演は、多くの演者たちの言説や行為や心意、あるいは現地で生起する多くの出来事といった内容や性格の異なる様々な事象が、連続したり絡まりあったり、様々なかたちで関係した結果実現していた。そうした上演の経緯を具体的かつ詳細に跡付け、実現に至る間に現地で何が起きていたのかを明らかにする。その場合、獅子舞が世代を越えて伝えられる過程も、上演の実現が長期間に渡る場合ということで検討の対象となってこよう。

我彼の違いに十分配慮し、演者たちの実践的な文脈を踏まえて、新たな理解のかたちを獲得することができるとすれば、それは、演者たちが言語化していなかったり自覚していなかったりすることさえも捕捉を目指して「細部に分け入る視線」［関　一九九三：二五］を駆使し、実態に基づく詳細な検討を積み重ねていく中からなのではないだろうか。そうであるならば、外部から獅子舞の理解を試みることにも一定の成果が期待できると考える。

（1）　筆者が初めて鳥屋の獅子舞に関する調査を行ったのは、平成元年（一九八九）から平成二年（一九九〇）にかけてで、その頃と現在とでは様々な面で変化を来している。従って、本章の記述が現在の鳥屋の獅子舞にすべて当てはまるわけではない。

（2）　筆者の現地調査における違和感がこのようなかたちの問題として意識されるに至ったのは、橋本裕之の同様の問題提起に接したことが大きい。橋本のこうした点に関する議論については、橋本裕之「これは「民俗芸能」ではない」［橋本　一九八九ａ］・同「文化としての民俗芸能研究」［橋本　一九八九ｂ］を参照。

（３）　祭礼日は平成六年（一九九四）からは八月第二土曜日に変更されている。

（４）　いなくなった雌獅子を雄の二匹が嘆き悲しみながら探す、あるいは雌獅子を巡って二匹の雄の獅子が争う様相を演じるとされる演出で、各地の三匹獅子舞において広範に見られる。

（５）「我彼の違い」という視点に関しては、橋本裕之・小林康正両氏のご教示による。

（６）　この場合、厳密に行われているか否かを区分する基準は、定められた規範や次第に遵守して行われているか否かということであったが、そうした区分は従来の一般的な理解に収まる部分と収まらない部分というかたちで言い換えることも可能である。そうなると、そうした理解は従来の民俗芸能の理解の枠組みとほぼ重なってしまうともいえる。

第三章　舞の伝承

一　三匹獅子舞の芸態

(1)各地の三匹獅子舞の芸態

獅子舞が行われる祭に足を運び、上演を見た時の印象を思い起こすと、三匹の獅子が登場すること、笛と歌に合わせて獅子が太鼓を打ちながら踊ることなど、共通の特徴があったことは確かであるが、その割にひとつのまとまったかたちに像が結ばない。このことは、それぞれの芸態[1]に共通していない部分が少なからず存在していることが原因となっているのではないだろうか。そこで本節では、鳥屋・三増・田名・下九沢・大島の五ヵ所の獅子舞の芸態について考えてみたい。

最初に、それぞれの獅子舞の現在の上演の様相を一通り見ておくことにする。

①鳥屋の獅子舞

鳥屋の獅子舞は八月の第二土曜日に津久井町鳥屋の諏訪神社の例大祭において行われる。三匹の獅子は頭《かしら》獅子・女《め》獅子・男《お》獅子と呼ばれている。頭獅子と男獅子は腹部に付けた太鼓を打ちながら笛と歌に合わせて踊る。女獅子は太鼓を付けず、簓を摺りながら踊る。獅子以外の役としては子獅子が三人登場する。一〇歳ぐらいまでの子供が務め、舞の最中は舞場の側に座り、簓を持つが特に摺るわけではない。

舞の上演は、獅子宿から諏訪神社まで行道してきて境内に設営された舞場で行われる。舞場は先に葉が付いたままの竹を方形に立てて注連縄を張り巡らし、その中に四枚の筵を敷いて作る。舞は常に筵の上で行われる。舞は午後三時頃に始まり、二〇分程で終了する。

舞の構成は図1に示した通りである。獅子宿からは断続的に「道行」(2)の曲を奏しながら神社へ向かう。神社に到着してひと休みすると、筵の上に三匹の獅子が整列し、「道行」を奏して舞が始まる。最初の「狂い込み」では、筵から筵へ飛び移り、太鼓を打ちながら上半身を前方に屈ませる動作を繰り返して移動し、一枚の筵に獅子が一匹ずつ乗った状態で前を向いて並ぶ。次の「コウノ」では、太鼓の縁を摺りながら横向きになって前方に踏み込む動作を繰り返して、筵の上を前後に往復する。続く「ヤマガラ」では、膝を付いた姿勢で太鼓の縁を打ちながら、上半身を左右前方に屈ませる動作を繰り返す。途中で頭獅子と男獅子が立ち上がり、太鼓の縁を打ちながら筵の四隅を巡る。その間女獅子は膝を付いて簓を摺りながら、上半身を左右前方に屈ませる動作を繰り返す。頭獅子と男獅子が筵の四隅を一巡りしたら、女獅子が立ち上がって三匹が横一列に並び、一旦三匹が真ん中の筵に飛び移り、再びそれぞれの筵に戻る。続いて「ホゴレ」に移り、頭獅子と男獅子は太鼓を打ちながら、上半身を屈ませる動作を繰り返して筵の前方から後方へ移動する。その時女獅子は筵の中央で簓を摺っている。最後に、「狂い込み」と同じ動作で三匹の獅子が三枚の筵の間を飛び移りながら一巡りした後、それぞれの筵の前方に整列して舞が終了する。(3)

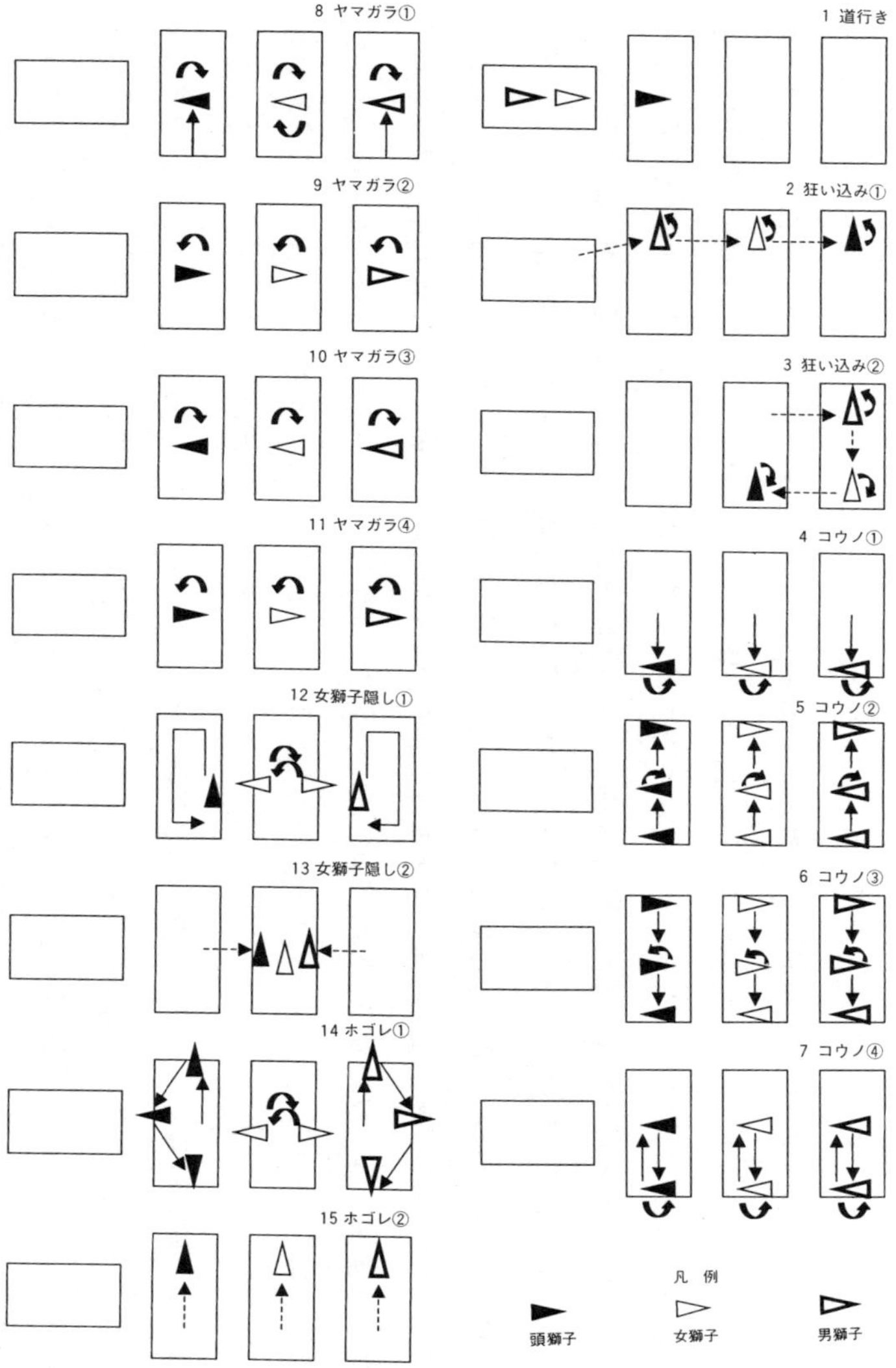

※下側が観客のいる参道側となる。
※三角形の頂角は体の向き、実線矢印は歩行による移動。点線矢印は跳躍による移動。
太い矢印はその場での回転を表す。各地の図についても同様。
※部分や型の呼称がある場合は、番号の横に記した。

図1　鳥屋の獅子舞の動き

狂いこみ

コウノ

ヤマガラ

女獅子隠し

歌は二〇首の歌詞があり、「コウノ」から「ホゴレ」の部分で歌われる。歌には「コウノ」で歌われる拍節感の希薄な旋律と、「ヤマガラ」などで歌われる拍節感のある旋律の二種類に大別される。歌と歌の間には一フレーズ程の短い笛と太鼓の間奏が必ず挿入される［中村　一九九六：七四-七五］。

②三増の獅子舞

三増の獅子舞は七月二〇日に愛川町三増の諏訪神社に境内社として祀られている八坂神社の祭、通称お天王様において行われる。三匹の獅子は男（親）獅子・女獅子・子獅子あるいは巻《まき》獅子・玉《たま》獅子・剣《けん》獅子と呼ばれている。三匹とも腹部に付けた太鼓を打ちながら笛と歌に合わせて踊る。獅子のほかにバンバと呼ばれる役と天狗が登場する。バンバは婆面を被り、ヤツデの葉型の団扇を両手に持つ。天狗は鼻高面を被り、大団扇と榊の枝の御幣を持つ。簓子は四人で子供が務め、舞場の四隅に立って簓を摺る。

舞の上演は獅子宿から諏訪神社まで行道してきて境内に設営された舞場で行われる。舞場は先に葉が付いたままの竹を方形に立て、注連縄を張り巡らして作る。舞は午後三時頃から始められ、約二〇分程で終了する。

舞の構成は図2に示した通りである。獅子宿からは「道行」を行いながら神社へ向かう。最初に、バンバと横一列に並んだ三匹の獅子が向き合うかたちで整列して「狂い」が始まる。この時は、太鼓を打ちながら左前方に飛び込んで元に戻る「飛び込み」と呼ばれる動作を繰り返す。次は「ネマリ」で、太鼓を打ちながら左前方に踏み込んで元に戻る動作を繰り返す。続く「トーハッハ」では、膝を付き、太鼓の縁を打ちながら体の向きを左右に変える動作を繰り返す。次の「切り拍子」では、三匹の獅子が太鼓を打ちながら後退で半周時計回りに舞場を巡った後、体の向きを変えて前進で半周巡る。この時は同じ動作の反復ではなく、不規則な動きが行われる。その後再び「狂い」になる。途中から女獅子が後方に退き、膝を付いて太鼓を打つ動作を行う。この時、それまで

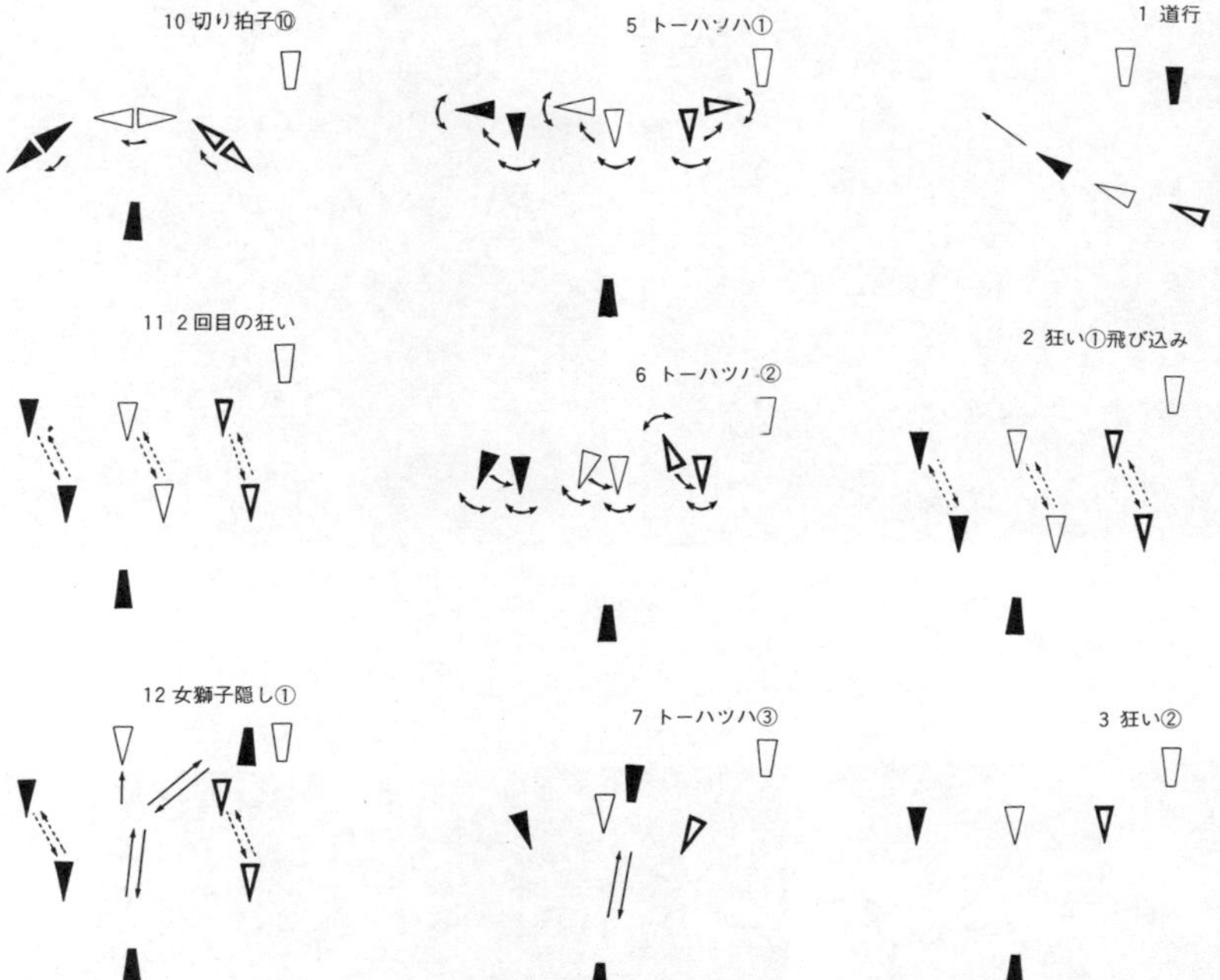

図２　三増の獅子舞の動き（下側が観客のいる参道側）

狂い

トーハツハ

切り拍子

女獅子隠し

舞場の外に立っていた天狗がバンバに導かれて前に出てきて、見物人を榊の御幣で祓って元の場所に戻る。それからしばらくして女獅子が立ち上がり、再び三匹が一緒になって踊り終える。バンバは「切り拍子」を除き、基本的には三匹の獅子に向き合う位置で、団扇で膝を叩き、太鼓の口唱歌を歌いながら獅子と同じ動作を行うが、獅子の周囲を動き回って獅子の幕が絡まったのを直したり、獅子に団扇で風を送ったりする。また、動作の変わり目には次の動作の指示を行う。(4)

歌は二三首の歌詞があり、最初の「狂い」から二度目の「狂い」の部分で歌われ、「狂い」や「切り拍子」で歌われるものと、「ネマリ」や「トーハッハ」で歌われるものの大きくふたつに分けられる。笛と太鼓の演奏は比較的短い旋律が反復されるかたちで行われ、歌一首が歌われる間に同じ旋律が何度も繰り返される［中村 一九九六：七四］。

③田名の獅子舞

田名の獅子舞は九月一日に相模原市田名の田名八幡宮の例大祭において行われる。三匹の獅子は男（親）獅子・女獅子・子（剣）獅子と呼ばれている。三匹とも腹部に付けた太鼓を打ちながら笛と歌に合わせて踊る。獅子のほかにバンバと呼ばれる役と天狗が登場する。バンバは一本の角を持った褐色の鬼の面を被り、葉の付いた竹の枝を両手に持つ。天狗は鼻高面を被り、大団扇と長い竹の棒の先を割った簓を持つ。花笠を被った二人の簓子は子供が務める。舞の最中は舞場の隅に立てた竹の傍らに座って簓を摺る。

舞の上演は、獅子宿から田名八幡宮まで行道してきて境内に設営された舞場で行われる。舞場は土俵と呼ばれ、先に葉が付いたままの竹を方形に立てて注連縄を張り巡らし、その中に輪状の綱を置き、内側に砂を撒いて作る。真ん中に砂を盛って四手を付けた榊を挿す。舞は午後二時過ぎから始められ、約二〇分で終了する。

舞の構成は図3に示した通りである。獅子宿からは「渡り拍子」の曲に合わせて神社へ向かう。神社に到着したら、最初に天狗が土俵に入り、榊を引き抜いて砂山を均す。バンバと三匹の獅子が太鼓を打ちながら踊り、反時計回りに巡る。続いてバンバと三匹の獅子が土俵に入り、土俵の中を反時計回りに巡る。しばらくして「狂い」になる。バンバと三匹の獅子が内側を向いて方形に並び、位置を変えずにその場で太鼓を打ちながら体の向きを左右に変える動作を繰り返す。次の「トーハッ」では、バンバと三匹の獅子が膝を付き、太鼓の縁を打ちながら「ネマリ」と同じ動作を行う。次に「切り拍子」に移り、太鼓を打って踊りながら反時計回りに巡る。「切り拍子」は七節あるが、同じ動作を繰り返すのではなく、一節ごとに動作が異なる。その後再び「狂い」になる。この時、土俵の中央に藪畳《やぶだたみ》と呼ばれる衝立が立てられ、その陰に女獅子が腰を下ろす。その両脇に簓子が腰を下ろし、後ろからバンバが笹の束を翳して女獅子を隠す。しばらくしてから女獅子が立ち上がり、再び三匹が一緒になって踊る。最後にバンバと三匹の獅子が拝殿側を向いて整列し、「渡り拍子」に合わせて踊って終わる。バンバは女獅子を隠す動作と最後の「渡り拍子」以外は土俵の中で獅子と同じ動作で踊る。天狗は舞の間、簓で地面を打ちながら土俵の外を歩き回る(5)。

歌は二三首の歌詞からなり、最初の「狂い」から二度目の「狂い」の部分で歌われる。歌は、「狂い」や「切り拍子」で歌われる旋律と、「ネマリ」や「トーハッ」で歌われる旋律の二種類に大別される。後者の時は獅子は大きな動作は見られず、あまり位置を変えずに太鼓の縁を打つのを繰り返す。笛と太鼓の演奏は比較的短い旋律が繰り返されるかたちで行われ、歌一首が歌われる間に同じ旋律が何回も繰り返される。太鼓は桴の中央を握って皮面を突くように打つので鈍い音がするが、最後のところでは桴を持ち変えて大きな音が出るように打つ。歌と歌の間には笛と太鼓のみの演奏が入る［中村　一九九六：七四］。

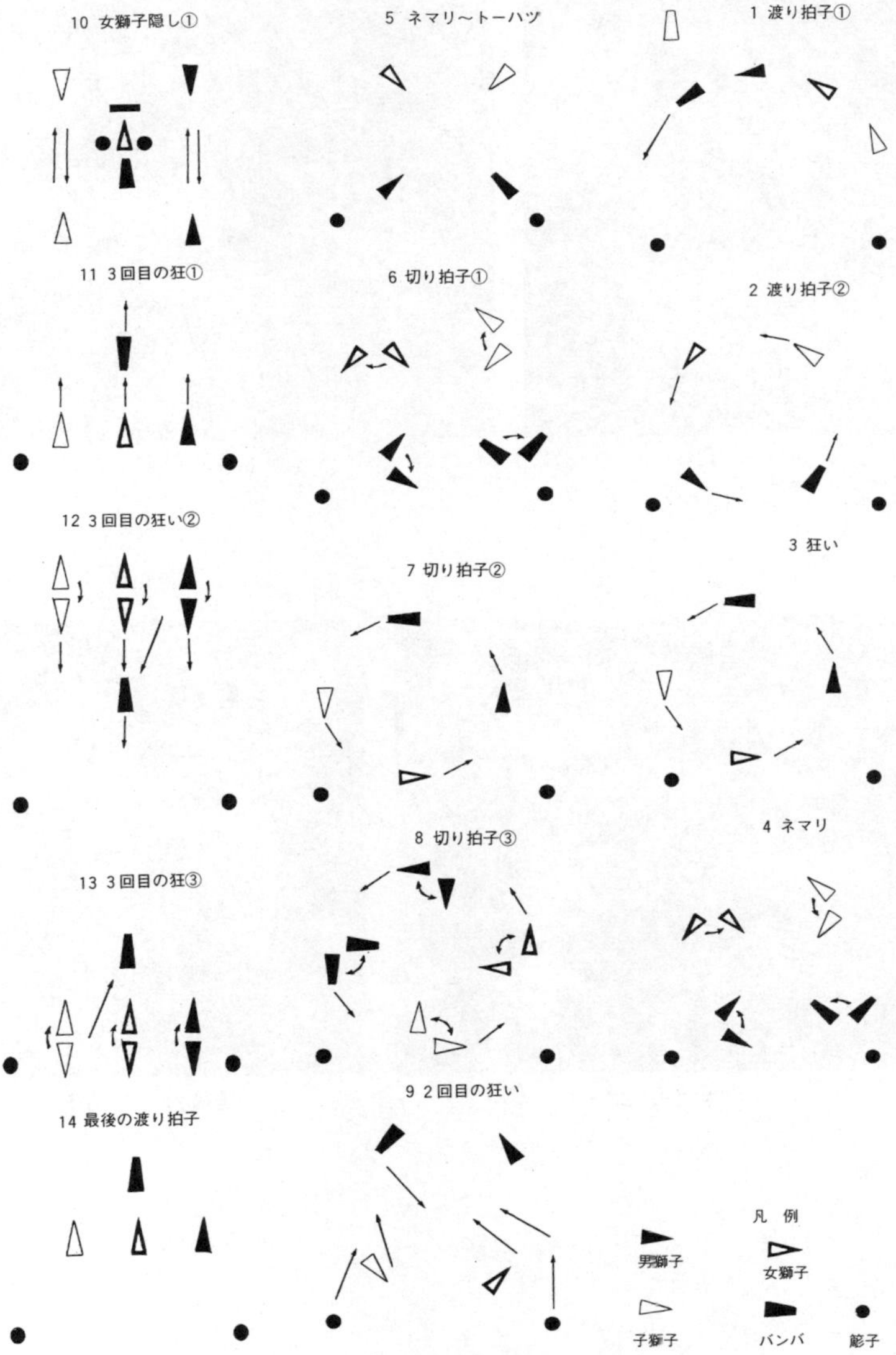

図3　田名の獅子舞の動き（下側が観客のいる参道側）

ネマリ

トーハツ

女獅子隠し

最後の渡り拍子

④下九沢の獅子舞

下九沢の獅子舞は八月二六日に相模原市下九沢の御嶽神社の例大祭において行われる。三匹の獅子は剣獅子・雌《め》獅子・巻獅子あるいは剣角《けんづの》・玉獅子・巻角《まきづの》と呼ばれている。三匹とも腹部に付けた太鼓を打ちながら笛と歌に合わせて踊る。獅子のほかに岡崎と呼ばれる役が登場する。岡崎は鬼の面を被り、葉の付いた竹の枝を束ねたものを両手に持つ。花笠は二人で一〇歳ぐらいまでの子供が務める。

舞の上演は、獅子宿から御嶽神社まで行道してきて、境内に設営された土俵と呼ばれる舞場で行われる。土俵は葉が付いたままの竹を方形に立てて注連縄を張り巡らし、その中に白い石灰で円を描いて作る。真ん中には砂を盛って四手を付けた榊を挿す。舞は午後三時頃から始められ、約三〇分程で終了する。

舞の構成は図4に示した通りである。獅子宿からは「オオバヤシ」の曲を奏しながら神社へ向かう。神社に到着し、土俵の前まで来ると、岡崎が土俵に入り、榊を引き抜いて砂山を均す。それに続いて三匹の獅子が土俵に入り、拝殿側を向いて整列して舞が始まる。最初は「水引下ろし」で、三匹の獅子は時計回りに回りながら、拝殿側に来た時に腰を落として水引を下ろす。次の「ブッソロイ」では三匹の獅子が拝殿側を向いて横一列に並び、太鼓の縁を叩きながらその場で左右に体の向きを変える。次に「カッキリ」を経て「オカザキ」になり、三匹の獅子が時計回りに三角形の陣形で回りながら踊る。この時に岡崎が加わって四人で踊る場合もある。しばらくして、三匹の獅子と岡崎が中央に集まって「踏み込み」を行った後、太鼓を打ちながら時計回りに小さく回る「デンコンデンコン」を行う。再び三匹の獅子と岡崎が中央に集まって「三拍子」を行い、次に「コシャギリ」と「オオシャギリ」に移る。三匹の獅子は三角形の陣形で時計回りに回りながら踊る。「オオシャギリ」では太鼓を打つ回数が「コシャギリ」よりも増える。最後に三匹の獅子が社殿側を向いて横一列に並び、「納め」を踊って

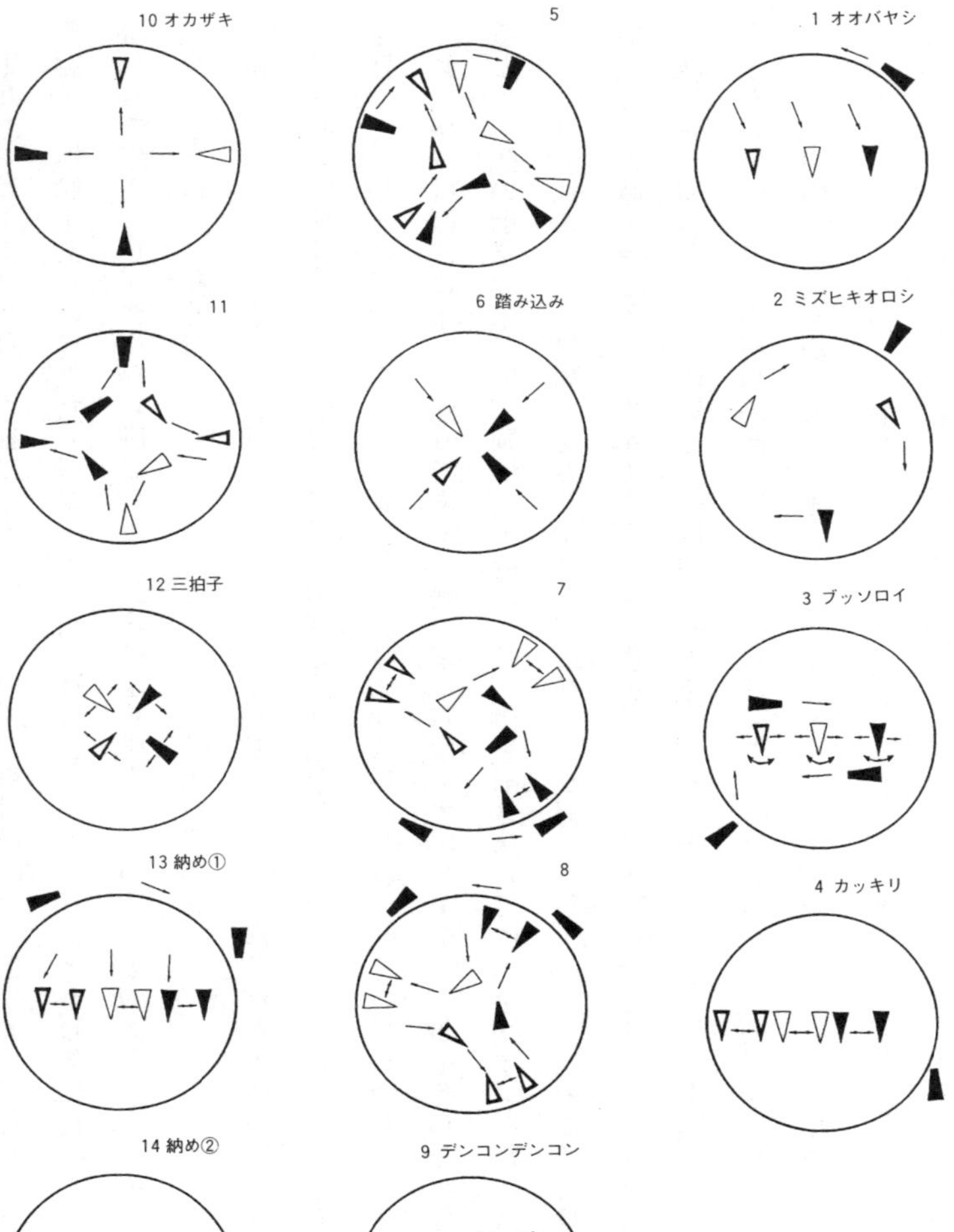

図４　下九沢の獅子舞の動き（右上方向に御獅神社社殿がある）

砂山を崩す岡崎

土俵に入る

オカザキ

岡崎が獅子を扇ぐ

終わる。岡崎は土俵に入って獅子の舞に加わる場合もあるが、土俵の外で獅子と同じ動作をしたり、見物人をからかったり、獅子を扇いで風を送ったり、自由に動き回る。花笠役は舞場の四隅の竹の傍らに座る。篩を持つが特に摺ったりはしない。(6)

歌は一二首の歌詞からなり、「ブッソロイ」から「オオシャギリ」の部分で歌われる。歌には、「ブッソロイ」や「デンコンデンコン」で歌われる一音節を節を付けて引き延ばす拍節感の薄い旋律と、「オカザキ」や「コシャギリ」や「オオシャギリ」で歌われる音高がはっきりせず唱える感じで歌う拍節感のある旋律の二種類がある。前者の時は獅子は大きな動作が見られず、単純なパターンで太鼓を打つのを繰り返す。後者では太鼓も笛も拍節感のある演奏を行う。「オカザキ」や「コシャギリ」や「オオシャギリ」では雌獅子がほかの二匹よりも太鼓を打つ回数が多い。歌と歌の間には笛と太鼓のみの演奏が入る［中村　一九九六：七二］。

⑤大島の獅子舞

大島の獅子舞は八月二七日に相模原市大島の諏訪神社の例大祭において行われる。三匹の獅子は剣獅子・雌獅子・巻獅子あるいは剣角・玉獅子・巻角と呼ばれている。三匹とも腹部に付けた太鼓を打ちながら笛と歌に合わせて踊る。獅子のほかに鬼と天狗と岡崎が登場する。鬼は短い一本角の鬼面、天狗は鼻高面、岡崎はヒョットコ面を被る。

舞の上演は、獅子宿から諏訪神社まで行道してきて境内に設営された舞場で行われる。舞場は竹を五間四方の方形に立てて、注連縄を上下二重に巡らして作り、土俵と呼ばれている。真ん中には砂を盛って四手を付けた榊を挿す。舞は午後二時頃から始まり、約三〇分程で終了する。

舞の構成は図5に示した通りである。最初は「鳥居」で、天狗・岡崎・鬼・三匹の獅子の順に土俵に向かって進む。土俵のところまで来たら「土俵」に移る。天狗が舞場に張られた注連縄を刀で切って最初に土俵の中に入り、砂山に挿してあった榊の枝を引き抜き、砂山を崩して均す。天狗が土俵から出るのと入れ違いに三匹の獅子と鬼が土俵に入り、「頭《ず》の舞」に移る。天狗はこの後、舞場の外を自由に歩き回る。岡崎は舞の最中ずっと、股間に立てた男根型の篩を揺り、戯けた仕種をしながら土俵の周囲を巡る。「頭の舞」では獅子と鬼は社殿の方を向いて踊る。獅子が一匹ずつ前に出てきて、それまで絡げていた水引と呼ばれる獅子頭に付いた幕を踊りながら下ろす。続いて、「トカザキ」・「キッカタ（ドンカタ）」・二回目の「トカザキ」・「シャギリ」の順に舞が行われる。この時は獅子と鬼が方形の陣形を取り、全員内側を向いて踊ったり、時計回りに移動しながら踊ったりする動作を繰り返す。「キッカタ」では踊り手が腰を落とした姿勢を取る。「トカザキ」から「シャギリ」の間は、三匹の獅子と鬼はほとんど同じ動作で踊る。最後の踊り納めでは天狗と岡崎も土俵に入ってきて、全員が社殿側を向いて踊って終了する。(7)

歌は一一首の歌詞からなり、「トカザキ」から「シャギリ」の部分で歌われる。歌には、「キッカタ」で歌われる、一音節を節を付けながら引き延ばす歌い方の拍節感の薄い旋律と、「トカザキ」と「シャギリ」で歌われる、一拍一音節で音高がはっきりせず唱える感じで歌う旋律の二種類がある。前者の時は獅子は大きな動作は見られず、単調なパターンで太鼓の縁を打つ動きを繰り返す。笛もフリーリズムで歌とは無関係の旋律で吹かれる。後者では太鼓の皮面を打ち、笛も拍節感のある演奏を行う。「シャギリ」では雌獅子だけが太鼓を打ち、剣獅子と巻獅子は太鼓を打たない。歌と歌の間には笛と太鼓のみの演奏が入り、この時に特徴的な舞の動作が行われる

[中村　一九九六：七二]。

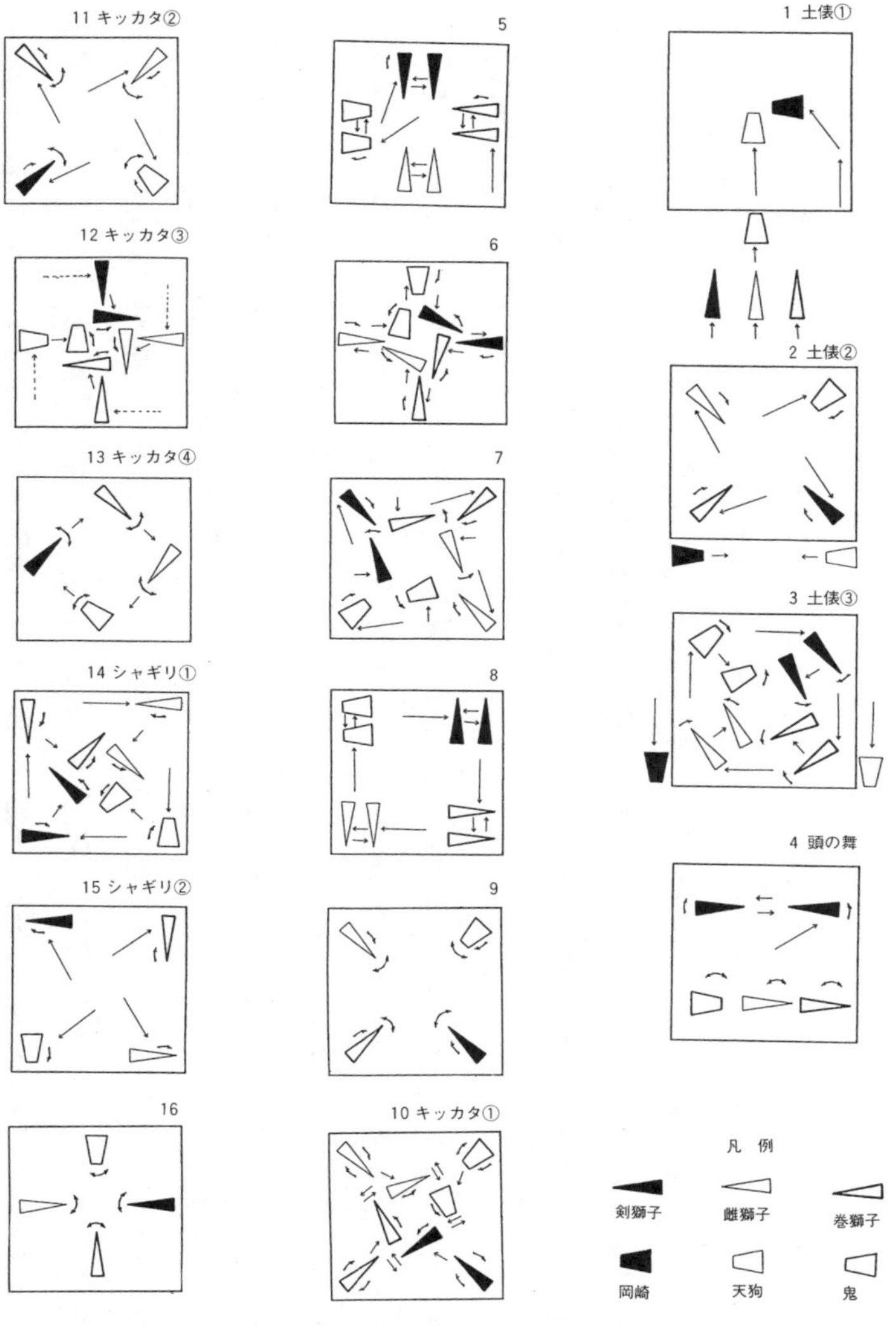

図5　大島の獅子舞の動き（上方向に諏訪神社の社殿がある）

鳥居

土俵

キッカタ

舞場全景

⑵芸態の特徴

それぞれの獅子舞の特徴は表にまとめた通りである。三匹の獅子の呼称に関しては、大島と下九沢では角の形状に基づく呼称が付けられているのに対して、田名と三増と鳥屋では家族関係に当てはめるかたちで呼称が付けられている。但し、三増では角の形状に基づく別称も用いられている。獅子以外の役では、天狗が大島と田名と三増で見られる。鬼も大島と下九沢と田名で見られるが、呼称が異なる。大島と下九沢では岡崎が登場する。獅子に絡んで踊る役は、大島では鬼、下九沢では岡崎、田名と三増ではバンバである。花笠を被った役は大島以外の四ヵ所で見られる。下九沢と田名は二人、鳥屋は四手のついた笠を被った三人である。三増では四人となっているが元々は二人であった［一九九二：一八］。花笠役は何れも簓を持っている。鳥屋では女獅子が太鼓を付けずに簓を演奏していて、子獅子が持つ簓は演奏されない。下九沢と田名でも花笠役が持つ簓はきちんと演奏されず、楽器としての役割を果たしていない。花笠役が出ない大島では、岡崎が簓を演奏している。舞場は何れも先に葉が付いた竹を方形に立てて注連縄を巡らすというかたちで共通している。大島と下九沢と田名は土俵と呼ばれ、真ん中に四手の付いた榊を挿した砂山を作り、最初に天狗や岡崎がそれを崩して均してから舞が始まる。下九沢と田名では白線や綱で円形に仕切られていて、相撲の土俵を模したものとなっている。鳥屋では筵の上で獅子が踊る。以前は神楽殿の舞台に筵を敷いて、そこで行われていた［一九九一：二八―二九］。

舞の構成に関しては、部分呼称を見ると、大島と下九沢では「オ（ト）カザキ」、「（コ・オオ）シャギリ」、「オサメ」が共通に見られ、田名と三増では「狂い」、「ネマリ」、「トーハツ（ハ）」、「切り拍子」が共通していて、三増と鳥屋では「道行」が共通に見られる。大島・下九沢グループと田名・三増・鳥屋グループとでは共通する部分呼称は見られない。

表1　獅子舞の芸態

	大島	下九沢	田名	三増	鳥屋
獅子の呼称	剣獅子(剣角) 雌獅子(玉獅子) 巻獅子(巻角)	剣獅子(剣角) 雌獅子(玉獅子) 巻獅子(巻角)	男獅子(親獅子・父) 女獅子(母) 子獅子(剣獅子・子)	男(親)獅子(父・巻獅子) 女獅子(母・玉獅子) 子獅子(子・剣獅子)	頭獅子(父・爺さん) 女獅子(母・婆さん) 男獅子(息子)
諸役	鬼(鬼) 天狗 岡崎(ヒョットコ)	岡崎(鬼)	バンバ(鬼) 天狗	バンバ(婆) 天狗	
花笠	なし	花笠×2人	簓子×2人	簓摺り×4人	子獅子×3人
舞場	土俵	土俵	土俵	特に呼称なし	特に呼称なし (筵を敷く)
舞の構成	鳥居→土俵→頭の舞→トカザキ→キッカタ→トカザキ→シャギリ→踊り納め	オオバヤシ→水引下し→ブッソロイ→カッキリ→オカザキ→踏み込み→デンコンデンコン→三拍子→コシャギリ→オオシャギリ→納め	渡り拍子→狂い→ネマリ→トーハツ→切り拍子→狂い→渡り拍子	道行→狂い→ネマリ→トーハツハ→切り拍子→狂い→道行	道行→コウノ→ヤマガラ→ホゴレ
歌の数	10	12	23	23	20
雌獅子隠し	行わない	行わない	行う	行う	行う

＊獅子の呼称の(　)内は別称を示す。
＊諸役の(　)内は面のかたちを示す。

踊り手の動き方は、鳥屋を除いた四ヵ所では、獅子が前方を向いて横一列になる動きと、獅子が三角形あるいは方形の陣形を保ち、舞場の中央を向いて行う動きと、舞場内を円を描いて巡りながら行われる動きを組み合わせて全体が構成されるかたちで共通している。三増では中央を向く動作と円を描く動作が現行の舞ではあまり見られないが、昭和三六年(一九六一)に神奈川県の無形文化財に指定されて以降舞台で踊る機会が増えて、観客に向いて踊るかたちに演出を変更したことによるもので、それ以前は中央を向いて踊っていた[一九九三:四八]。

田名の獅子舞の簓子

五ヵ所に共通しない特徴的な動作も若干見られる。大島と下九沢では、初めの部分で獅子が一匹ずつ前に出て、踊りながら水引を下ろす動作が行われている。また、後半部では雌獅子がほかの二匹の獅子よりも太鼓を打つ回数が多くなり、雌獅子中心で舞が進行する。一方、田名と三増と鳥屋では女獅子隠しが行われている。何れも女獅子が腰を下ろし、ほかの二匹の獅子が立って踊るというかたちの演出で共通しているが、田名では藪畳と呼ばれる衝立を使って実際に女獅子を隠す演出が行われている。但し、いずれの獅子舞においても演者たちはその部分を「女(雌)獅子隠し」とは呼んでいない。

こうした三匹が異なる動きをする部分が一部あるものの、大半の部分では三匹は同じ動作を行うということで五ヵ所の獅子舞は共通している。また、動作は基本的には単純な動作の繰り返しとなっていて、田名や三増の「切り拍子」のように複雑な動きをする場合は少ない点も共通する。

大島と田名は三匹の獅子に鬼やバンバが加わった四匹の舞となっているのに対し、下九沢と三増では一部岡崎やバンバが加わるが、基本的には三匹の舞となっている。鳥屋は完全な三匹の舞である。

音楽構造に関しては、中村仁美は次のように述べている［中村　一九九六］。大島と下九沢は、全体の構成や歌詞に関してほとんど同じといえる程の類似が見られる。歌の数は大島が一〇首、下九沢が一二首で内容も基本的に変わらない。歌の旋律には、一音節を節を付けながら引き延ばす拍節感の希薄な旋律と、拍節感が比較的強く唱えるように歌う旋律の二種類があり、歌と歌の間に笛と太鼓による間奏が入ることも共通している。しかし、各部分の太鼓のリズムや笛や歌の旋律は、全体として類似はそれ程明確ではない。一方、田名と三増の場合は全体の構成や歌や笛の旋律は基本的に同じである。歌詞もどちらも二三首で内容や順序もよく似ている。

大島・下九沢と田名・三増を比較してみると、歌の旋律が二種類に大別されることや、歌の間に笛と太鼓による間奏が入ることは共通する。しかし、歌や笛の旋律に類似が認められず、笛と歌の関係も全く異なる。部分呼称や歌の数の面でも異なっている。

鳥屋の場合は、歌の旋律が二種類あることや歌の間で笛と太鼓の間奏が行われることはほかの獅子舞と共通している。しかし、異なる点もある。鳥屋では笛が歌の旋律をなぞり、間奏も短く、歌い出しの詞章を部分呼称に使用していて、笛や太鼓の演奏よりも歌が中心となっている。こうした歌中心のあり方は、ほかの獅子舞が、笛が歌と異なる旋律を演奏し、笛と太鼓のみの長い間奏があり、太鼓や笛の口唱歌からきた部分呼称が使われていて、笛と太鼓の演奏を重視しているのと比べると非常に異なる。

これらのことから、この地域の獅子舞を、音楽構造上、大島・下九沢、田名・三増、鳥屋の三グループに分けることができる。各々のグループはそれぞれ異なる構成原理に基づいていて違いが大きく、ひとつの原型から変化したというよりは元々系統が異なっていると推測できる。但し、大島と下九沢の間にも太鼓のリズムや歌や笛の旋律など、様々な点において違いが認められたことから、両者は元々同じ系統に属していたが、伝承されてきた間に独自の変化を来したと考えられると結論付けている。中村の音楽構造面からの分析結果は、前述の芸態の特徴の比較の結果と符合していて注目される。

⑶獅子舞間の関係と芸態の異同

大島と下九沢には『日本獅子舞来由』という同じ題名の獅子舞の由来書が伝わっている［一九九五：八二］。この系統の由来書は東京都西多摩地方に数多く遺存していて［町田市立博物館　一九八六：七八］、過去において両者共に西多摩地方の獅子舞と関係を有していたことが予想される。また、両者は近世村としては隣接しているが、獅子舞の演者たちの交流はごく最近に至るまで全く見られなかったという［一九九四：八一］。このことは、両者は同じ系統に属していたが、交流が希薄なまま長年演じられてきた可能性を示している。そうであれば、構成原理は共通するが具体的な内容が異なるといった両者の芸態の異同の状況や前述の中村仁美の指摘と符合し、興味深い。

田名と三増の場合は直接的な交流があった。田名の獅子舞は昭和初期に途絶え、昭和四九年（一九七四）に復活した。その際にはかつて交流があったといわれていた三増の獅子舞の演者を招き、教授を受けて復活した。その後、復活した獅子舞を見たある元踊り手が、自分が記憶していた田名の獅子舞とはあまりに違っているのに驚き、数年かけて田名のやり方に直したという［一九九三：五三―五四］。彼は、「三増の踊は、俺なんかが知ってる田名の獅子舞と全然違う」し、「歌の節が三増とは全然違」い、笛も異なっていると述べている［一九九三：五三〕。しかし、両者の芸態を比べてみると、明らかに類似が認められたのは前述の通りである。

一方、鳥屋の獅子舞は、八王子のある寺院から鳥屋にやってきた僧侶が、八王子方面で行われていた獅子舞を真似て創始したといわれているが〔一九九一：九〕、大島や下九沢、田名や三増との関係を伝える伝承や記録は一切見られない。このことは、芸態的に鳥屋がほかの獅子舞と共通点がそれ程見られないことと合致する。

このように、芸態的に見た三グループの分類は、それぞれの獅子舞の起源伝承や交流関係とある程度対応が認められる。しかし、芸態のすべての面が三グループに分類できたわけではなかった。舞の構成や歌の数や詞章に関してはきれいに三グループに分類できたが、それ以外の点では多少混乱が認められる。諸役に関しては、田名は呼称が「バンバ」で三増と共通するが、仮面の形状は鬼面で三増の婆面とは異なり、むしろ大島や下九沢と共通していた。舞場も田名は土俵で大島・下九沢と共通している。一方、田名と三増と鳥屋には女獅子隠しの詞章があり、それに呼応した演出が行われていた。獅子の呼称に関しては、田名や三増でも大島や下九沢と同様、角の形状に基づいた呼称が使用されていた。こうした芸態の異同の錯綜した状況をどのように考えればいいのであろうか。

田名・三増グループと鳥屋には女獅子隠しが行われるという共通点が認められ、それは舞の構成原理に関わる特徴であった。また、これらの獅子舞は何れも多摩地区から流入して定着した可能性があった。このことから、両者が神奈川県北部に伝来する以前に、多摩地区において何らかのかたちで関係があったことも予想される。

そのほかの類似に関しては、地理的な近接性によって生じたことが考えられる。田名は大島と下九沢のいずれとも隣接していて、それらの地域間では様々なかたちで人の交流があったことは想像に難くない。事実、かつて田名八幡宮の祭では、獅子舞の舞場となる土俵で相撲が行われ、大島や愛甲郡を初め、近隣各地から相撲好きの人々が集まってきたといぅし［一九九三：三九］、大島での買芝居の興行には村外の近隣各地から大勢見物人が集まったという［一九九四：二七］。獅子舞の演者同士の直接的な交流はなかったとしても、他所の祭の見物に出掛けた際に、そこで行われていた獅子舞を見て影響を受けたことも十分考えられる。

また、田名に限らず各地の獅子舞は、明治以降、何度も中断と復活を経験している。大島では大正一一年（一九二二）に復活して太平洋戦争で中断し、戦後復活して現在に至っているし［一九九五：八］、下九沢では明治三八年（一九〇五）日露戦争後に中断して昭和三年（一九二八）昭和天皇の御大典で復活し、太平洋戦争で中断して戦後昭和二三年（一九四八）に復活している［一九九四：一三］。各地の獅子舞は田名のように、中断からの復活が契機となって他所の影響を蒙り、以前とは異なるやり方が行われるようになったことも考えられる［中村一九九六：七三］。

神奈川県北部では、異なる構成原理を有する三系統の獅子舞が伝来して定着した。その後、近接する獅子舞から影響を受けて部分的に変化を来した結果、類似と相違が錯綜した現行の芸態が現れた。つまり、系統的な不一致に近隣の一致が加わることで、現在の芸態の異同が形成されたというわけである。獅子舞の芸態は歴史的に形成されてきたといえる。(8)

(4)芸態を巡る言説

①舞の構成

演者たちと獅子舞について話をしていると、彼らは獅子舞の芸態に関して様々なことを語ってくれる。そこで次に、演者たちの芸態に関する言説について考えてみたい。(9)

舞の全体的な構成や動作の特徴について、演者たちは次のように述べている。

大島の元踊り手は、最初の「頭の舞」は三匹三様に踊り、最後の「シャギリ」では剣角と巻角は太鼓を打つ格好だけで、実際は雌獅子だけが太鼓を打って段々と盛り上げていく一番の見せ場となっているが、それ以外は大体三匹とも同じように踊っていると述べている［一九九五：六二］。下九沢の元踊り手によれば、獅子舞には名前が付いているいくつかの踊り方があり、それらを何回かずつ繰り返す。三匹の獅子の動きは大体同じであるが、「オカザキ」では雌獅子が太鼓を打つ回数が多く、雌獅子が中心で全体を引っ張っているという［一九九四：五九］。田名の現役の踊り手によれば、獅子舞には踊り方の難しい動作と簡単な動作があり、「切り拍子」は難しい。女獅子が隠れるところ以外は三匹の動作はほとんど同じなので、踊り手は誰がどの獅子をやるかは固定していないという［一九九三：七二－七三］。三増の女性の踊り手によれば、獅子舞には一ヵ所だけ難しいところを除けば単純な動作の繰り返しであるという［一九九二：六四・七〇］。鳥屋の長老は、鳥屋の獅子舞はいくつか決まった動作の型があるが、それ程難しくはないと述べている［一九九一：四三］。

演者たちの言説からは、獅子舞は基本的にいくつかの動作の型の反復からなり、三匹の獅子の動作もほぼ同じで、それ程複雑な構成ではないと認識していることが窺える。これは実際の獅子舞の芸態とほぼ一致する。大島と下九沢で雌獅子が舞の中心といわれていることも、芸態の特徴を演者たちが正確に把握していることを示している。

②良い舞と悪い舞

演者たちは、どのような舞が良くてどのような舞が良くないかといった評価をしばしば口にする。舞の良し悪しを判断する基準のひとつに踊り手の姿勢がある。大島の元踊り手は、踊る時は常に腰を落とし、手は太鼓を打たない時はぶらぶらしないで太鼓の上でハの字型に構えて、常に姿勢を正すことが大事とされていたと述べている［一九九五：六二］。同様のことはほかのところでもいわれていた。下九沢の元踊り手によれば、獅子舞は屈むところは屈み、腰を落とすところは落とすことが重要とされていたというし［一九九四：五六］、田名の師匠も、獅子舞では足を開いてがに股の格好で腰を落とし、前屈みになり、目は前を向くのが基本の姿勢と述べている［一九九三：六〇-六二］。

姿勢だけではなくて体の動かし方も問題とされていた。大島の元踊り手によれば、手や獅子頭を大きく動かして踊るのが良いという［一九九五：六二］。田名の師匠は、体を動かす時は獅子頭も一緒に動かし、飛び上がる時は距離を飛ぶのではなくて高く飛ばなくてはいけないと述べている［一九九三：六〇-六二］。三増では、現役の踊り手は、動作を大きくゆっくりと流すように踊るのがコツと述べているし［愛川町教育委員会　一九九七：六三］、元バンバ役の女性は、獅子はたてがみがフワッと広がるように大きく踏み込んで体を回さなくてはいけないと述べている［一九九二：四八］。鳥屋の前踊り手は、動作の流れが止まらず大きく動くのがいいと述べていた［一九九一：五九］。各地では、動作をゆっくりと大きく行うのが良いとされていることも共通している。

ひとつひとつの動作に気を配ることも必要とされていた。大島の元踊り手は、舞は最初から最後まで一通りできればいいというものではなく、「実《み》」を持たせなくてはいけないという。足の踏ん張り方や獅子頭の動かし方はスウッと流すように動かすだけでは駄目で、ひとつの動作をその都度止めて、きちっと型を作っていくようにするときれいに見えると述べている［一九九五：三五］。田名の師匠は、下手な踊は型を覚えただけで、人形が踊るようにぎこちないが、踊は型に「振り」を付けなくてはいけないと述べている［一九九三：六〇-六二］。田名の現役の踊り手は、踊は体をただ動かすだけでは駄目で、指をきちんと伸ばしたり足をきちんと上げたり、細部に気を配って踊らなくては上手ではないと述べている［一九九三：七三］。三増の元踊り手によれば、踊がうまい人は格好がいいという。日本舞踊などほかの踊り方が染みついている人や踊に馴れていない新人は格好が悪い。手を伸ばすところは伸ばして大きく踊ると格好良く見えるという［愛川町教育委員会　一九九七：五〇-五二］。三増の元歌師は、獅子舞は同じ動作を繰り返すので、見る人が飽きないようにそれぞれの動作に「型《かた》」を付けなくてはならないと述べている［愛川町教育委員会　一九九七：七二］。動作に実を持たせる、型に振りを付ける、格好をつける、動作に型を付けると人によって表現が異なるが、いずれも個々の動作にめりはりを付ける必要性を説いているものと思われる。

三匹の動作を揃えることの重要性も各地でいわれている。大島の元踊り手によれば、獅子舞は三匹が大体同じ動作なので、間違えると目立ってよくないというし［一九九五：六二］、三増の現役の踊り手は、獅子舞は三匹の動作が揃わないとみっともないので、それぞれが異なる師匠から習った場合は一番見栄えのいい踊り方に統一したほうがいいと述べている［一九九二：六八］。

各地では、腰を下ろした基本姿勢を保ち、大きくゆったりとしためりはりのある動作を三人揃って行うことが望ましいと考えられていることが、演者たちの言説から窺える。

③舞の難しさ

三増の元踊り手は、三匹の動作を揃えるのが難しく、特に飛び込みの動作が一番難しくて、動作が合わないと太鼓の音もバラバラで見苦しかったと語っていた［愛川町教育委員会　一九九七：四九］。こうした演者の話は良い舞を実現するのが容易でなかったことを示している。演者たちが舞の難しさを感じていることは、各地の演者の言説に現れている。

田名の現役の踊り手は、獅子舞に踊り方の難しい動作と簡単な動作があり、「切り拍子」は難しいので間違えないように気を付けていると語っている［一九九三：七二-七三］。また、三増の女性の踊り手は舞の困難さを次のように語っている。獅子舞には体力が必要で、踏み込む動作では力が足に掛かり、足を鍛えておかないと腰がふらついてくる。自分は普段からマラソンをやっているので耐えられるが、何もしていない人にはきつい。重い獅子頭をしっかり固定するので頭が締め付けられ、その状態で動くので首に負担が掛かり、始めた頃は、踊り終えると鞭打ち症になったようにフラフラして辛かった。女性が獅子舞をやるには体力的に相当の覚悟がいる。自分は踊り手を始めて五、六年経つが、太鼓を打ちながら後ろ向きで円を描いて動くところは今でも自信が持てない。現在は親獅子をやっていてほかの二匹を先導するので、踊り方を間違えないように気を付けているという［一九九二：六三-六七］。

彼女の話からは、獅子舞の難しさが技術的と同時に体力的な問題として認識されていることが窺える。彼女の場合、体力的な困難さは女性であることに起因する面があった。しかし、鳥屋の元踊り手が次のように語っているのを見ると、女性特有のものではなかったことがわかる。彼は、獅子頭や太鼓を付けて踊っていると頭や体が締め付けられ、貧血気味になって眩暈がしてくる程きついが、自分たちの頃は家が農家でいつも体を使って鍛えられていたので平気であったと述べている［一九九一：六一］。

とはいえ、困難さを感じる度合いには個人差が見られ、同じ三増でも元バンバ役の女性はそれ程くたびれることはなかったと述べているし［一九九二：四七］、田名の踊り手も、一旦覚えてしまえば本番も別に辛いとは感じなかったと述べていた［一九九三：七〇］。鳥屋の元踊り手も、踊自体はそれ程難しいものではなく、自分が普段踊っていない獅子を突然やらされることになっても大体こなすことができたと述べている［一九九一：六〇］。

④獅子舞と経験

三増の元バンバ役の女性によれば、踊るのが上手でない人というのは馴れていない人で、踊を覚えていないので動作が遅れたり早くなったり、歌に合わなかったり、慌てて間違えたりして、ほかの人と揃わないという［一九九二：四八］。良い舞の実現のための経験の重要性は演者たちがしばしば語るところである。

大島の元踊り手は、自分自身始めて一〇年を過ぎると動作から堅さが取れ、リズムに乗って足が自然に動くようになったし、力を入れるところや抜くところがわかってきて踊にめりはりが出てきたと述べている。現役の頃に一緒に踊った鬼役は当時六〇歳ぐらいであったが、力を入れず姿勢も柔らかくて無理をしない品のある踊り方で、獅子舞は長く踊らないといけないと痛感した。若い人の踊は動作がどうしても機械的でぎこちないという［一九九五：六三］。三増でも、元踊り手は、上手に踊れるようになるには本番を何度も経験しなくてはならず、そうすると腹が据わって大きく踊れるようになると述べていたし［愛川町教育委員会　一九九七：五二］、元歌師は、長年やってきた人は間違えても自分でうまく調整してしまって目立たないが、新しく始めた人はそれができず目立ってしまうと述べている［愛川町教育委員会　一九九七：七三］。鳥屋の元踊り手によれば、ある程度上手に踊れるようになったと感じたのは始めて一〇年を過ぎてからで、始めたばかりの頃は間違えると踊が止まってしまうが、馴れてくると止まらずに流れの中でやっていけるようになり、動作も大きくなる。それには一年や二年では無理で、ある程度経験が必要という［一九九一：五九］。

それでは、経験は長い程いいかというとそうではない。体力的な問題があるからである。大島の元踊り手は二〇年以上踊り手を務めたので、現役を辞めて久しい六〇歳を越えた今でも突然踊れといわれれば踊ることができると述べている。笛の音を聞くとつい体が動いてしまう。しかし体力的にはきつく、踊った翌日は体が痛くてしょうがない。現役の頃に手本をやってみせた師匠が「四〇歳を越えた者に踊らせるな」と怒っていた気持ちが今になってわかるという［一九九五：三三］。下九沢の元踊り手は、後継者が見付からないと踊り続けるが、せいぜい三〇代までで、暑い時期に腰を落とした姿勢で踊るのは楽ではなく四〇代になったら厳しいと述べている［一九九四：五四］。三増の女性の踊り手によれば、馴れてくると力を抜いて体を休められるようになるが、それでも女性では体力的に六〇歳ぐらいが限界ではないかという［一九九二：六五］。獅子舞を踊ることは体力的にきつく、具体的な年齢には幅があるものの、ある程度の年齢までに限られるとされることは各地で共通している。

⑤舞と音楽

舞と歌の関係に関して演者たちは次のように語っている。

大島の元踊り手によれば、現在は動作の変わり目を拍子木で合図するので歌を知らなくても構わないが、歌を聞いていると自分が今どこの部分を踊っているか、次にどんな動作を行うかがわかるので、歌は覚えておいたほうがいいという［一九九五：六七］。下九沢の元踊り手によれば、獅子舞には何種類かの踊り方があり、それを何回かずつ繰り返すが、次にどの踊り方が来るかは歌でわかるので、歌を知っていればしっかり踊れるようになるという［一九九四：五九-六〇］。田名の現役の踊り手は、歌を知らないと獅子舞の全体の流れが掴めず自分がどこを踊っているのかわからないし、次の動作に移るタイミングもわからないので、歌は覚えておいたほうがいいと述べている［一九九三：七四］。三増の女性の踊り手は、歌を全然やっていない人は踊を間違えやすいという［一九九四：六四］。三増の別の現役の踊り手は、三人が揃って踊るためには歌の文句を覚えないといけないと述べている［愛川町教育委員会　一九九七：六四］。鳥屋の長老も、獅子舞は歌がないと絶対に踊れず、歌をきちんと歌ってもらわないと踊りにくいと述べていた［一九九一：三九-四〇］。

一方、歌うたいも舞を知らないとうまく歌が歌えないとされていた。下九沢では歌い出すことを「歌を掛ける」というが、踊を経験した人でないとどこで歌を掛ければいいかわからず、踊がうまく進まなくなるという［一九九四：三二］。三増の元踊り手によれば、昔は踊り手に歌師が合わせることになっていて、歌師が踊り手の足の動きを見てタイミングを見計らって歌い出していた。今はそういうことができる歌師がいなくなったので、踊り手の動きとは無関係に合図をしたら歌い出すようになったと述べている［愛川町教育委員会　一九九七：五一］。ちなみに、三増では昔の歌師は大抵踊り手の経験者であった［一九九二：四七］。鳥屋の長老も、最近は踊ったことがない人が歌に入ってくるようになったが昔は歌は踊り手を辞めた人が受け持っていて、大体歌を知っているので、歌の習得が早かったと述べている［一九九一：三九-四〇］。

それでは笛と舞の関係についてはどうであろうか。大島の笛吹きは、笛の旋律によって踊の動作が異なり、踊り手は笛に合わせて踊っているので笛は大事で、ずっと吹いていなければならず、動作の変わり目で笛が間違えたり止まったりすると踊が滞ってしまうので、笛吹きが一人だけでは困ると述べていた［一九九五：二七］。下九沢の笛吹きによれば、笛があって歌が掛かり、それから踊が始まるし、動作の変わり目ではピーッと高い音を吹くので、獅子舞全体を引っ張っていくのは笛ではないかという［一九九四：五七］。笛吹きは獅子舞における笛の重要性を主張しているが、三増の元歌師のように、獅子舞は笛だけで踊る時もあるが、踊り手はやはり歌を聴いて踊っているので、歌が聞こえないと踊が揃わないと［愛川町教育委員会　一九九七：七三］、笛よりも歌の重要性を強調する人もいて、どちらがより重要か、判断は微妙である。

しかし、笛吹きが舞を非常によく理解していることに対しては、どこの演者たちも一目置いていた。大島の元踊り手は、笛吹きは始終踊を見ているので踊を良く知っていて、現役の頃には笛吹きに踊り方を厳しく注意されていたというし［一九九五：六七］、田名の師匠は、彼が習った師匠はそれまで田名の獅子舞が何年か中断していたので踊り方を忘れてしまって、笛吹きに「そこは違う」と注意されていたと述べている［一九九三：五五］(10)。

舞は歌や笛の録音テープではうまく踊れないといわれていることも各地で共通している。大島の笛吹きによれば、テープで練習すれば笛吹きが休めるのでやってみたことがあったが、テープが先に行ったり踊が先に行ったりしてうまく踊れなかったという［一九九五：四三］。田名では一時笛吹きがいなくなり、テープを伴奏に踊っていたが、田名の師匠は、踊が合わなくなったり間違えても笛が加減して合わせられるので、笛吹きの演奏で踊るほうがいいと述べている［一九九三：六四］。三増の元歌師も、獅子舞は歌師が踊のタイミングを見計らって歌を出して初めてきちんと合うもので、テープではうまくいかないと語っていた［愛川町教育委員会　一九九七：七三］。

⑥獅子以外の役

鳥屋以外の獅子舞では、上演に際して獅子以外の役が登場していた。演者たちはそれらに対してどのような認識を抱いているのであろうか。

下九沢では、元踊り手によれば、岡崎の動作は獅子と大体同じであるが、特にこう動かなくてはいけないという決まりはなく、道化たり、獅子を扇いだりするほか、獅子役にどこを踊っているか教えたり、次にどの動作に移るか指示したりするので、獅子舞を良く知らないと務まらず、元々は師匠格の人や獅子を引退した人が演じていたという［一九九四：六〇-六二］。下九沢の前岡崎役も、岡崎の役割や務める人の資格について同様に指摘しているが、最近はやり手がなくて、獅子の未経験者がやるようになったと述べていた［一九九四：七四-七七］。彼も獅子役の経験はなかった。

三増の現役の踊り手によれば、バンバは踊の音頭取り、楽団の指揮者のようなもので、バンバの指示通りに踊ると間違えないし動作が揃ってくる。だから、バンバは踊を完璧にマスターしてよく分かっている人でないと務まらない。また、獅子の周りで道化師のようにおもしろおかしい演技もやらなくてはならないという［愛川町教育委員会　一九九七：六五］。同じ三増の元バンバ役の女性は、バンバの踊り方を正式に習ったことはなく、歌師をやりながらバンバが踊るのを見て覚えたが、バンバと獅子の踊は同じようなものなので、獅子役も務めることができたと述べている。しかし、獅子ができればバンバもできるというわけではなく、バンバは見物人に聞こえないように太鼓の打ち方や動作の順番を獅子に指示するが、獅子を経験しただけの人は踊りながら声を掛けることがうまくできない。声を掛けていると踊のほうがつい留守になってしまうという［一九九二：四三・四七-四八］。

田名の現役の踊り手によれば、バンバは太鼓を付けないことと女獅子を隠す動作と最後を除けば踊は獅子と一緒なので、獅子の経験があれば大体務めることができると述べている。バンバが踊のリーダーといわれているが、最後に三匹の獅子と向き合ってリードするように踊るので、確かにそんな感じがするという［一九九三：七三］。

獅子に絡む役については、道化役であると同時に獅子役に指示を与えたり補佐したりする重要な役割を果たしていて、獅子役の経験があり獅子舞に通じた年配の元踊り手や師匠格の演者が務め、踊り方自体や踊り方の教授の体制がきちんと決まっていないとされていることが、各地で共通していた。近年は獅子役の未経験者が務めるようになり、その結果、以前のような役割を果たせず、またその役割を期待されなくなる傾向にあるという点でも共通している。

⑦舞の変化

各地では、時代の推移にともない、舞自体や舞に対する演者たちの意識が変化してきたことが、演者たちの言説から窺える。

舞の変化としてまずあげられるのは全体を短縮して行うようになったことである。大島の元踊り手によれば、民俗芸能大会などの現地以外の舞台で行う時は、割り当てられた時間に合わせて短縮して行っているが、その際は動作の繰り返しを省き、動作の変わり目を繋いで最後の部分を付け、いくつか歌を入れて構成しているという［一九九五：四八］。田名でも以前神奈川県民俗芸能大会に出た際に、踊の型は一通り行うが繰り返さないで持ち時間に合わせて短縮したというし［一九九三：三七］、三増では、現地以外でやる時のために、三分、七分、一五分など、いくつかの短縮パターンを用意しているという［一九九二：一九］。

短縮はほかの理由からも行われた。田名の師匠は、「切り拍子」の部分は歌が七首あるが、太鼓の打ち方や動作が毎回違って難しく、昔彼が踊り手を務めていた頃も全部覚えられず、三〜四首分省略して踊っていたと述べている。現在は一首分しかやっていないという［一九九三：五九］。また、鳥屋の元踊り手によれば、彼が現役の頃に踊り手の一人が腰を悪くしてしまい、繰り返しの動作を減らして踊るようになり、それ以降短縮したかたちでやるようになったという［一九九一：五二］。彼らの話からは技術的あるいは体力的な困難さから短縮される場合もあったことがわかる。

変化は舞の動作にも生じていた。大島の元責任者は、最近は舞台への出演が増え、そうした時は時間内に終わるようについ急いでしまうので、踊のテンポが全般的に早くなってきたと述べている。また、踊は本来背のあまり高くない人が大振りにやるのが一番いいとされていたが、今の若者はみんな体が大きいせいか、腰を下げた中腰の姿勢が辛くてすぐに立ち上がってしまうので、腰が落ちつかない踊になったという［一九九五：六五］。三増でも、元笛吹きによれば、現在の獅子舞は昔とは大分異なり、足を踏ん張ったり体を捻ったりする動作がきちんと行われず、あっさりとした踊になったというし［一九九二：三五］、元バンバ役の女性も、最近の踊は腰の落とし方や足の捻り方や踏ん張り方などの動作を、楽に済ますようになってきたと述べている［一九九二：四八］。演者たちは、動作が以前と比べて楽なかたちに変化してきた理由として、踊り手の体格の変化のほか、体力の違いもあげていた。鳥屋の元踊り手によれば、今の人は体力的に昔のようなきつい踊り方には付いてこれないという［一九九一：五二］。

研究者の関与によって変化が生じた場合もあった。鳥屋では、獅子舞は以前は神楽殿の舞台に筵を敷いて行っていたが、永田衡吉に、舞台の上でやるのはおかしいので地面に注連縄を張ってやるようにいわれ、それ以降現在のようなやり方になったという［一九九一：四三］。

こうした変化をどのように評価するかは演者によって様々である。獅子舞の様相は以前と比べて変化しているのは明らかであるが、それを必ずしも変化とは見なしていない場合もあった。鳥屋の長老は、昔は五〇分程掛かっていた舞が現在は繰り返しの部分を省いて半分になったが、動作は変えていないので昔と同じと述べているし［一九九一：四四］、下九沢の笛吹きも、自分が獅子舞を始めた頃と現在を比べると、踊り方について厳しくいわなくなったが踊り方が変わったわけではないと述べている［一九九四：六一］。変化を敢えて許容している演者もいた。鳥屋の元踊り手は、獅子舞の基本型は残したいが、今の若い人たちの体力を考えると、多少省いて短くしたかたちでやるようになるのもしょうがないと述べている［一九九一：五七］。

芸態の変化に対して積極的に肯定していたのは三増の演者たちである。三増の獅子舞は全部通してやると四五分程掛かるが、それでは見ている人が飽きるので、一五分に短縮したかたちで行っている。踊り手の動きも昔は内側を向いて踊っていたのを、横一列に並んで踊るように変更したという［一九九二：一九・四八］。こうした演出は元々舞台出演用であったが、それが観客に見せるために優れていたので、現地でもそのかたちで行うように変えてしまったのである。それとは対照的なのが鳥屋の元踊り手で、彼は獅子舞は現代風にしてしまったら終わりで、踊をなるべく変化させないように努力していて、人に見せるためよりも神事舞踊としての素朴な感じが大事であり、見物人がつまらないと思ってもしょうがないと述べている［一九九一：六三］。

⑧獅子舞を演じることへの意識

以上見てきたように、演者たちの言説からは、彼らが獅子舞の芸態を、いくつかの動作の型の反復からなる単純な構成を持ち、歌や笛と三位一体となって行われ、上演には体力的あるいは技術的な困難さをともない、近年は変化してきていると認識していることを明らかにすることができた。それでは、彼らはそうした芸態を持つ獅子舞やそれを演じることについて、どのような意識を抱いているのであろうか。

まず、それを基本的には肯定的に捉えている場合が見られた。大島の元責任者は、大島の獅子舞は案外変化に富んでいて、舞台で上演すると、特にそういうところを繋げて構成しているせいもあるが、ほかの獅子舞のように見飽きることはないと語っている［一九九五：六二］。三増の女性の踊り手は、最初は歌師として獅子舞に参加したが、その頃から獅子役をやりたいという気持ちを抱いていて、今はもっと練習して上手くなりたいと述べ［一九九二：七一－七二］、獅子舞を演じることに対する並々ならぬ意欲を表明していた。また、三増の元笛吹きや下九沢の元踊り手は、もともと芸能全般が好きでかつては地芝居やヤクザ踊なども やり、そうした芸能好きの延長として獅子舞を演じていたという［一九九二：三一・一九九四：五八］。これらの言説は、彼らが獅子舞を演じることに対して面白さを感じていることを示している。彼らは、獅子舞を習得したり演じたりすることを辛いと感じていないか、辛くても苦にしていなかったと述べていて、その点でも共通している。

それとは対照的に、どちらかといえば否定的な演者たちも見られた。下九沢の元岡崎役は、下九沢の獅子舞は大島と比べると踊にリズムがなく、神事という感じはするがつまらないと述べている［一九九四：七六］。鳥屋の元踊り手の長老は、獅子舞を始めた頃はなかなか踊が覚えられなくて面白くなかった。その後も、暑い時に重い道具を身に付けて不自然な姿勢で踊るのは体力的に辛く、面白いと思ってやっていたわけではない。獅子舞をやって体は鍛えられたかも知れないが、良かったとは思わないと述べている［一九九一：三八・四五］。

明確な評価を表明していない演者たちもいた。田名の踊り手は、獅子舞は一年ぐらいで一応踊れるようになるし、一旦覚えてしまえばそれ以降はそんなに練習をしなくてもいいので特に大変ということはなく、体力的に辛いこともなかったと述べている［一九九三：七〇・七三］。彼のように、獅子舞を演じることが辛いとか嫌とは思わない反面、面白いとか楽しいという感情も抱いていないという演者は珍しくない。現在の踊り手たちは、本人が必ずしもやりたくて獅子舞を始めたわけではなく、演者たちに勧誘されて始めた人も少なくない。そうした獅子舞への参加の経緯と、獅子舞に対して特に何の評価も抱かないこととは無関係ではないように思われる。

ある時、三増の元バンバ役の女性に舞について尋ねところ、彼女は、筆者のような外部の人はいろいろと理屈をいうが、踊というのは理屈じゃないと答えた。演者たちにとって獅子舞を演じることは、そもそも評価を下したり意味を考えたりするものではないのかも知れない。

(5) 芸態の実態と言説

神奈川県北部の五ヵ所の獅子舞の芸態は、舞の構成や音楽構造の面から見ると基本的に三グループに分けられ、その区分と重なったりずれたりしながらそれ以外の様々な要素が付け加わっていたのは前述の通りである。それでは、そうした芸態の実態と芸態に関する演者たちの言説はどのような関係にあるのであろうか。

全般的には、実態に明確なグループ間の違いが認められたのに比べ、言説は比較的共通していた印象を受ける。全体が何通りかの動作の型の反復からなるそれ程複雑ではない構成であること、動作は腰を落とした姿勢が基本で、大きくめりはりを付けて行い、三匹揃うことが重要であること、舞の熟達には十分な経験と体力が必要なこと、舞の十全な遂行には音楽、特に歌が密接に関わっていること、獅子以外の役は元来熟達者が務め、踊り手を指導し補佐する役割を負っていたこと、全体が短縮され、動作を楽に行う方向に変化してきたことといった認識は、各地の演者たちの言説においてほぼ共通に見ることができた。

その一方で、五ヵ所に共通しない言説も見られた。大島と下九沢では雌獅子が舞を引っ張っていくといわれていたし、田名と三増では複雑な踊り方をする難しい部分があることが述べられていたように、グループ間の芸態の違いに呼応して言説に違いが見られた[11]。

舞の変化に対する評価も共通していなかった。三増では変化に対して肯定的で、全体の短縮や動作の変更を積極的に現地の上演に取り入れていた。しかし、ほかのところでは、演者たちは変化を全面的に肯定しているわけではなく、否定的な見解を述べる演者もいた。

動作が表現している意味に関する言説にも違いが見られた。大島の元踊り手によれば、大島の獅子舞は獅子が夕涼みにきて水を飲んでいる踊で、最初の「頭の舞」では獅子が一匹ずつ前に出て、上半身を前方に倒して左右に動かしてから見得を切る、「頭《ず》を切る」と呼ばれる動作を行うが、それは獅子が水を飲む姿であるという［一九九五：三七］[12]。また、田名の師匠は、女獅子がバンバに隠されるところは、いなくなった女獅子を親と子の獅子が見付ける場面で、親獅子は女房を取られたのだから気が違ったような様子で踊り、その後三匹がまた一緒になったら、女獅子が見付かって安心したので静かに踊らなくてはいけないと述べていた［一九九三：五九］。踊り手の個人差に関する言説にも違いが認められた。大島の元踊り手によれば、獅子舞は代が変わっても伝統的に同じ踊が続いているというし［一九九五：二九］、別の大島の元踊り手も、獅子舞は我流を入れずに習った通りに踊るもので、始めて間もない若い人は自分なりに格好良くやろうとして我流が入ってしまうのでよくないと述べていて［一九九五：六四］、大島では個人差が出るのは習熟の不完全さが原因で、次第になくしていくべきものと考えられていたことがわかる。それに対して三増では、元バンバ役の女性は、踊り方も教え方も人によって異なり、踊り手は習った人が違うと当然踊が違ってくると述べていたし［一九九二：四七-四八］、保存会長も、獅子舞は一見同じに見えても踊る人によって微妙に違い、教え方も人によって異なると述べていて［愛川町教育委員会　一九九七：五五］、踊り手の個人差が認められていた。

各地の獅子舞に共通しない言説と共通する言説は、どちらも芸態に関する言説でありながらやや性格が異なる。共通していない言説は、芸態の具体的な様相を述べるに止まらず、それに対する演者それぞれの評価や意味付けが加わっていた。また、共通しない言説は基本的にはその獅子舞でのみ見られるもので、芸態のグループ区分との対応関係は認められなかった。三増の舞の変化や個人差に対する肯定的な言説は同じグループの芸態を有する田名では見られなかったし、田名で語られていた女獅子隠しの意味付けも、同様に女獅子隠しが行われている三増や鳥屋では見られない。大島の「頭の舞」の意味は、同じような動作が行われる下九沢では聞かれなかった。

共通する言説は芸態のグループ的な特徴に対応しているのに対して、共通しない言説はそれぞれの獅子舞の個別の事情や各々の演者の姿勢に対応しているのではないだろうか。芸態にどのような評価や意味が付与されるかは、それぞれの獅子舞の演者たちの保有する知識のありように左右されるし、知識が同じでも反省的契機が生じた経緯が異なれば違ってくる。したがって、同系統で同様の芸態が演じられていても、それぞれの事情の違いに応じて演者たちの言説は違ってくるというわけである［福島　一九九三：一三六－一三七］。

橋本裕之は、民俗芸能にまつわる当事者の言説は当事者用の言説と第三者用の言説に分けられ、身体技法に近い評価は前者に深く関わっているという言説の複数性を指摘している［橋本　一九九五：一四七－一四八］。各地の獅子舞における共通な言説と異なる言説の併存はこうした複数性として理解することもできる。共通する言説は演者集団内で語られる演者向けのものなのに対して、共通しない言説は、筆者の質問のように自らと獅子舞との関わりを反省的に意識する特別の契機がなければあまり語られない第三者向けのものというわけである。しかし、そうした第三者向けの言説も芸態に影響をおよぼす場合が出てくる。それを語った演者が舞の教授を行うと、第三者に語った内容が教授の際に踊り手に対して発せられて芸態に影響をおよぼすことになる。両者の区別は可変的といえる。

(6) 教授の場

演者たちから芸態に関する話を聞いていると、同じ内容を複数の演者が語る場合がしばしばある。このことは、芸態に対する共通の知識や情報が形成される機会を演者たちが有していたことを予想させる。(13) 実際、演者たちは芸態について語り合う場を有していた。三増では、演者たちは舞の練習が終わるとお茶や酒を飲みながら一服するが、そこではその日の舞の様子が話題となっていたし［一九九二：一五］、鳥屋でも、練習の後の反省会や本番前日のブッソロイの宴会において、演者たちがその日の舞の様子についていろいろと話し合っていた［一九九一：一二一－一二三］。こうした機会は、演者たちが芸態の実践から言説を生み出す場であると同時に、演者たちの間で芸態に関する共通の知識や理解が形成される場として機能していたと考えられる。そこで芸態に関して熱弁をふるう人物がいれば、それが個人的な見解であっても、その内容が演者たちの間に広まり、知識や理解の共有が次第に形成されていったと思われる。

そうして共有された知識や情報が、次は実践に影響をおよぼすことになる。大島の元踊り手は、自分たちの前に踊っていた人と自分たちと自分たちの後の人と、世代が変わってもみんな同じような感じで踊っているが、同じ役同士で評価し合ったりするからではないかと述べていた［一九九五：二九］。現地では実践から言説が生まれていた一方で、「実践を促進するために談話が生まれ」ていた［小林　一九九四：一六九］。つまり、言説と実践の双方向的な関係は獅子舞の芸態の形成に影響を与えていたのである。(14)

そうなると、芸態を巡って次に問題となってくるのは、それぞれの獅子舞における芸態に関する言説と実践が交錯する場のあり方である。両者がより濃密に交錯するのは教授の場ではないだろうか。獅子舞の芸態について考える場合、教授と習得の過程に関する検討は極めて重要といえる。

二　三匹獅子舞の教授と習得

(1)芸態の実現

獅子舞に限らず民俗芸能の上演の技術は、日常生活における様々な行為のように成長過程において自然に身に付くものではない。それを教授するための機会が特別に設けられ、そこで習得することによって初めて上演が可能となる。つまり、民俗芸能の芸態の実現は、演者の習得の過程を経ることなくしては基本的にあり得ないのである。(15)そこで本節では、民俗芸能の芸態がいかに実現されるかという問題について、獅子舞の場合を例に考えてみたい。初めに鳥屋と大島の獅子舞それぞれの教授と習得の様相を、演者の言説によって明らかにする。(16) そして、両者の比較を行い、さらにそれ以外の周辺の獅子舞との比較を行うことにする。

⑵鳥屋の獅子舞

①獅子舞の演者

鳥屋の獅子舞には、頭獅子・女獅子・男獅子と呼ばれる三匹の獅子のほか、子獅子と呼ばれる役が三人、笛吹きや歌うたいを務める世話人が加わる。かつて獅子役の踊り手を務めるのは、鳥屋でも中開戸と渡戸の二地区にある家の長男に限られていた。一四〜一五歳ぐらいで獅子舞に加わり、徴兵に取られる前まで踊り手を務めた。踊り手を退くと世話人となり、歌うたいや笛吹きを務めたり、新人に稽古を付けたり、祭の様々な準備を受け持つようになる。現在は踊り手の資格制限は解除されている。

②長老

明治四〇年（一九〇七）生まれで大正一〇年（一九二一）から昭和四年（一九二九）まで踊り手を務めた長老格の演者は、自らの獅子舞の習得の様相を次のように語っている。

彼が獅子舞に加わったのは一四歳の時である。当時世話人を務めていた五、六〇歳位の親戚の人が彼の家にやってきて、踊り手になるように依頼した。その頃は、年配者のいうことには当然従うものとされていたので、彼は獅子舞を始めることになった。その時は三匹一緒に踊り手が変わり、彼は男獅子を務めることになった。誰がどの役をやるかは、彼らの体格を見て先輩が決めたようであった。

獅子舞を初めて習う年の練習を鳥屋では新稽古と称している。彼らの新稽古は三月に開始され、本番が行われる八月まで約半年間行われた。獅子宿になっている家の庭に筵を敷いて、雨の日以外、ほとんど毎晩行われた。練習がある晩は、彼らは夕飯を早めに済まして宿に行き、先輩たちが来るのを待っていた。しかし、先輩たちはなかなか集まらない。やっと集まっても、お茶を飲みながら世間話をするばかりで練習が始まらない。話し疲れると、「ああ、気が付いた、話どころじゃなかった」などといってようやく腰を上げる始末で、練習が始まるのが夜の一〇時頃になることもあった。練習が終わっても、お茶を飲みながら四方山話をしていてなかなか解散しない。先輩が帰らないのに帰るわけにもいかず、毎晩帰りが遅くなって大変であった。

踊り方は太鼓の叩き方から教わった。最初の部分から、「デンデコデン」などと先輩が叩き方を口でいうのを覚えさせられ、その後、桴を持たされて実際の叩き方を教わった。馴れないうちは、桴が皮面の真ん中に当たらず、良い音が出ないし音も揃わない。先輩たちからは、「もっと肩を上げて叩け」とか、「もっと合わせろ」と厳しく注意され、できるようになるまで何度も繰り返してやらされた。

太鼓が叩けるようになると、次は踊である。最初に基本になる姿勢を教えられた。きちんと足を揃え、背筋を伸ばして構えるように、先輩に何度もうるさくいわれた。それから、「コウノ」や「ヤマガラ」などの踊り方をひとくさりずつ覚えさせられた。ひとくさりの間はほとんど同じ動作の繰り返しなので、動作を大体覚えたら、あとは歌に気を付けて、次の動作への変わり目など、要点を間違えないで、ほかの獅子と動作が揃うようにする。一通り踊れるようになったら、あとはとにかく回数を行う。何回もやらないと体が踊に馴れないし、太鼓の叩き方や体の動かし方など、踊り方の決まりが掴めない。体が自然に動くようになるまでとにかく回数をやらされた。

教え方は非常に厳しかった。先輩は最初にちょっと踊ってみせるだけで、後は彼らが見様見真似で踊る。先輩たちは最初を除けば、座ったまま「腕の上げ方が良くない」、「腰の位置が駄目だ」、「肩を張れ」、「首を振れ」など口でいうだけであった。書いたものを使って教えるということもなかった。彼らはろくに踊れないのに、いろいろいわれても直せるはずがなく、何度も同じ注意を受けた。そんな調子なので、踊を覚えるには非常に時間が掛かった。最初に太鼓だけを付けて一ヵ月練習して、それから獅子頭を付けて練習した。一通りなんとか踊れるようになったのは三ヵ月ぐらい経ってからであった。しかし、厳しい練習を半年行ったおかげで、八月の祭にはすっかり踊れるようになっていた。

練習は毎晩二時間ぐらいやった。暑い時期は終わる頃には汗びっしょりで、意識が薄れて太鼓の音が遠くから聞こえるように感じられた。それでも若かったせいか、疲れたとは思わなかった。ただ、なかなか踊が覚えられないので面白くないのと、とにかく回数で覚えるということで同じことを何度も繰り返してやらされたので、その点は辛かった。

翌年からは、祭の前に二週間ぐらい練習を行った。獅子舞は、暑い時期に、重い太鼓や獅子頭を体に帯や紐できつく締めて固定し、腰を落とした不自然な姿勢で長時間踊るので、練習を十分に積んでいないと体が持たなかった。

彼らと先輩や年配の世話人との関係は、上手く踊れない彼らを先輩たちが叱咤したり、先輩たちが彼らに雑用や仕事を命じたりという一方的なものであった。休憩の時も、先輩たちや年配者と若い踊り手が親しく話を交わすということはなかった。

彼は、踊り手を辞めてからは歌うたいを務めながら踊を教えるようになった。厳しく教えたので嫌になって辞めた人もいた。今は教え方がそれ程厳しくなくなったが、それぐらいでちょうどいいのではないか。彼らの頃の教え方はきつすぎた。彼は、自分が軍隊で厳しく鍛えられた経験が獅子舞を教える際にも出ていたような気がす

るという。(17)

③元踊り手

前述の長老に厳しく鍛えられた元踊り手が語る習得と教授の様相について見てみたい。彼は昭和一三年（一九三八）生まれで、鳥屋の獅子舞が昭和二九年（一九五四）に神奈川県の無形文化財に指定される少し前に踊り手となった。現役を退いてからは、世話人として歌うたいを務めながら後進の指導に当たってきた。現在は保存会の中心的存在となっている。

彼が獅子舞に加わったのは中学を卒業した年のことであった。当時の世話人が彼の家を訪ねてきて、踊り手が二人見付かったが一人足りないので、彼に踊り手になってくれないかというのである。彼は当時祭囃子をやっていて、それと比べると獅子舞は地味なので、あまり気乗りがしなかったが、獅子舞の笛吹きをやっていた父親からやってみろといわれ、やることにした。新稽古が始まったのは三月で、雪がちらついていた。彼以外の踊り手は中学生で毎日練習ができなかったので、早めに新稽古を始めたようであった。

その頃は何でも自分でやれという考え方で、先輩が手取り足取り教えてくれることはなかった。最初に先輩が一回やって見せて、その通り踊らされる。彼らは当然うまくできない。そうすると、「手をもっと上げろ」、「腰が高い」、「型が悪い」と注意され、できるようになるまで何度も繰り返させられた。ほとんど踊れない状態でいろいろいわれても踊り方を直せるわけがなく、まごつくだけであった。先輩たちは一晩中ひとつの動作について、ああでもない、こうでもないと文句を付け、部分的に型を拵えることばかりに専念してなかなか先に進まない。新人たちは獅子舞全体の構成がわからないので、自分たちがどの部分を練習しているのか皆目見当が付かず、まして獅子舞の何たるかを理解することなどは到底おぼつかなかった。それに加えて、先輩たちは全員同時に勝手なことをいうので、誰のいうことを聞けばいいのかわからず混乱するばかりであった。

彼の若い頃は、先輩たちとの交流はほとんどなかった。当時の先輩はみんな年配者で、気が強くて自己主張が激しく、いつも言い争いをしていた。酒が入るとすぐに喧嘩が始まり、話を聞いてもらえるような雰囲気ではなかった。祭の準備は彼らに任せきりで、やり方がわからなくて尋ねても、良く覚えていないのか、満足に答えてくれなかった。

彼が踊り手を辞めて教えるようになったばかりの頃は、先輩のように厳しく命令調で教えていた。しかし、教える態度が荒っぽいと人間関係がギクシャクして旨くいかなくなるので、あまり厳しくしないようになった。その結果、自分たちが教わった踊り方を正確に覚えさせることができなくなり、踊の型が少し崩れてしまった。近年は、みんな百姓仕事で体を使っていた昔とは違い、踊り手の足腰が弱くなったので、昔のような教え方や踊り方は体力的に耐えられない。無理にやらせたら怪我したり、倒れたりしかねない。

そこで彼は、自分が教わった時とは異なるやり方で新稽古を行うようになった。最初の一晩か二晩は新人には何もさせずに、先輩が踊って見せたりビデオを見せたりしながら話をして、獅子舞がどういうものかを理解させる。また、歌の文句や太鼓の叩き方が書いてあるテキストを渡してそれを覚えて貰う。テキストに記された叩き方をある程度覚えたら、桴を持たせて実際に太鼓を叩かせる。最初の「道行」が大体できるようになったら次に「コウノ」というように、一区切りずつ叩き方を教えていく。太鼓が大体叩けるようになったら、次に踊の動作を一区切りずつ教えていく。動作が大体飲み込めたら、歌や笛を入れて踊らせる。さらに、次の動きに移る変わり目を覚えさせる。それで大体一通り踊れるようにする。新稽古の時は、春休みなどを利用して集中的に練習し、試験などで学校が忙しい時にはやらないようにしている。以前よりも早く始める時もあるが、日数的には減っている。

踊り始めて間もない頃は、踊り手は動きの変わり目がわからないので、彼が踊り手の傍らに付いて合図をしてやる。間違いやすいところを踊り手から事前に聞いておいて、そういうところで合図をする。そんなことを二、三年続けるとほぼ間違えずにできるようになる。馴れてきたら、少し難しい細かな動きを教えて型を直してやる。

彼は、自らの体験を通じて、獅子舞を教える場合は初めに全体像を理解させることが重要と考えるようになった。踊り手が歌や踊り方をきちんと理解していないうちに、個々の型をやたら厳しく教えてもなかなかできるようにはならない。また、全員に対して同じように教えるのではなく、それぞれの踊り手の性格や考え方を把握し、それに合わせて指導するようにした。活発な人であれば少々きつくいっても平気であるが、おとなしい人に同じようにいったのでは逆効果になる。たまに踊り手を食事に誘って話をすると、彼らの性格や考え方がわかってくる。練習中やブッソロイの宴会の時も踊り手たちになるべく声を掛けて、自分がかつて感じた疎外感を踊り手が抱かないようにしてやる。若い踊り手との交流を大事にするように心掛けている。

踊り方の基本は当然きちんと残さなくてはいけない。彼自身残したいと思うが、時代に合わせて変えるところは多少変え、省けるところは多少省き、柔軟性を持ってやらないと、続けていくのは難しい。彼はそんなふうに考えて獅子舞をやってきた。最近は、彼が教えた連中が踊り手の面倒を見るようになってきた。彼らが教える様子を見ると、自分が彼らに教えた時と教え方が段々似てきたように感じるという。(18)

④前踊り手

前節に登場した元踊り手に続いて踊り手を務めた前踊り手の習得と教授の体験に関する話を見てみたい。彼は昭和二八年（一九五三）生まれで新稽古の際には前述の元踊り手から教授を受けた。現在は前述のように、彼らが踊り手の面倒を見ている。

彼が獅子舞に加わったのは中学二年生の時である。当時の世話人から請われて獅子舞に加わったが、彼は子獅子をやらされていたので、その延長のようなかたちで獅子舞を始めてしまったという。小学校からの同級生三人が同時にそれまでの踊り手と交代した。彼は三匹の獅子の中で男獅子を務めた。

新稽古では最初に太鼓を教わった。「デンコンデンコン」などと太鼓の叩き方を書いた大きなベニヤ板を見ながら練習した。太鼓が大体できるようになると動作を習った。始めてそれ程しないうちに、道具に馴れるために、太鼓と獅子頭を付けて踊らされた。ある程度踊を覚えた時点で、疲労を避けるために太鼓だけの格好に戻して練習を続けた。その後、道具を全部付けて踊ったのは本番前日のブッソロイの時であった。

練習の時には大正生まれの年を取った世話人が大勢見に来ていて、厳しいことをいわれた。「型が駄目だ」、「腰が座っていない」、「肘が下がってはいけない」、「桴で叩く時は腕を下げたのでは格好が悪い」といったことを、踊っている最中に盛んにいわれた。しかし、直接習った先輩たちはあまり細かいチェックを入れず、きつく叱ったり、間違っても初めからやり直させたりすることもなかったので、練習がそれ程厳しいとは感じなかった。

踊り手を退くと、次の踊り手を自分たちが教えるようになった。教える時は、自分たちが習ったことをそのまま覚えさせて、踊を変化させないように努力しているという。(19)

⑤獅子舞の練習

現在鳥屋では、祭の本番の一週間から一〇日ほど前に獅子宿で練習が始まり、祭前日のブッソロイと称される試演までの間に二～三回練習が行われている。平成二年（一九九〇）の練習の様相は次の通りである。

この年は八月三日が練習開始の日であった。午後七時頃には宿に世話人や踊り手がほぼ揃い、踊り手の支度が始まった。白の上下に着替えた踊り手は、先輩に手伝って貰って太鼓を晒し木綿の帯で体に固定した。帯をあまりきつく締めすぎると踊っていて苦しくなるし、緩すぎると太鼓がぶらぶらして踊りにくい。踊り手が指示しないと先輩たちには締める加減が分からない。踊り手は始めてまだ二年目で、自分でもどのくらい締めればいいのかわからず、先輩たちはやりにくそうであった。この日は獅子頭は付けなかった。

踊り手は支度が整うと庭に降りて、筵の上で踊り始めた。踊るのは一年ぶりなので、大部おぼつかない様子であった。世話人たちは縁側に腰を下ろし、笛を吹いたり歌を歌っている。彼らは歌詞が書いてある歌本から目を離さず、間違えないように気を付けながら遠慮がちな声で歌っていて、踊り手を見る余裕はなかった。元踊り手は踊り手の傍らにいて、動作の変わり目を指示していた。踊り手たちは最後まで踊り終えると、元踊り手やほかの世話人から間違えた箇所について注意を受けたが、二年目にしては良くできたと褒められ、自信を持って踊るように励まされた。

鳥屋の獅子舞の子獅子

鳥屋の獅子舞の練習

その後、着替えがすんだ踊り手たちを交えてこの年の獅子舞の日程などに関する打ち合わせが行われ、続いて獅子頭に供えられた御神酒を開けて宴会となった。世話人たちは、初めのうちは獅子舞について話していたが、酔いが回るにつれて、獅子舞には関係のない世間話に興じ始めた。踊り手たちは未成年で酒が飲めないので、ジュース類を飲みながら三人で話をしていたが、次第に手持ちぶさたになってきた。元踊り手が三人にいろいろ話しかけていたが、三人は酔って盛り上がったほかの世話人たちとうち解けるまでには至らなかった。元踊り手は頃合いを見計らって三人を家に帰した。宴会は夜遅くまで続いた。

その後、練習は八月五日と八月七日に行われ、八月九日のブッソロイを迎えた。昼過ぎになると踊り手と世話人が宿に集まってきて、獅子役が身に付ける紙製の房を作ったり、太鼓の締め具合を調整したり、翌日の本番のための諸準備が行われた。踊り手たちは世話人に指示されながら、馴れない手つきで作業をこなしていた。その日の夜にはブッソロイの試演が行われる予定であったが、台風の影響で中止となった。

翌日の祭は台風のために順延された。午後には台風一過の快晴となったので、踊り手たちと何人かの世話人とで舞の練習を行った。この時は、踊り手は最後まで間違えずに踊ることができた。元踊り手は、昔に比べて練習期間が短くなっているのに、この年は踊り手の都合が合わず練習があまりできなかったので、祭が一日延びて練習の機会が増えたのを喜んでいた。そして次の日祭の本番を迎えた。(20)

(3)大島の獅子舞

①獅子舞の演者

大島の獅子舞には剣獅子・雌獅子・巻獅子の三匹の獅子と鬼・天狗・岡崎のほか、笛吹きや歌うたい、万燈傘を持つ役が出る。かつて踊り手は、上大島地区の長徳寺から諏訪神社の間にある家の長男で、両親健在な者が務めるとされていた。戦後はそうした制限は解除されている。

②前代の責任者

昭和五年（一九三〇）生まれで昭和二五年（一九五〇）、二〇歳の時に獅子舞に加わった元踊り手の教授と習得の様相を見てみたい。当時の諏訪神社の氏子総代が彼の家を訪ねてきて、彼が長男なので踊り手になってほしいと請われたのがきっかけで獅子舞を始めた。彼は巻獅子を二〇年ぐらい務め、踊り手を退いてからは歌うたいを務めながら踊り手の指導に当たってきた。その後、獅子舞の演者の責任者を長らく務め、先頃体調を崩して交代した。

初めて獅子舞を習った年は、五月頃に何かの祝事で獅子舞をやるということで、それに間に合わせるために二月頃から練習が始まった。練習は夜で、一通り踊れるようになるまで一ヶ月間、ほとんど毎晩練習を行った。初めに太鼓の叩き方から教わった。太鼓を床に置いて足で押さえ、師匠が笛の譜を口でいうのに合わせて太鼓を叩いた。戦前は、最初は太鼓も叩かせなかったという。叩き方を大体覚えたら、実際に太鼓を付けて踊を教わった。大島の獅子舞は三匹の獅子の踊り方が違うので、それぞれの獅子の経験者がそれぞれの踊り手の師匠となる。最初に師匠がちょっと踊ってみせて、あとはその通り踊らされた。ちょっと見たぐらいで踊り方がわかるわけがなく、初めのうちは太鼓を叩くのに精一杯で、踊るどころではなかった。ようやく少し踊れるようになると、今度は「もう少し腰を下げろ」、「手を上げろ」、「顔が振れていない」、「姿勢を正せ」、「摺り足でいけ」、「大振りに動け」といった指示を、自分の師匠だけでなく、ほかの役の師匠や笛吹きなど、周囲にいる人々から厳しく受けた。

腰を下げることは厳しく何度もいわれた。初めのうちは気を付けて腰を下げて踊っているが、その姿勢を保つのは楽ではない。しばらくするとばてて立ってしまう。そうすると、また「腰が高い」と叱られた。足を三角形を描くように動かして踊っていくのが踊の基本ということも何度もいわれた。とにかく教え方は厳しかった。

踊を覚えて間もない頃は、覚えたといっても何とか一通り踊れる程度で、踊り始めて一〇年を過ぎた頃から動作に固さが取れて、自然に体が動くようになった。

彼らと師匠たちとの上下関係は厳しかった。練習の時は、彼らが師匠たちよりも先に練習場に出てきて、掃除をして師匠たちが来るのを待っていなくてはならなかった。練習が終わると、彼らは汗も落とさずに、まずお茶を師匠たちに出さなくてはならなかった。

踊り手を退いてからは、歌うたいを務めながら踊を教えるようになった。人に教えるようになって初めて詞を暗記した。自分が踊っている時は踊のことで頭が一杯で、歌のことまで考えが回らなかった。最近の踊り手は四、五年も経てば大体一通り踊れるようになる。今は昔と違って祭の前は練習をそれ程やらなくなったし、踊り手にきついことをいうと練習に出てこなくなるので厳しく教えなくなった。その結果、踊り方に我流が入ったりして、彼らが教えられた踊り方とは違ってきているという。(21)

③現在の責任者

現在大島の獅子舞の責任者を務めているのは、前述の元責任者と共に踊り手を務めた昭和六年（一九三一）生まれの男性である。彼が獅子舞に加わった頃は、青年団が踊り手の人選を任されていた。鬼役がどうしても見付からないので、当時青年団の支部長であった彼が、踊り手の資格がないにも関わらず、責任を取って鬼役をやることになった。その後しばらくして、雌獅子をやっていた人が辞めてしまったので、雌獅子をやるようになった。

踊を教わる時は太鼓の叩き方から教わった。叩き方は口移しで教えられた。最初は笛に合わせて膝を叩く。三日ぐらいは膝を叩かせられた。次に、踊らないで太鼓だけを叩く。大体太鼓が叩けるようになってから、太鼓を付けて踊を教わった。踊はそれぞれの役の経験者が師匠となって教えた。最初に師匠が一度やってみせるだけで、あとは彼らに踊らせて、できないところを直す。よほどできない時は師匠がやってみせたが、普通は口頭で指示するだけであった。師匠が気に入らないところがあると、踊っている途中でも「待て」と声が掛かる。すると、そのままの姿勢で師匠のいうことを聞かなくてはいけなかった。同じところを何度も繰り返しやらされて、ようやく師匠の指示通りできるようになると、最初から踊らされた。途中から続きを踊るのは絶対認められなかった。何度も途中で直されながら、一晩で三回ぐらい通して踊らされた。練習は、八月に入るとお盆を除いてほぼ毎晩、夜の八時から一一時半頃まで行われた。練習の時は師匠以外の年配の演者たちも見に来ていて、彼らからも「腰が高い」などと、いろいろ叱られた。あまり文句を言われずに踊れるようになったのは、踊り始めてから三、四年経った頃であった。

昔の練習がきつかったのは教え方だけではなかった。師匠たち年配者には絶対服従で、練習の時は先に練習場所に行って、お湯を沸かし、お茶の支度をして、道具もみんな用意して師匠たちが来るのを待っていなくてはならなかった。練習が終われば師匠たちに「ありがとうございました」と礼をいって、師匠たちにお茶を入れ、道具の後片付けを行い、師匠たちが帰ってから最後に家に帰った。獅子舞を「教えてくれる」のではなくて「教えて貰う」という感じであった。

踊り手を退いてからは、歌うたいを務めながら次の代に踊を教えるようになった。教えるようになって三年目ぐらいから、踊が本当に理解できたと思うようになった。それまでは、歌の譜面のある場所を指してどのように踊るか尋ねられても、最初から順を追って行かないとわからなかった。それが、三年ぐらい経った頃から、どこを指されてもすぐに答えられるようになった。

彼が教えた時は、自分が教わった時のように厳しい教え方はしなかった。厳しいと踊り手がやめてしまうのでできなかった。気を使い過ぎて優しく教えたので、踊り方が少し崩れてしまった。それで、踊り手が馴れてきたら、細かいところを少しずつ厳しく教えるようにした。最近は、彼が教えた連中が踊り手を教えるようになった。厳しいのを嫌がっていた彼らも、教える側になると、一通り踊れるだけでは満足できないらしく、動きにめりはりを付けるように厳しく指導するようになった。教えるようになって初めて踊がわかってきたのではないだろうか。

最近は子供に獅子舞を教えて祭などで踊らせている。子供は覚えが早く、すぐに格好が付く。歌や笛を録音したテープで大人は絶対踊れないのに、子供は踊れてしまう。リズム感が昔の人に比べて良くなっている。子供に教える時は、いい加減に教えるとその通り覚えてしまうので、厳しく教えている。大人と違って体が柔らかいのでいわれた通りに動けるし、大人よりも素直にいうことを聞く。子供に対しては、昔のように口でいうだけでなくて、床にガムテープで足の動かし方の印を付けたり、いろいろ工夫して教えているという。(22)

④獅子舞の練習

現在の大島の練習の様相を見ておきたい。練習は諏訪神社の社務所で行われている。月遅れのお盆過ぎに稽古始めが行われ、八月二五日の稽古ざらいまでの間に数回練習が行われる。平成六年(一九九四)は次の通りであった。

八月一八日、午後八時を過ぎると演者たちが社務所に集まってきた。大方揃うと最初にその年の練習の日程について打ち合わせを行い、それに続いて練習となった。初めに大人の獅子舞が行われた。踊り手は太鼓を柱と自分の体の間に挟み、紐で体に固定すると整列して、責任者が打つ拍子木の音を合図に舞を開始した。この日は獅子頭を付けなかった。踊り手たちは間違えずに踊り終えた。歌うたいや笛吹きから拍手が沸き、「ご苦労さん」と声が掛かった。全員汗まみれであった。

次に、子供の踊り手が大人と同じやり方で太鼓を付けて支度を整えると、拍子木の合図で踊り始めた。子供たちは周囲にいる歌うたいや笛吹から語気の荒い指示を盛んに浴びていた。舞は途中で滅茶苦茶になり、中止させられた。そこで、最初から少しずつ踊らせては止めるのを繰り返して、ようやく踊り終えた。ある笛吹きは途中で笛を止めて、子供の手を取って一緒に踊りながら動作を教えていた。

子供たちの練習が終わると、獅子頭に供えた御神酒の口が開けられ、稽古始めの宴会となった。大人たちは酒を飲みながら、部屋のあちこちで車座になって歓談を始めた。獅子舞の話をしている人々もいたが、全く関係のない話で盛り上がっている人々もいた。宴会は一〇時過ぎには一応お開きとなって、子供たちや付き添いで来ていた母親たちは帰っていった。大人たちはその後も酒を飲みながら、遅くまで歓談を続けていた。

八月二四日には子供だけの練習が行われた。八時過ぎに子供たちと大人の笛吹きや歌うたいが揃い、練習が始まった。子供たちは、獅子頭や面を付けずに一回、付けて一回の合計二回通して踊った。この日は中断することはなかったが、獅子頭や面を付けると踊り手の動きが揃わなくなった。舞っている最中には、周囲の歌うたいや笛吹きから盛んに指示が飛んだ。その内容は、「そこで丸くなる」といった次の動作や位置の指示、「もっと腰を下げる」といった姿勢に関するもの、「ゆっくり踊れ」といった動作のやり方に関するものであった。前回の練習で盛んに声を掛けていた笛吹きは、この日も踊っている子供たちのすぐ傍らに立って大きな声で指示を与えていた。彼は、子供たちが踊り終わると集めて注意を与えた。彼は、三人の動きを揃えること、腰を下げて踊ることを自ら演じてみせながら指導した。腰を下げることは彼以外の大人も厳しく注意していた。その後、大人たちはビール、子供たちはジュース類で喉を潤し、ひと休みして、この日は遅くならないうちに散会した。

八月二五日の稽古ざらいでは、本番と同じように太鼓や獅子頭を付けて、屋外で練習が行われた。午後八時過ぎ、演者が大方揃ったところで子供たちの舞から始まった。大人たちは子供たちに獅子頭や面を付けてやりながら、「腰を落として踊れ」、「ゆっくり動け」と指示を与えていた。舞が始まると、前回の練習と同じような指示が子供たちに対して盛んに飛んだ。主に声を掛けていたのは、前回も声を掛けていた笛吹きと獅子舞の責任者ともう一人の歌うたいの三人であったが、それ以外の人からも声が掛かっていた。子供たちの舞が終わると大人の舞が行われた。こちらのほうにはほとんど声が掛かることなく終了した。その後、大人と子供の演者たち、子供の母親たちに神社で祭の準備をしていた氏子関係者を交えて、社務所で稽古ざらいの宴会が行われた。こうしてこの年の練習は終了し、翌日の本番を迎えた。(23)

大島の獅子舞の稽古ざらい

(4) 教授と習得の様相

①かつての様相

鳥屋と大島のかつての教授と習得の様相を演者たちの話によって見てみると、両者はよく似ている印象を受ける。鳥屋では、動作の型をひとつずつ、できるようになるまで何度も繰り返させるというやり方で教授が行われ、師匠が実際にやってみせることは少なく口で指示するだけで、非常に厳しく指導された。その結果、一通り踊れるようになるには三ヵ月ほど掛かっていた。型の重視・部分的な教授・反復による習得・口頭による指示・長期間の教授といった特徴は、大島のかつての教授や習得の様相においても同様に見ることができる。大島では一通り踊れるようになるのに約一ヵ月掛かるといわれ、鳥屋よりも短いが、ある程度の期間を必要としたということでは共通していた。

こうした特徴は、鳥屋や大島以外の神奈川県北部の獅子舞においても同様に見ることができる。口頭による指示ということでは、下九沢ではかつては踊り方をうるさくいわれて厳しく教わったというし［一九九四：五六］、田名では師匠が練習に出てきても自ら舞ってみせるということはあまりなかったという［一九九三：五六］。長期間の教授ということでは、下九沢で昭和天皇の御大典の際に踊り手を務めた踊り手は踊を覚えるのに三ヵ月掛かったと述べている［一九九四：三〇］。田名ではかつて、獅子舞を初めて習う時の練習を「三十日稽古」といって、一ヵ月間毎晩練習が行われていた［一九九三：五四］。

太鼓を教えてから動作を教える教授の進め方も、鳥屋や大島以外で行われていた。田名や下九沢では、最初に藁を縄で縛り付けた丸太を師匠がいう口唱歌に合わせて叩かせて叩き方を覚えさせ、それから本物の太鼓を叩かせて、太鼓を完全に習得させてから舞の動作を教えていた［一九九三：五四-五八・一九九四：三一］(24)。

動作に関する指示にも共通した内容が見られた。鳥屋や大島で最も頻繁にいわれていたのは腰を落として低い姿勢を取るということであったが、下九沢でも「もっと屈め」とか「腰を落とせ」といわれていたし［一九九四：五六］、三増でも、足を大きく広げて腰を落とすようにいわれていた［一九九二：四一］。動作を大きくめりはりをつけて行うようにという指示が鳥屋や大島では盛んにいわれていたが、ほかの獅子舞でも同様の指示が行われていた。田名では、獅子頭を動かす時は体と一緒に大きく動かすようにいわれていた［一九九三：六一］。下九沢では、年配の演者たちが、若い踊り手が踊っていると、「もっと大きく首を振れ」、「大きく手を上げろ」、「もっと足を踏ん張れ」などと声を掛けていたという［一九九四：七三］。

教え方の厳しさもほかの獅子舞において同様に見られた。昭和初年に獅子舞を習得した田名の元踊り手は、彼が習った師匠は怒りっぽくて、文句をひどくいわれて参ったと述べている［一九九三：五六］。下九沢では足の動かし方が不十分だと足を引っ張られたり、動作を間違えると殴られたり蹴飛ばされたりしたというし［一九九四：三〇］、三増でも、覚えが悪くよく間違える踊り手は何度も竹刀で殴られてかわいそうだったという［一九九二：三〇・四二］。

鳥屋と大島の共通点としてもう一点、獅子舞の教授が複数の人々によって共同作業的に行われていたことがあげられる。鳥屋の元踊り手は、新稽古の時は師匠が四～五人いて、練習の時は彼らがそれぞれ勝手なことをいうので困ったと述べていた［一九九五：四七］。大島では、その役の経験者が師匠となって一対一で教えることになっていたが、実際は、師匠以外の演者や元師匠も様々な指示をするので［一九九五：三三］一対一の教授にはならなかった。こうした集団的な教授はほかの獅子舞においても見られた。下九沢で戦後間もなく踊り手を務めた演者は、直接教わったのは昭和の御大典で復活した時に踊り手を務めた演者たちであったが、日露戦争の頃に踊り手を務めたさらに年配の演者たちもやって来て厳しく注意していたと述べていた［一九九四：五六］。田名ではかつて踊の師匠が五～六人いて、踊り手の傍らに付き添って指示を与えていたという［一九九三：五六］(25)。

この地域の獅子舞は、基本的な芸態は三グループに分けられたが、そうした芸態を出現させていたかつての教授と習得の様相は、教授法・教授の内容・教授の姿勢・教授の機会など、多くの面で共通していたのである。

②教授と習得の変化

教授と習得の様相は、近年いずれの獅子舞においても変化してきているが、そこでもいくつか共通点が見られる。一点目は教授が厳しくなくなったことである。この点については、かつての教授を経験した演者のほとんどが異口同音に語っている。大島の演者たちは、かつてのような厳しいやり方には最近の踊り手は嫌がって付いてこないし、無理強いするとやめてしまうので厳しくできないと述べていたが、ほかの獅子舞の演者たちも、厳しくなくなったことについて同様に語っていた。鳥屋の元踊り手は、最近の踊り手は厳しいやり方では体力的にもたないこと、習得に時間がかかって非効率的なことも理由としてあげていた［一九九一：四九・五二］。こうした変化にともない、踊り手は習得の際の辛さを以前程感じなくなっている。

二点目は、習得のための練習期間が短くなったことである。鳥屋では現在、新稽古の期間を以前よりも減らしているし［一九九一：五〇］、大島の責任者は自分たちよりも自分が教えた踊り手のほうが踊れるようになるのが早くなり、最近の子供はもっと早くなったと述べている［一九九五：四五］。練習期間の短縮はほかの獅子舞でも見られる。三増の保存会長は一通り踊れるようになるには一週間か一〇日で済むと述べていた［愛川町教育委員会　一九九七：五五］。下九沢の元踊り手は、以前は四〇日かかったものが、現在は半分で格好が付くと述べている。その理由として、かつては農家が多かったが最近はほとんどの人が勤めに出ていて、昔のように時間が取れなくなったので、練習をのんびりやっていられなくなったこと、最近の若者や子供たちは音感やリズム感が良くなったので、覚えるのが早くなったことをあげている。

しかし、理由はそれだけではない。鳥屋の獅子舞の上演は、現在は歌をいくつか省いて半分で終わるかたちに短縮されているし、三増や田名でも同様に短縮されている。下九沢では、踊り方の最も難しい部分が省略されて行われている［一九九四：五六］。舞が短縮されて以前よりも容易に演じることができるようになったことも、練習時間の短縮の理由となっていると思われる。また、かつては獅子舞未経験の若者が踊り手となる場合が多かったが、近年は獅子舞にすでに関わっている人が踊り手となる場合が増えてきたことも無関係ではない。三増では、女性の元バンバ役や女性の現役の獅子役はいずれも歌うたいから転向していたし［一九九二：四二-四三・六一］、別の現役の獅子役も天狗役から転向していた［愛川町教育委員会　一九九七：六二-六三］。下九沢の元岡崎役も歌うたいを務めた後に踊り手に転向している［一九九四：七六］。獅子舞に何らかのかたちで関わって、獅子舞がどういうものかある程度理解している人と、全く知らない人では、舞の習得に必要な時間は当然違ってくるであろう。

三点目は、教授の進め方が変わってきたことである。以前は太鼓や舞を別々に教えたり、動作の型をひとつずつ教えたり、部分的に分けて教えるやり方が行われていたが、近年は最初から全体的に教えるようになってきた。鳥屋では、踊り手に対して最初に獅子舞を何度も演じて見せたり、ビデオを見せたり、歌詞や口唱歌が記された歌本を与えて、獅子舞の全体像を理解させることが行われていた［一九九一：五〇］。大島や三増では、最初から踊り手に太鼓を付けさせて、太鼓の叩き方と舞の動作を同時に教えるようになった［一九九五：六一・一九九二：五〇］。田名でも太鼓と舞を同時に教えているが、その前に歌を覚えさせている［一九九三：五八・七四］。田名の場合、最初に歌を覚えさせるのは獅子舞全体の流れを理解させることが目的と考えられる(26)。具体的な内容は獅子舞によって違いが見られるが、部分的に教えるのではなく全体的に教えるかたちの教授が行われるようになったということでは共通している。こうした教え方の変化は、個々の型を厳密に習得しなくても獅子舞を取りあえず踊ることを可能にするという点で、習得時間の短縮に繋がったはずである。

しかし、部分的な教授が全く行われなくなったわけではない。鳥屋の元踊り手は、踊り手がある程度踊れるようになったら部分的に型を直してやると述べているし［一九九一：四九］、大島でも踊が一通りできるようになったら、動作のめりはりを付け、型に実を持たせるように指導しているという［一九九五：三三五］。田名でも最初に一通り型を覚えて踊れるようにして、それから振りを付けるようにしているし［一九九三：六〇］、三増でも、一通り踊れるようになってからが習得の本番で、それから細かい動きを覚えさせたり、動きを大きくしていくとしていた［愛川町教育委員会　一九九七：五五］。各地では、まずは全体の習得が優先され、それが完了してから部分の習得を行うという教え方が採られるようになったといえる。

さらにもう一点、教授する側が頻繁に演じて見せるようになったことも近年の変化である。大島の元踊り手たちは、練習で現役の踊り手が足りない時には加わって踊っていたし、実際の練習でも大人の演者が一緒に踊りながら子供たちを指導していた［一九九五：三三二・六四］。田名の師匠も練習の時に自ら踊って見せていた［一九九三：六〇］。三増でも、ボーイスカウトの子供たちに対して演者たちは一緒に踊りながら教えていた［一九九五〇］。行為を交えた教え方は、舞を習得する側にとって、口頭表現だけの指示に比べると遥かに具体的でわかりやすい。こうした変化も近年の教授の時間短縮に貢献したと思われる。

③教授の場の実際

演者たちの言説から窺えるかつての教授の様相には、各地の獅子舞で共通性が認められたが、鳥屋と大島で現在実際に行われている練習の様相を比べると、かなり違っているという印象を受ける。その理由としては、鳥屋では踊り方を完全に覚えていない二年目の踊り手の練習であったのに対して、大島では大分経験を積んで舞に習熟している演者が踊り手を務めていて、さらに、始めて間もない子供たちの練習も行われていたという、教授される側の習熟度の違いがあげられる。しかし、理由はそれだけではない。

鳥屋の練習では、踊り手が間違えても、踊っている最中に周囲の世話人たちが声を掛けて注意するということはほとんど見られなかった。唯一人、元踊り手が指示を与えていたが、それも次の動作に移る合図の指示であった。踊り終わった後には、間違えたところや良くなかったところを元踊り手やほかの演者が注意していたが、きつく命令するような口調ではなかった。練習後の宴席では、踊り手は酒が飲めないこともあって世話人たちと親しく交わる様子は見られなかったが、元踊り手や笛吹きは踊り手に盛んに話しかけていた。鳥屋では踊り手の世話や指導は一部の演者に任され、踊り手たちが疎外感を抱かないように気遣いがなされていて、かつてのような若い踊り手に対する厳しさは見られなかった。

それに対して大島では、大人の踊り手への指導や注意はほとんど行われなかったが、子供の踊り手に対してはかなり厳しく行われていた。踊っている最中に最も多く声を掛けていたのはある笛吹きであったが、ほかにも何人かの演者が盛んに声を掛けていた。それも、叱責するような厳しい調子であった。笛吹きは子供の手を取って一緒に踊ったり、舞の後には子供たちを集めて踊り方を注意したり、自ら踊って手本を見せたりして熱心に指導していた。大島の演者たちは踊り手への指導について、今の踊り手は自分が踊っていた頃に比べると技量はまだまだ劣るが、レギュラーになったらそんなには注意しない。それに対して子供に教える時は、変な具合に覚えてしまうと良くないし、大人に比べていうことを聞くので厳しく教えていると述べていた［一九九五：二九・四四―四五］。大島の場合、子供に対しては、かつての教授を彷彿とさせるような厳しい教え方が行われていたといえる。

三増の場合は、鳥屋や大島とはまた異なる様相を呈していた。三増では、踊っている最中の踊り手に対しては、冗談が飛ぶことはあっても厳しい注意や指示が飛ぶことはなかった。踊り終わった後には踊り手に対して注意や意見が与えられたが、冗談交じりで終始和やかな雰囲気であった［一九九二：一五一一六］。

鳥屋と大島と三増の練習の様相に違いが生じた理由を考えてみると、ひとつには踊り手の年齢の違いがあげられる。三増では踊り手もそれ以外の演者もそれ程年齢が違わないので、鳥屋のように踊り手たちが世話人たちから浮き上がることもなく、大島の子供たちに対するように厳しく接することもなかったのではないだろうか。また、三増の場合は女性が演者の過半数を占めていることも影響していたように思われる。ある女性の演者は、男性の演者はちょっとした意見の衝突で言い争いになってしまうが、そういう時に女性がいると自然と和やかになると述べていた［一九九二：五六］。三増の平成八年（一九九六）の練習では、この年初めて踊ることになった踊り手に対していろいろきついことをいう年配の男性の演者を、女性の演者たちが諫めていたという。(27)

教授を行う演者の性格の違いも理由としてあげられる。鳥屋の場合、踊り手が疎外感を感じないように配慮するようになったのは、かつて教授の際に苦労を経験した元踊り手が、自らの経験に基づきやり方を改めた結果である［一九九一：四六－四八］。大島の責任者は、自分が昔のしきたりで厳しく教えられたので、それが身に付いてしまい、どうしてもきつくやる癖が出てしまうと述べている［一九九五：四五］。三増で現在演者たちのまとめ役となっている元踊り手は、獅子舞についていろいろな面で旧来のやり方を革新してきた進取の気質に富む人物である［愛川町教育委員会　一九九七：四八－四九］。いずれの獅子舞においても、近年の教授の変化は、演者集団で中心的な役割を果している人物の考え方や物事の進め方が強く影響している。

そしてそれは、舞の教授が個人的に行われるようになったことと無関係ではない。鳥屋では前述の元踊り手が中心となって踊り手の面倒を見ていたし、三増でも踊り手は一対一で個人的に教授を受けて舞を習得していた。

田名でも中断する以前の獅子舞を知る一人の演者が師匠として舞を教えていた［一九九三：五二-五四］。獅子舞の教授が集団的なものから個人的なものへ変化してきたとすれば、教授を行う人物の考え方や資質が教え方に強く反映し、その結果、獅子舞ごとの教授の実態の違いが以前よりも顕著になったとも考えられる。

(5)教授と習得の特徴

①部分と全体

こうして各地の獅子舞の教授と習得の様相を見てくると、それが、部分的な動作や型の習得を積み重ねていって舞全体の完成へと至る教授法から、舞全体の構成を一通り習得させてから部分の動作や型を完成させる教授法へと変化してきたことが理解されてくる。しかしこのことは、獅子舞の習得という同じ到達点に至る道筋を「部分から全体へ」から「全体から部分へ」に変えたという、単なる教授法の変更を意味するだけではない。

演者たちは前節で見たように、かつてと近年とでは舞自体が変化を来していると述べていた。いずれの獅子舞においてもかつては腰を落とす姿勢と大きくゆったりと動作を行うことが良い舞の条件とされ、それがある程度実現されていたが、近年は実現されなくなってきた。このことは教授法の変化と無関係ではない。近年の教授においては、舞全体を一通り習得した後、部分的な動作の型の習得が図られていたが、実際の習得は全体のみに止って部分にはおよばず、その結果、舞自体の内容が変化してきていたのではないだろうか(28)。

一方、かつての教授は徹底的に部分にこだわったものであり、部分的な動作や型の習得はかなりの程度実現されていたと思われるが、全体についてはどうであろうか。鳥屋の長老は、踊り手を辞めた人が歌うたいを務める時は、新たに練習しないと歌えるようにならないと述べている［一九九一：三九］。大島の元責任者は、人に教えるようになって初めて歌を覚えたと語っていた［一九九五：六六］。かつての踊り手は舞の習得を経験しただけでは歌を歌えるようにはならず、別に習得する必要があった。歌を舞の習得の前に覚えさせられた田名の踊り手や、歌師から踊り手に転向した三増の女性の踊り手は、歌が歌えると獅子舞全体が理解できると述べていた［一九九二：六四・一九九三：七四］。彼らの話は、かつての演者たちは、舞を習得した時点では舞の全体的な構成をきちんと理解していなかったことを示している。大島の責任者が、教える立場になって何年か経ってから、本当に獅子舞を理解できたと感じるようになったと述べていたことも［一九九五：三五］それと符合する。部分を優先した教授を受けたかつての踊り手は部分の習得のみに止まり、全体の習得にはおよばなかったのである。厳しい舞の教授を受けた元踊り手たちが、舞が自分でも納得がいくようになるにはある程度の期間が必要であったと述べていることや、大島の鬼や下九沢の岡崎は師匠格の熟達者が務め、舞の最中に踊り手に踊り方の指導や指示を行っていたことも、(29) かつて踊り手たちが全体構成をきちんと理解していなかったとすれば納得がいく。

「部分から全体へ」から「全体から部分へ」という教授法の変化は、「部分の上演」から「全体の上演」へという舞自体の質の変化をも意味していたのではないだろうか。小林康正は、獅子舞を芸能として理解するためには、部分的な動作の型や用具類の形状といった芸能を構成する個々の要素を比較するのではなく、それらを含む上演形態全体を統括する構成原理を問題にすべきであり、それは踊り手の教育のシステムを見ていくことによって把握できると述べている［山田・小林・中村・笹原　一九九六：二八―三二］。それに従えば、教授法の変化は、獅子舞の諸要素を統括する根本的な構成原理が変化したということになろう。

また、同じ動作の執拗な反復を科していたかつての教授からは、演じられる個々の動作そのものの同時的、瞬間的なあり方を重視し、部分を連ねていく累加的な論理が看取できる。兵藤裕己は、基本的にはほかの演者の上演に接することを通じて曲目の習得が行われる座頭（盲僧）琵琶において、演者は自ら演じる曲目を、共時的な全体性としてではなく継起的な連鎖として極めて過程的にしか認識していないと指摘しているが［兵藤　二〇〇〇：二三六］、かつての獅子舞の演者たちもそれと類似の状況にあった。(30) それに対して、近年の教授からは、全体的な組立てを常に意識して進めていく構成的な論理が窺える。そこでは、様々な型を取り敢えずすべて行えるようになるという、舞の共時的な全体性の効率的な習得が第一義的には目指されていたといえる。

そう考えると、下九沢の元踊り手が、最近の獅子舞は自分が踊っていた頃と比べると、踊り方は厳しくなくなったが、やり方は変わっていないと述べたり［一九九四：六二］、鳥屋の長老が、現在は昔の半分の時間で獅子舞が行われているが、動作は変えていないので昔と同じと述べたりしている［一九九一：四四］、一見矛盾する状況も説明が付く。現在上演されている状態は、かつての累加的な考え方からすれば変化といえるが、現在の構成的な考え方によれば、共時的な全体性は従来通り実現されているので、必ずしも変化とは認められないというわけである。(31)

②言葉と行為

演者たちが語るかつての教授や習得の様相は、そこで言葉がいかに大きな役割を果たしていたかを改めて気付かせてくれる。橋本裕之は、芸能においては言説も身体が生産する実践の一つであり、「演技を習得する／させる」過程は言説と身体が密接に絡まるかたちで進んでいくと指摘している［橋本　一九九五］。類似の状況は本節で見てきた獅子舞においても認められる。

以前は教授する側は、踊り手に対してあれこれ言葉で指示するだけであったことは、かつて教授を経験したほとんどの演者が述べていた。無論、言葉だけで教授が行われていたわけではない。初めて舞を習う演者たちは、最初に手本となる実演を見せられて、その通りやるように指示された。厳密にいえば行為の直接的な模倣によって習得が始まったということになる。しかしその後は、師匠たちは専ら言葉で指示を与えていた。太鼓の叩き方も口唱歌を使用して踊り手に覚えさせていた。

こうした言葉主体の教授法は果たして十分に機能していたのであろうか。笛や太鼓の口唱歌は動作を習得したり記憶したりする際にはプラスに働く場合がある。(32) しかし、鳥屋の元踊り手は、踊り方をよく覚えていないうちにいろいろ指示されても、当然指示通りに動けなかったと述べていた［一九九一：四六］。同様の事態は各地で見られた。このことは、言葉のみの指導による動作の習得が相当困難をともなったことを示している。

かつては教授が複数の人間により共同作業的に行われていたことも、言葉主体の教授が行われていたことと関係がある。多くの人が一人の踊り手を教える場合、言葉主体の教授法がかたちとしては適している。かつての教授の様相に見られたように、一人の踊り手に対して何人でも同時に声を掛けて指示することが可能である。内容の面から見ても、複数の教授者間において意見の違いを調整し、実現すべき舞に関する共通理解を形成するためには、各人の舞に関する見解が口頭表現として発せられることは有効に作用したと思われる。(33) また、言葉が指示していたのが部分的な動作に関する内容であったことを考えると、言葉主体の教授は長期間の反復による習得と相まって、演者たちの部分的な動作や型にこだわる論理や考え方を補強する結果となった可能性もある。言葉主体の教授法は、かつての獅子舞のあり方と密接に関わっていたといえる。

しかし、近年の教授では教授する側が実際に演じてみせる場合が増え、以前に比べて言葉に依存する度合いが減じているのは前述の通りである。それは、近年の教授が個人的な性格を強めてきたこととも符合する。教授者が実際に演じて見せたり手取り足取り教えるやり方は個人的な教授に適している。教授者が一人に限られないと、

提示される動作に教授者ごとの違いが現れて、習得する側に混乱を招いてしまうからである。(34)

全体的な教え方、舞の習得に掛かる時間の短縮、踊り手が厳しさを感じない教え方といった近年の教授法の変化は、いずれも行為に依存する度合いの増加と軌を一にしている。ほとんど獅子舞のことを知らずにきた踊り手が新たに獅子舞を始める場合、習得すべき内容を具体的に提示して教授が行われる行為を多用した教授法は、踊り手を取り敢えず一通り踊れるようにするためには、言葉主体の教授法に比べて効率的に優れていることは明らかである。しかし、こうした評価が成り立つのは、獅子舞の習得の目的を、踊り手が一通り踊れるようになることと仮定した場合の話である。前述したように、かつてはそれが必ずしも第一義的な目的とされているわけではなかった。教授法の変化に対しては、効率の面から評価を下すよりも、そこから獅子舞に対する演者たちの考え方や、舞全体の構成原理の変化を読み取ることを試みるほうが生産的かも知れない。

(6) 教授法の変化と舞の変化

以上本節では、神奈川県北部の獅子舞の教授と習得の様相を見てきた。その結果、各地の獅子舞においては、部分的な動作や型の厳格な実践を重視し、集団的で言葉主体の内容的にも類似する教授法から、全体的な構成の継承を優先し、個人的で行為を多用したそれぞれの獅子舞独自の教授法へと変化してきたことが明らかになった。こうした変化は単に教授法の変化に止まらず、芸態の変化と呼応したものであり、さらにそれは、獅子舞の上演を成り立たせている演者たちの考え方や獅子舞の芸能としての構成原理の変化と密接に関わっていたのである。

獅子舞の芸態は実に様々である。筆者が実見した各地の獅子舞を思い起こしてみると、本節で取り上げた獅子舞のようにいくつかの比較的単純な動作の型の反復から全体が構成されているものが少なくなかった一方で、そうでないものも相当数見られた。例えば、山形県米沢地方［米沢市　一九九〇］や北海道厚沢部町［厚沢部町　一九八二］の獅子舞の雌獅子と雄獅子の絡みや雄獅子同士の争いや、青森県津軽地方の獅子舞の山中の様子を窺う獅子の動作［弘前市教育委員会　一九八五］では、獅子が闊達に動き回る写実的な演技が見られた。また、川崎市菅の獅子舞では、獅子が賽子を振って博打を打つ場面があり［小林　一九七三］、栃木県内の関白流を称する獅子舞では、狩人が獅子の援助を得て鬼退治を行う場面がある［下野民俗研究会　一九八〇：八〇］。群馬県内では傷ついた雄獅子の介抱に、大きな竹筒で作った注射器を持った医者の役が登場する場面が仕組まれているところもある［堤ヶ岡村役場　一九五六：三三六］。こうした多種多様で複雑な芸態を有する各地の獅子舞においても、本節で見たような教授と習得を巡る様相が同様に見られるかどうか、興味深いところである。

（1）山路興造は、芸態を「演じられる演技」自体と定義している［山路　一九九四：二一］。本節では全体構成や配役や音楽などを含む上演の様相全般というかたちでそれよりもやや広く理解している。
（2）以下本節では、各地の獅子舞の演者たちが使用している部分呼称を「　」を付けて示すことにする。
（3）鳥屋の獅子舞の様相に関しては、相模原市教育委員会『鳥屋の獅子舞』［一九九一］に拠った。
（4）三増の獅子舞の様相に関しては、相模原市教育委員会『三増の獅子舞』［一九九二］に拠った。
（5）田名の獅子舞の様相に関しては、相模原市教育委員会『田名の獅子舞』［一九九三］に拠った。
（6）下九沢の獅子舞の様相に関しては、相模原市教育委員会『下九沢の獅子舞』［一九九四］に拠った。
（7）大島の獅子舞の様相に関しては、相模原市教育委員会『大島の獅子舞』［一九九五］・相模原市立博物館『三匹獅子舞の諸相』［相模原市立博物館　一九九六］に拠った。
（8）これらの獅子舞において見られた特徴は、例えば舞場の土俵は神奈川県の旧武蔵国から東京都多摩地方にかけて各地で見られ［町田市立博物館　一九八六：七八］、三匹の獅子を角の形状で呼ぶところが多摩地方南部に見られる［本田　一九八四：五七五-五七六］というように、神奈川県北部以外でも見られる場合があることを考えると、芸態と系統の関係については広域的な視点からの検討が必要である。

(9) 橋本裕之は演者たちの言説に注目して、「「芸」にまつわる言説を分析することによって当事者の意識を記述する」という民俗美学(folk-esthetics)の視角を提唱しているが[橋本 一九九五:一四五]、ここでの筆者の視角も橋本と共通している。

(10) 千葉県松戸市上本郷の笛吹きも、舞の経験が無いが演技を熟知していて、笛吹きは厳しい批評者であった[松戸市立博物館 一九九四:三三]。こうした笛吹きの舞に対する知識のあり方は、獅子舞においては意外と広く見られるのかも知れない。

(11) 言説が共通するか共通しないかという点については、神奈川県北部においては共通していなくても、西多摩などで雌獅子隠しに対する意味付けが頻繁に見られるように[吉田 一九七七:七四-七八]、広域的に見ると共通している場合もあり、注意が必要である。

(12) この場合、動作の意味と言うよりも、「わざ」の教授プロセスにおいてしばしば用いられる特殊な言語表現である「わざ言語」[生田 一九八七:九三-九七]に類するものとして理解すべきかも知れないが、こうした表現が実際の教授の際に使用されるということはあまり見られない。女獅子隠しに関する田名の演者の言説についても同様に考えられる。

(13) 上野誠は、松戸市和名ヶ谷の獅子舞において、稽古中や稽古が終わった後の「だべり」で演者たちに記憶されている先例や演者たちの意見が語られ、そうした会話を通じて祭の段取りに関する演者たちの合意が次第に形成されていく様相を報告していて参考になる[上野 一九九四:一七五]。

(14) 橋本裕之は、民俗芸能におけるこうした言説と実践の関係について、「言説も身体が生産する実践の一つであり、同時に身体を構成する実践の一つ」で、実践においては「言説と身体が複雑に絡み合っている」と指摘している[橋本 一九九五:一四五-一四六]。

(15) 民俗芸能の習得過程に注目した論考としては、小林康正「伝承の解剖学——その二重性をめぐって——」[小林 一九九五]、西郷由布子「人はどうして「踊りおどり」になるのか」[西郷 一九九三]・同「芸能を〈身につける〉——山伏神楽の習得過程」[西郷 一九九五]、橋本裕之「「民俗芸能」における言説と身体」[橋本 一九九五]などがあり、本節では注記で示した以外にもそれらを適宜参照している。
(16) 五ヵ所の獅子舞の中で鳥屋と大島を取り上げたのは、両者はほかに比べて本番前の練習の回数が多く、教授と習得の実態を詳細に観察することができたことによる。
(17) 以上、長老の話に関しては、相模原市教育委員会『鳥屋の獅子舞』〔一九九一：三四-四五〕に拠った。
(18) 以上、元踊り手の話に関しては、相模原市教育委員会『鳥屋の獅子舞』〔一九九一：四六-五七〕に拠った。
(19) 以上、前踊り手の話に関しては、相模原市教育委員会『鳥屋の獅子舞』〔一九九一：五八-六三〕に拠った。
(20) 以上、練習の様相に関しては、相模原市教育委員会『鳥屋の獅子舞』〔一九九一：一一-二四〕に拠った。
(21) 以上、前代の責任者の話に関しては、相模原市教育委員会『大島の獅子舞』〔一九九五：五二-八一〕に拠った。
(22) 以上、現在の獅子舞の責任者の話に関しては、相模原市教育委員会『大島の獅子舞』〔一九九五：三一-五二〕に拠った。
(23) 以上、練習の様相に関しては、相模原市教育委員会『大島の獅子舞』〔一九九五：一〇-二五〕に拠った。
(24) 東京都豊島区長崎（豊島区教育委員会一九九一：五四）・埼玉県越谷市下間久里（埼玉県立民俗文化センター一九八二：三九）・新潟県赤泊村杉野浦・新谷（新潟県教育委員会　一九八〇：四三・六二）の獅子舞においても、初めに太鼓を覚えてから舞の教授を受けている。こうした太鼓と舞を別々に教える教授の進め方は、獅子舞においては各地で広範に行われている可能性がある。
(25) 獅子舞の教授が共同作業的に行われていたことは、舞に踊り手の個性や我流が出ないのが良いとする大島の演者たちの芸態に対する認識にも一脈通じる。
(26) ただし、習得に際して特別に歌の練習を行っているのは現在の田名のみである。ほかの獅子舞では、歌は踊の練習をしているうちに自然と覚えてしまうものとされている。
(27) 愛川町教育委員会のご教示による。
(28) 教授法の変化が芸態に影響をおよぼしている状況はほかの地域の獅子舞でも見られる。松戸市和名ヶ谷の獅子舞ではかつては口唱歌を仕込んでから所作を教えていたが、現在は一緒に教えるようになった。踊り手を経験した年配の演者たちは、芸態が変化してしまうということでそうした教授法に対して批判的であったという〔上野　一九九四：一七三]。

(29) 第三章一・(4)、参照。

(30) 但し、かつての教授法が、例えば藁を巻いた棒を叩くことが太鼓を叩くことに、太鼓を叩くことが舞いながら太鼓を叩くことにというかたちで、習得の次のステップにつながる訓練が仕組まれ、「学習の段階的プロセス」[生田他　一九九五：四四一-四四三]を構成していることには注意が必要である。

(31) この点に関連して、西郷由布子が山伏神楽の演者の舞の習得を巡って興味深い分析を行っている。西郷は、山伏神楽の舞手たちは、幼少時から神楽の習得の終了までに渡る長期間の神楽との接触の経験を通じて、山伏神楽にまつわる「思考のリズム」や舞に関して過去から蓄積されてきた集合的記憶を身に付けて、全体的な舞の実現が可能な舞手として完成していくと指摘している[西郷　一九九三：二九八-三〇〇]。獅子舞においても同様に、かつて演者たちは、長期間の習得を通じて獅子舞の「思考のリズム」や集合的記憶を身に付け、踊り手として完成していたが、近年は習得が短期間で行われるようになり、「思考のリズム」や集合的記憶の獲得は行われなくなってきた。その代わり、最初から全体的な構成を教えることでそれを補い、全体的な舞の実現が図られていたとも考えられる。但し、この場合実現されているのはあくまでも共時的な全体性である。それに対して、かつて実現されていたのは、「思考のリズム」や集合的記憶に裏打ちされた通時的な全体性であり、両者は全体の実現という意味では変わらないが、内実は違っていたといえる。

(32) 中村仁美は、舞楽の習得の際に口唱歌を先に覚えておいてから動作を習うと忘れないが、そうでないと忘れてしまうと指摘している[山田・小林・中村・笹原　一九九七：二四]。

(33) 橋本裕之は、演者に先輩たちや村人が浴びせかける好き勝手で容赦のない「身体技法に近い評価」は、演者を当惑させたり打ちのめしたりする一方で、演者が演技に対する視野を拡大したり、演者としての積極的な主体を形成することに貢献する有力な資源となると指摘している[橋本　一九九五：一七八・一八四]。これらの獅子舞において踊り手に浴びせかけられた言葉にも同様の効果があった可能性があるが、演者たちが先輩や年配者たちの言説を否定的に認識している場合が多かったのは前述の通りである。この地域以外でも、例えば立川市柴崎町の獅子舞の演者は、複数の演者を師匠として舞を習得したが、その際には異なる個性的な舞を教えられて迷いに迷い、大変であったと述べている［多摩民俗芸能研究会　一九九七：一一七］。こうした踊り手の心証にも十分に注意する必要があろう。

(34)　松戸市和名ヶ谷の獅子舞でも、かつては青年団のいろいろな人が教えたが、近年は一人が教えるようになり、以前とは異なる舞い方を行うようになってきたという同様の傾向が見られる［大石　一九九四：一五四］。一方、西郷由布子は、岩手の山伏神楽における身ぶりの模倣中心の現地の伝統的な教授法と言葉による指示中心の学校教育における教授法を比較して、学校教育の過度に指示的な教授は元々神楽の演技に備わっていた曖昧さや融通性をそぎ落としてしまい、結果的に異なる芸態の芸能が生み出されてしまうと指摘している［西郷　一九九五：一三一―一三三］。山伏神楽では獅子舞とは逆の変化が認められるというのはどのような理由によるものか、興味深い問題である。

第四章　歌の伝承

一　演じられる詞

(1)踊る人々と歌詞

個人的な体験から話を始めたい。大阪八尾の常光寺に盆踊を見に行った時のことである。(1)この盆踊は河内音頭で全国的に知られている。この日は、夕方六時半過ぎに、太鼓を伴奏に「流し音頭」と呼ばれる昔ながらの静かな踊が始まった。それが終わり、伴奏にエレキギターが加わって拍節感を強調した威勢のよい河内音頭を音頭取りが歌い始めると、集まった人々はそれにあわせて飛び跳ねるような足取りで躍動的に踊り始めた。そして、夜の一一時頃まで、音頭取りが交代しながらほとんど休みなしで歌う歌にあわせて、大勢の人々が櫓の回りに幾重もの輪を作って踊り続けていた。筆者はこの種の芸能を見に行った場合、一緒になって踊ることはほとんどなく、見物しているだけである。この日は八尾の近くの出身で、以前もここに踊りに来たことがある知人が同行していたが、踊が始まるとすぐにその人に無理矢理踊の輪の中に引きずり込まれ、見様見真似で手足を動かして汗をかくという、筆者にしては珍しい体験におよんだのであった。

この夜演奏されていた河内音頭は、男女の色恋沙汰や一代で巨万の富を築いた大立て者の伝記を、台詞を随所に織り込んだ浪曲風の臨場感あふれる熱演によって演じるというものであった。音頭取りの歌声はマイクを通して増幅されていたので、太鼓やギターの伴奏の大音量にもかかわらず、傍らで踊を見ている時はもちろん、踊っている時でも歌の詞章をかなり明瞭に聞き取ることができた。(2) この日の音頭の登場人物はみんな威勢がよくて、どんな困難な状況も勢いで乗り切ってしまうような人物ばかりであったが、音頭取りが歌う彼らの台詞や状況の説明が、過度に誇張されたけれん味にあふれた表現なので、現実離れしていて滑稽に感じられ、基本的な動作を習得しようと意識を相当集中させて踊っていたにも関わらず、聞こえてくる歌の内容に思わず吹き出してしまうこともしばしばであった。しかし、周囲で踊っている人々を見回すと、笑うどころかみんな真剣な表情で踊に没頭している。その時筆者は一種妙な気分を抱かずにはいられなかった。音頭取りが歌う歌の内容が踊っている人々の姿にそぐわず、不自然に感じられてならなかったのである。

しかし、こうした違和感は、関西出身でない筆者が関西で生活し始めてまだ日が浅いので、河内弁や河内音頭で踊る盆踊に馴染みが薄く、それ自体が極めて物珍しく感じられるという事実に起因していると考えることも可能である。子供の頃からこうした歌や踊に慣れ親しんできた地元の人々にとっては、こうした歌と踊の関係こそがごく自然なあり方なのかも知れない。事実、音頭取りの間では、河内音頭は言葉の荒さがなかったら節に味が出てこないといわれていて［朝倉　一九九一：六五］、河内音頭は踊さえ踊ればどんなものでも構わないのではなく、受容する際の選択の基準や傾向が明らかに存在していることが窺える。そうなると、筆者の違和感も余所者故に感じたものと理解するほうが妥当かも知れない。こうした点については、踊っていた人々に話を聞いて詳しく調べてみないと真偽のほどは定かではないが[3]、いずれにしても筆者が感じた違和感は強烈なものであった。そして、同時にそれは、筆者にほかの芸能の上演の現場、筆者が数年前から訪れている神奈川県北部の三匹獅子舞の上演の現場を思い起こさせたのである。

(2)歌の上演と詞章の意味

神奈川県北部の五ヵ所の獅子舞は、いずれも集落にある神社の祭において上演されている。その際には、笛や簓の演奏とともに昔から伝わっている歌が歌われ、それにあわせて舞が踊られている。いずれの獅子舞においても歌をマイクを通して増幅し、大きな音で流しているので、観客や演者には歌声は非常によく聞こえる。しかしそれは、詞章の意味や内容が観客や演者にきちんと伝わっているということを必ずしも意味していない。確かに音声は聞こえてくるが、詞章が現代的な言い回しではない上に、極端に母音を伸ばす歌い方なので、実際聞いてみると決して聞き取りやすいとは言い難いのである［金田一 一九八九：二九〇-二九五］。こうしたかたちで歌が歌われている各地の獅子舞の上演に接するたびに、筆者はいつも、獅子舞を上演する際、そのような歌を演者たちは何故定められた通り歌い、それに合わせて踊っているのであろうかといった素朴な疑問が浮かんできて、釈然としない気分になるのであった。こうした気分が八尾の盆踊を見た際に筆者が抱いた違和感と一脈通じていたために、獅子舞の上演の現場が即座に想起されたのかも知れない。

三増の獅子舞の歌師

とはいうものの、獅子舞の場合も八尾の盆踊と同様に、違和感は筆者がもともと獅子舞が演じられている地域社会の成員ではないという事実に起因している可能性も否定できない。しかし、仮にそうであったとしても、少なくとも次のようなことだけはいえるのではないだろうか。歌を歌うという行為について考えてみると、歌い手がその歌の詞章をある旋律を付けて発声することと言い換えることができるが、その場合、詞章には基本的にそれ自体が言語表現として指示する意味や内容が存在している。したがって、歌うことは、歌い手が詞章の指示する意味や内容を表現する行為となる。聞き手の側から見れば、歌い手が歌う歌を聞くことで、歌の詞章の意味や内容を歌い手から受け取ることになる。つまり、歌を歌うという行為は、歌の詞章が指示する意味を歌い手が聞き手に伝えるという一種の伝達行為である。我々はそんなふうに歌の上演と詞章の意味の関係をつい考えがちである。しかし、八尾の盆踊や獅子舞の上演の現場の様相を見ると、実態はそれとは幾分異なっているように思われるのである。

いずれの上演の現場においても、歌われる詞章に明確な内容の傾向が認められたり、歌う順序が定まっていたりしたことは、歌い手や踊り手たち演者に限ってみても、彼らが、詞章が何らかの内容を有していることを認識していたことの証拠である。しかしそれは、歌い手が詞章の指示する意味や内容を正確に理解して歌い、踊り手がその意味や内容を正確に聞き取り、それを表現するものとして踊や舞を演じている状態、つまり、詞章の意味や内容が演者間ですべて正確に伝達され、共通理解となっていて、演じられている歌の意味と詞章の意味を厳密に同一視することが可能な関係にあることを必ずしも示しているわけではない。それは、前述のようなそれぞれの芸能の上演の現場の様相を見れば明らかである。それでは一体どういう状態にあるのか。おそらくそれは、その芸能の上演の場に通じていない余所者には、一見奇妙に思えてしまうほど微妙で複雑な関係であり、それが舞や踊といった身体運動と絡み合うことで、一層微妙で複雑な様相を呈するに至っているのではないだろうか。筆者が感じた違和感も、実際の上演の現場における両者のそんな関係のあり方に起因していたのかも知れない。

ここに至り、筆者はようやく、長年獅子舞の上演と関わりつつ抱いてきた違和感に、検討すべき問題としての輪郭を与えることができたようである。以下本節では、歌を歌うという行為はどのように理解されるべきか、神奈川県北部の獅子舞の事例について、演じられる歌の意味と詞章の意味の関係の解明という角度から検討してみたい。

(3)歌と詞章に関する研究

三匹獅子舞の歌に関しては、「庭ぼめ」・「幣掛《へいがかり》」・「雌獅子隠し」・「雨乞い」など、詞章の指示する意味の違いでいくつかの範疇に分類され、それらが組み合わされて全体が構成されているといった理解が広く行われてきた(4)。しかし、こうした分類は必ずしも演者たちによって行われているわけではない。出だしの詞章や笛の旋律名で呼ばれている場合もあって［小島　一九七七：一一八］、演者たちの分類の基準は様々である。また、詞章自体の内容もかなり多様性に富んでいて、容易に類型化を許さない場合も少なくない。それに加えて、前述のような詞章の意味と歌の上演との微妙な関係も視野に収めると、こうした理解が果たして妥当か否かは未だ検討の余地がある。

しかし、従来の研究において、こうした点にまったく注意が払われてこなかったわけではない。実際の民俗芸能の上演においては、詞章が指示する内容が上演に関与している人々に必ずしも正確に周知されていないにも関わらず、それが演じられているといった事態は珍しくない。そうした状況に対する従来の研究の理解としては、例えば本田安次は、民俗芸能は「もと信仰の庭に発し、或は信仰の庭にとり入れられて伝承されてきたもので、内容が古風になり、詞章が難解になっても多くの場合敢えて改めることはせず、そのままを伝承することを原則としてきた」ので、「古風を最も残しているのは歌の部分であり、歌謡の研究も重要視しなければならない」と述べている［本田　一九七九：一一六］。つまり、民俗芸能において、詞章の意味の周知不周知に関わらずそのまま上演され、結果的に古風が現在に伝わっているといった状況は、民俗芸能が本来神や仏を祀る信仰の場において儀礼的行為として行われてきたことの現れというわけである。このような民俗芸能を本質的に信仰と不可分なものと見なす見解は、従来民俗学が、祭礼や儀礼、あるいは民間信仰や口承文芸などの研究を通じて蓄積してきた膨大な量の成果と無関係ではなく、本来それらも含めて適否を検討すべき問題であるが、それでは問題が拡散し過ぎてしまう。

日本の民俗芸能の分類に関してはいくつかの試案が示されているが、(5)いずれの分類案においても、趣向の装飾性を最も重要な眼目とする芸能として「風流《ふりゅう》」という範疇が設定され、三匹獅子舞は風流踊の一系統とされている。したがって、ここでは三匹獅子舞に加えて、風流踊に関する先行研究も視野に収めて、歌と詞章に関する従来の研究を概観しておくことにする。

風流踊全般の歌に関して論じたものとしては、本田安次の所論があげられる。本田は、歌謡は風流踊の大切な一要素であったが、基本的には囃子があれば踊は踊れるので必ずしもなくてはならないものではないとして、風流踊を歌謡をともなわないもの、唱え言程度の歌謡をともなうもの、歌謡を重要な要素としているものの三種類に分類し、歌謡を主としたものの詞章を全国的に比べてみると、共通しているものが少なくないことから、その時々に流行った歌謡が取り入れられて全体が構成されているのではないかとしている。そして、一般的に舞踊と歌謡の関係は、歌が眼目になっていても振りと歌の内容と関係がない場合と、舞踊が歌謡の内容を強調する場合とがあるが、風流踊の場合は詞章の内容などを考慮すると、歌の一貫した意味を目的とはしないで、風流な語句を綴り合わせて何となくあわれを狙ったもので、風流踊の踊と歌はもともと別々のものであると述べている［本田　一九六七：六一一－六三七］。それではどんな歌でも構わないのかというと、そういうわけではない。風流踊は道行から入羽で踊の庭に入り、いくつかの踊を踊って引羽で引いて行く形式をとる場合が多く、それぞれの部分で歌われる歌にはある程度傾向が認められ、特に入羽と入羽の後の誉めの歌と引羽では決まった歌が歌われる場合が多いと指摘している［本田　一九七〇：三二三－三二六］。本田は、風流踊においては、元来踊とは別物であった既存の歌が風流の趣向として適宜取り入れられたもので、踊の動作とは必ずしも密接な関係を有しているわけではないが、踊の全体構成との関係で若干の規範性が認められると見ている。本田の場合は、詞章の内容と上演の現場の様相に必ずしも整合性が認められるわけではない風流踊の実態に着目し、それを風流の装飾性の文脈において理解して、風流踊においては舞踊と歌とは基本的には関係は希薄であるという結論に達したといえる。

中村茂子の場合は、近畿地方の太鼓踊に共通して含まれている「じんやく踊」という演目について、各地の詞章を比較検討した結果、出だしの二句と最終句に規定の句があり、中間部の中立狂の句はすべてのじんやく踊りに共通しているという歌詞構造が認められるが、それは「庭入＋前踊＋中立狂＋退出」という古い踊の形式を備えていることを示すものとしている［中村　一九七九］。中村は、それに続いて風流踊全般と風流系獅子踊に考察(6)を進め、それぞれの曲名の比較によって、じんやく踊と同様の構造が風流系獅子踊にも認められ、出だしと最終の歌の詞章が風流系獅子踊とじんやく踊では共通していると指摘する［中村　一九八〇］。さらに、秋田県内の風流系獅子踊と埼玉県内の風流系獅子踊の詞章の比較を行い、詞章や歌詞構造の類似などの共通性が見られることから、風流系獅子踊全般とじんやく踊のより近い類縁性が想定されるという見解を示している［中村　一九八七］。

中村の一連の論考は、詞章の広範な共通性や踊の全体構成と歌詞構造の対応といった本田が提示した見解の妥当性を、各地の事例によって具体的に検証したものということができる。

じんやく踊については青盛透も興味深い分析を行っている。青盛は、じんやく踊では元来別系統の詞章が交錯していて、配列も核となるもの以外はルーズで詞章相互の連鎖性が認められないこと、詞章構造に「出端―演技―引端」の構成が見られることを指摘し、じんやく踊が「歌につく踊ではなく囃子につく踊」であり、その意味では「本来相互に直接の関連性を持たない流行歌謡を便宜的に組歌に構成するという〝風流踊〟の本質的な形態」を最も典型的に示していると指摘する。そして、現行の踊の構成を見ると、歌と歌の間奏部においては太鼓の囃子で踊る形式が見られ、こうした構成を持つに至ったのは、本来囃子物の系譜を引き、囃子の拍節感を本質としていた踊が、風流の趣向として、それとは異質な叙情的な内容の詞章を有する小歌を吸収した結果であるとしている［青盛　一九八五］。青盛の場合も、基本的には踊と歌を別物と見なす点においては本田の理解と共通している。しかし、青盛は更に、詞章が表現する内容を生かした効果的な上演を行うために、囃子を歌の部分では控え、間奏部において強調する拍節感を制御した踊の構成が成立したという説を提示していて、歌と踊の上演との間に、構成上の対応が認められる出だしと終わりの部分にとどまらず、詞章の意味を介在させた全般的な対応関係を想定している点が注目される。

じんやく踊に関しては民俗音楽研究の立場から、樋口昭が旋律や拍子を中心に音楽構造の検討を行い、踊場への入場・演技・退場といった全体的な形式を持つことを指摘しているが［樋口　一九七七］、音楽学的研究においては詞章は副次的な比較の基準とされているためか［樋口　一九七三：三六五］、本節の議論と関係するような内容はあまり認められない。

また、風流踊の歌は、中世歌謡や初期歌舞伎踊と共通の基盤を有していることが注目されて、国文学の歌謡史の立場からの研究も盛んに行われてきているが［青盛　一九八五：六〇］、そこでは、日本の歌謡は「詞章面が優位に立ち、音楽面がこれに追随する方がむしろ一般的」［志田　一九五九：六］という基本的な認識があるため、詞章面を優先させた研究が多い印象を受ける。例えば真鍋昌弘は、各地の風流踊に伝わる歌や『閑吟集』などの歌集に集録された小歌を集成し、それらの詞章を比較して、類歌がどの程度存在し、個々の歌が中世小歌の断片としてどれだけ同定が可能かを指摘したり、詞章に現れた内容を検討して、それらがどのような先行文学作品を取り入れて踊歌化したかといった成立の経緯について考察を巡らしている［真鍋　一九八二：三二五-四一〇］。また、浅野健二は、最初に道行の組歌があり、次に豊富な踊歌が続き、最後に定型の句で終わるという全体的な詞章構造の存在を指摘しているが、その場合も主たる関心は踊歌の詞章に注がれ、念仏踊系、小歌踊系などの発達経路の異なるいくつかの系統の歌謡が、相互の密接な交流関係を経て、截然と区別することが不可能な、現行の各地の踊歌に見られる組歌形式を取るに至っていると述べている［浅野　一九七二：二七八-二九〇］。国文学においては、各地の風流踊で歌われている歌を上演の文脈から引き剥がし、それぞれの詞章と古い歌本に記された詞章の比較によって歌謡史の議論を進めていくという方法がとられている。こうしたかたちの研究は、例えば花田植などにともなう『田植草紙』系歌謡など、風流踊以外の民俗芸能の歌謡についても見られ(7)、国文学では広範に行われてきているといえる(8)。

こうして従来の研究を見てくると、三匹獅子舞を含む風流踊の歌は、最初と最後に定型的な歌が配され、その間に中世以降の様々な系譜を有する歌謡が、ある程度共通しつつも多様性を持ちながら組み合わされて構成されるという一定の全体構造を有していて、個々の歌に関しては、基本的にはその詞章が指示する意味や内容として理解され、特に国文学の歌謡史研究を中心に、それらの成立の経緯を考察するための資料として取り上げられてきたといえる。そんな中で、現行の上演の現場に関与する度合いが大きかった民俗芸能研究は、風流踊の上演においては歌と踊が必ずしも整合的な対応関係にない点に注目し、それに対して本来囃子を本質とする踊が、風流的装飾性の拡張として歌を取り込んだ結果形成された構造であるという理解を試みた。つまり、踊に歌を歌う行為を付加することは、叙情的な詞章の内容を演じることで芸能としての装飾性を総体的に増大させることと考えられてきたといえる。

しかし、従来のそうした理解は、いずれも歌の意味を詞章が指示する意味と見なす認識に立脚したもので、両者を同一視することが可能な状態、つまり、歌い手が歌を歌うことを通じて詞章の意味や内容が確実に聞き手に伝達されるという関係が成立することを前提としている。仮にそういう状態があったとしても、それは、詞章をほとんどの人々が理解することが可能な過去のある時期、例えば、同時代的に流行している歌が踊に取り込まれて演じられるようになり、基本的な風流踊の形式が成立した過去の話ではないだろうか。ところが、両者の同一視が成立しない現行の上演の状況こそが、筆者が提示した問題が立ち上がる契機となっていたのは前述の通りである。そうなると、現在的な問題を過去の状況に還元するかたちで解決を図っていることになり、それで果たして十分説明したことになるのか疑問を感じざるを得ない。過去に本質を認める起源論的な姿勢においては、現行の上演の現場へと向かう視線はどうしても脆弱なものになってしまうからである(9)。

そうした疑問を解消するためには、それが祭などの信仰の場において行われてきたために、詞章の意味が不明になった後も、儀礼の遂行の際の規範としての性格を帯びてそのまま演じられ、現在に至っているという、従来の民俗芸能研究における一般的な見解に則った説明の誘惑に駆られる。しかし、問題の性格を考慮すると、次に

試みられるべきなのは、上演の実態に基づいて検討を行い、十分な説明の構築を目指すことではないだろうか。(10)

(4) 歌と上演の実際

現在の獅子舞の現場において、歌は演者たちによってどのように演じられ、どのように認識されているのか、鳥屋の場合をみてみたい。鳥屋の獅子舞の歌は全部で一九首からなり、それぞれの一首は「ひとくさり」と呼ばれている。詞章は次の通りである［荒井　一九九三：八-九］。

①この程を参る参ると申せども　橋は引橋《ひきはし》飛ぶに及ばず
②この橋を渡りながらも面白や　黄金駒寄白銀《こがねこまよせしろがね》の橋
③参り来てこれのお庭を見申せば　黄金小草が足にからまる
④参り来て御宮作りを見申せば　いかなる大工が建てたやら
　九間《くけんや》八つ棟檜皮葺《ひわだぶ》き　くさび一つで四方堅めて
⑤参り来てこれの書院を見申せば　磨《みが》き揃えて槍《やり》が五万本
⑥五万本の槍をかつがせ出るなれば　四方はるかに殿の御上洛
⑦参り来てこれの御馬屋《みまや》を見申せば　繋《つな》ぎ揃えて駒が七匹
⑧七匹の駒の毛色を見申せば　連銭葦毛《れんせんあしげ》に月額《つきひたい》　柑子《こうじ》栗毛に墨の黒
　蜜柑瓦毛《みかんかわらけ》鹿毛《かげ》の駒　錆《さび》や月毛《つきげ》は神の召し駒
⑨白鷺が羽根を加えて八つ連れて　これのお庭に腰を休めて
⑩山雀の山に離れて八つ連れて　これのお背戸のめくら木にとまる

⑪めくら木の枝をいくつと跳むれば　枝は九つ花十六
⑫十六の花をつくづく跳むれば　黄金白銀咲き乱れ　これのお背戸は名所なるもの
⑬思いも寄らぬ朝霧が降りて　そこで女獅子が隠されたよな
　いじゃしゃれ立ちて尋ねに行く
⑭嬉し山　霧も霞も巻きあげて　そこで女獅子が現れたよな
⑮天竺のあいそめ川原のはたにこそ　宿世《しくせ》結《むす》びが神たたれた
　宿世結びが神ならば　女獅子男獅子を結び合せる
⑯向いの山で笛と太鼓の音がする　いじゃしゃれ我等も参廟《さんびょう》しやれ
⑰鹿島《かしま》から切るは切るはと責められて　習い申せばかしまきにまき
⑱奥山の松にからまる蔦さえも　縁がつきればほろりほごれる
⑲我等が里で雨が降るげで雲が立つ　おいとま申していじゃとまもだち

歌の詞章と舞の動作の関係について見てみると、動作の型のうちのいくつかを、演者たちはその型が演じられる部分で歌われる歌の冒頭の詞章を付して呼んでいるが、同時にそれは、その型が演じられる部分の呼称となっている。例えば、①から⑨までの歌が歌われる時に行われている、筵の上で前後への往復を反復する動作の型は「コウノ」と呼ばれているが、①から⑨までの部分も同様に「コウノ」と呼ばれているし、⑩から⑬までの歌が歌われる時に行われている、筵の中央で膝をついて左右に向き直る動作の型は「ヤマガラ」と呼ばれ、⑩から⑬までの部分も「ヤマガラ」と呼ばれている。

また、歌の詞章が演者が次の動作の型へ移行する契機として理解されている場合もある。例えば、⑬の「いじゃしゃれ立ちて」で、それまで膝を付いて「ヤマガラ」の動作を行っていた頭獅子と男獅子が立ち上がって次の動作に移ったり、⑭の「現れたよな」で三匹とも各々が乗っている筵の中央に戻って次の動作に移ったり、⑮の「結び合わせる」で三匹が中央のひとつの筵に飛び移って次の動作に入ることになっている。踊り手の経験が浅いと詞章をよく覚えていないので、どこで次の動作に移るか判断が付かないという。

演者が獅子舞を習得する際にも歌は重要な役割を果たしている。大正後期に踊り手を務めた長老は、獅子舞の習得の時には、基本の構えの次に「コウノ」、続いて「ヤマガラ」というようにひとつずつ動作の型を覚えさせられ、一通り動作を覚えたら、歌がどこで終わるかわかるようになるまで注意しながら何度も繰り返し練習させられ、その結果、特に意識しなくても最後まで自然に踊れるようになったと述べている。また、戦後間もなく踊り手を務めた世話人は、獅子舞を始めて間もない頃、歌もろくに覚えていなくて次にどういう動作が来るのかまるでわからないのに、年配の世話人から個々の動作の型を厳しく矯正されて非常に戸惑ったので、教える側になった時はそういうことがないように、最初に歌の詞章や口唱歌を記した歌本を踊り手に渡して、それを覚えさせることから稽古を始めたという。ひとつずつ動作を教えていって一通り踊れるようになったら、動作の変わり目となる歌の詞章に特に注意するように指導して、一人立ちできるように仕込んでいったと述べている。彼らの話からは、基本的には舞の習得にとって歌を覚えることが重要であると認識され、実践されてきたことがわかる。

歌うたいはかつては踊り手を引退した人が務めていた。近年は踊り手の未経験者も増えたが、踊り手の経験者のほうが未経験者よりも歌えるようになるのが早いという。とはいっても、獅子舞の歌は通常は年に一度祭の時に歌うだけなので、その年の初練習の時は経験者も未経験者も、歌本を一所懸命見ながら小声で遠慮がちに歌っている。踊り手は歌の詞章を聞いて踊っているので、歌がないと踊ることができない。歌が下手で揃わなかったり、切れるところできちんと切れなかったりすると、踊れなくなって立ち往生してしまう。練習は踊り手だけではなくて歌うたいも一緒になってきちんと行う必要があるが、練習は集まりが悪く、以前は歌うたいの人数が足りなくて練習にならないことがよくあったという。現在も練習には欠席して本番だけ出てくる人がいるので、本番ではなかなかうまく揃わないようである。

獅子舞の歌は声を揃えるのが難しいといわれている。旋律を追うのが難しいのに加えて、リーダー格の人もいないので、初めのうちは声が揃わず、しばらく歌っている間にようやく揃ってくる。数年前にある研究者が鳥屋に獅子舞の歌を録音に来たことがあった。その時は声が全然揃わなくて何度もやり直しをさせられ、しまいにはその研究者にもっと練習するように注意されて大恥をかいた。そこで、最初からきちんと揃わないとみっともないということで、現在は、踊り手の右手が上がったら歌い出すというように始まり方をきちんと決めている。歌うたいの中には詞章を暗記している人もいるが、歌本への依存度は高く、練習も本番も全員が歌本を見ながら歌っている。ある年の本番で、歌本を宿に忘れて神社で歌えずに困ってしまう人がよく出るので、宿を出発する間際に歌本を忘れないようにリーダー格の世話人が歌うたい全員に厳しく注意していた。(11)

このように見てくると、鳥屋の獅子舞では、上演に際して歌が様々な意味において非常に重要なものとなっていたことがわかる。しかし、歌が常に重要視されていたかというとそうとも言い切れない。獅子舞は一九首全部を歌うかたちで上演すると四〇～五〇分掛かるが、現在本番では何首か省略して約半分程の時間で上演されている。短縮されたのは戦後のことで、同じ動作が繰り返される「コウノ」の部分を大幅に省略して行われるようになった。短縮した直後は年配者からだいぶ批判が出たという。その時の踊り手もそれまでのやり方を自分たちが崩したということをいまだに意識している。演者たちは基本的に従来の獅子舞の上演の形態を変えることに対しては抵抗を感じているといえる。

しかし一方では、長老は、獅子舞は崩してしまったら価値がなく、現在の獅子舞は全体が短くはなったけれども以前と同じであると述べている。また、戦後生まれで近年まで踊り手を務めていた世話人は、獅子舞は変化させないことが重要といいながら、自分たちが教授されたのが省略形であることは、ほとんど気にしていなかった。こうした話は、歌が省略されてもそれが動作の反復の部分であって、回数はともかくすべての動作の型が一通り行われるならば、必ずしも獅子舞を変化させたことにはならないと演者たちは認識していることを示している。上演においてはすべての歌が常に重要視されているわけではなかったのである。

(5)歌の機能

以上、鳥屋の獅子舞の上演において見られた歌と舞の関係の特徴を、三増・田名・下九沢・大島の獅子舞と比較しながらまとめておきたい。

鳥屋の獅子舞では歌の特定の詞章が動作の変わり目の合図とされていたが、これはほかの獅子舞においても同様に認められる。三増の現役の踊り手は、獅子舞の動作は基本的にはほとんどが単純な動作の繰り返しで、回数と順番が問題なので、歌の詞章をきちんと覚えておいて、その歌が終わったら次にどの歌が来るかがわかれば滞りなく次の動作に移ることができると述べている［一九九二：六四］。下九沢の元踊り手も、踊の動作には幾つか種類があり、ある動作の次にどの動作が来るかは、歌の詞章が全部違っているので、この歌が終わると次はこの動作というかたちで理解していて、踊り手は歌をしっかり聞いて踊っていると述べていた［一九九四：五九］。

したがって、獅子舞を習得する際に歌の詞章を覚えることが、いずれの獅子舞においても鳥屋同様に非常に重要とされている。三増の現役の踊り手は以前は歌師をやっていて、踊を習い始めた時には既に詞章を覚えていたので、全体の流れがわかって習得が非常に楽であったと述べている［一九九二：六四-七〇］。大島の元踊り手は、現在は動作の変わり目を拍子木を打って合図しているが、本来獅子舞は、今はいくつ目の歌で次はこの歌だからその時にこう動くというかたちで歌と踊を一緒に覚えるものなので、きちんと踊るにはやはり歌を覚えていたほうがいいと述べている［一九九五：六六］。田名の場合も、小学生の頃から踊り手を務めて十数年になる現役の踊り手は、獅子舞を習った時は最初に歌を覚えさせられたので、ほとんど何も見ないで歌えるようになったが、そのおかげで動作の移行のタイミングや全体の流れがよく理解できてうまく踊れるようになったと述べている。現在は最初から動作の型を順々に教えていくやり方で教授が行われているが、いつまで経っても傍らに誰か付いて次の動作の指示を出さないと踊れないことを考えると、やはり最初に歌をきちっと教えた方が効果的なのではないかという［一九九二：七四］。

しかし、太鼓や動作についてはそれだけをきちんと教える教授法が行われていたのに比べて、歌だけを別に覚えさせるというのは希であった。練習中は歌が自然に耳に入ってくるので、何度も練習しているうちに覚えてしまう場合が多かった［一九九四：六〇］。これは単に、舞の習得のために、歌を覚えてしまうぐらい何回も反復訓練が行われたことを示していて、歌の習得は必ずしも舞の習得に必要とされていたわけではなかったとも考えられる。しかし、田名の元演者が、数十年振りに詞章を見ながら歌おうとしてもどうしても思い出せなかったが、踊って体を動かしてみたら思い出せたと述べているように［一九九三：五七］、舞と歌が不可分なかたちで習得が行われていた場合があったことを考えると、やはり両者は極めて緊密な関係を有しているとみるべきであろう。

歌うたいは、かつてはほとんどが踊り手を引退した人で、現在は未経験者も加わるようになったが、歌の上達は経験者のほうが早いことや、歌本などの詞章を記したものへの依存度が高いことは、鳥屋以外の獅子舞においても共通して認められる。また、演者たちが歌が難しいと感じていることも共通している。例えば、大島の歌うたいは、獅子舞の歌は音を長く伸ばして歌わなくてはいけないが、伸ばしすぎると威勢が悪くなったり、次の発声までの間隔がなくなって歌い難かったりして、伸ばす長さの基準がはっきりしないので難しいと述べていたし［一九九五：一七］、下九沢の歌うたいは、カラオケの歌と違って特殊な歌い方で、一人で練習できず、あまりにも素朴で若い人には向かないのではないかと述べていた［一九九四：三一-六〇］。旋律だけではなくてタイミングを揃えるのも難しいと感じている点も同様である。下九沢の歌うたいによれば、歌い出しは非常に難しくて、誰が始めるということが決まっていないのを幸いに、間違えるのを恐れて誰も自分から歌い出さず、踊が先に進められなくて、踊り手にひどく叱られたことがあったという［一九九四：三二］。また、田名の師匠によれば、田名では歌のあとの笛の演奏の時に次の歌を歌い出すのを「歌を上げる」といっているが、踊り手の動作が次の動作に移りやすいようにタイミングを図って歌を上げるのが難しく、いつもは彼が上げていたが、ある時ほかの人に任せたらいつまでたっても上げることができず、踊が進まなくて困ったという［一九九三：六二］。

こうした歌の難しさを考慮すると、各地の獅子舞において歌うたいは踊り手の経験者のほうが適しているとされるのも、経験者は歌と舞の密接な関係をすでに理解しているはずなので納得できる。それでは、踊り手は現役を辞めてそのまますぐに歌うたいになれるかというと、そうとは限らない。大島の元踊り手は、歌の詞章をきちんと暗記したのは踊り手を引退して人に舞を教えるようになってからと述べている［一九九五：六六］。踊り手の経験は歌うたいになるための十分条件ではなく、新たな訓練と経験が必要とされていることがわかる。

現在、鳥屋と同様に全体を短縮して上演しているのは三増と田名である。三増の場合は二三首全部を上演すると四〇～四五分掛かる。実際は舞も歌もそれぞれ微妙な違いがあるというが、観客にはそれがわからず飽きられてしまうので、途中を省略して一五分ほどで終わるかたちで行われている［一九九二：一九］。田名の場合は二四首全部を上演すると約四〇分掛かるが、一一首に減らして全体で二〇分弱で行われている。田名では、神奈川県民俗芸能大会に出演する際に、動作の型は一通り行うけれども同じ動作の反復は回数を減らすかたちで短縮形を作成した。それ以降、田名八幡宮の本番でも短縮形で行うようになった［一九九二：三七―三八］。歌が多い獅子舞においては、経緯は様々であるが短縮形で行われるようになり、その際には、同じ動作を反復している部分の歌を減らすという共通したやり方で短縮されている。また、一旦短縮してしまうと元に戻らない傾向や、初めから短縮形を教授された演者は、短縮形であることをほとんど気に留めていない点も鳥屋と共通している。

鳥屋の獅子舞において認められた歌と舞の関係は、周辺の獅子舞においても同様に認められる。その関係とは、端的にいうと、獅子舞の上演を確実に遂行するという重要な機能を歌が負っていたということである。歌や詞章はそれらが舞の動作の進行と関係する限りにおいて極めて重要な役割を果たしていたので、正しい順番で正確に歌われることが必要とされた。その反面、動作の進行と無関係の歌や詞章にはそれほど重要性が認められていなかったことは、獅子舞が短縮される際にそれらがいとも容易く省略されてしまったことに現れている。つまり、現在の獅子舞においては、歌の詞章はそれらが指し示す意味や内容においてというよりも、獅子舞の進行を十全に遂行するための合図という機能的な側面において、演者に最も明確にその存在を認識され、実践されているということができる。こうした歌と舞との関係については、橋本裕之が松戸の獅子舞の事例の分析を通じて「歌詞の意味は周辺的な関心事でしかなかった」と既に指摘している［橋本　一九九四：一九一―一九三］。同様の事態をこれらの獅子舞においても見ることができる。鳥屋とその周辺地域の獅子舞の歌の詞章は、第一義的には機能面において重要性が認められているのである。

⑹歌の意味

確かに、各地の獅子舞の演者たちは、詞章の意味に対してはそれ程重要性を認めていないように思われる。彼らは詞章の意味に通じないままで演じている場合が少なくない。鳥屋の長老に詞章の意味を尋ねると、彼は、歌本に書いてある通りに歌っているだけで、詞章は何か古い言葉のような気がするが、このあたりの方言ではなく、意味がわからないところがあると語っていた［一九九一：六六］。下九沢の元踊り手も、歌の詞章には何か意味があるとは思うが、何のことを歌っているのかよくわからないというし［一九九四：三三二］、田名の獅子舞の復活の際に中心的役割を果した世話人は、辛うじて残っていた詞章のメモやかつての経験者の断片的な記憶を元に歌本の決定稿を作成し、それを演者たちに歌わせたが、その詞章は彼にはまったく意味がわからず、それを歌っていたかつての経験者も、意味も何もわからなかったのではないかと語っている［一九九四：三三二］。

こうした状況は、かつての獅子舞においては詞章の意味が教授される機会があまりなかったことを考えると当然かも知れない。鳥屋の長老は、彼が舞を習った先輩たちは歌の詞章や内容について何も説明してくれず、そもそも説明できるほど教養のある人は一人もいなかったと語っている［一九九一：六六］。田名の元踊り手も、昔は年配者は何も教えてくれなかったし、今になればいろいろ話を聞いておけばよかったと思うが、若い頃は踊り方を覚えるのに精一杯でそういうことに興味を感じなかったので、敢えて自分から質問しようとは思わなかったと述べている［一九九二：六六］。そもそも、かつての各地の獅子舞の演者集団は、そのあり方自体、そうした知識の授受を阻害していた。かつて鳥屋では、若い演者は年長者には常に絶対服従で奉仕しなければならず、練習中、休憩で踊っていない時は年長者に畏まって給仕しているだけで、自由に口を利けるような雰囲気はなかったというし［一九九一：三六］、三増では年長者には個性的な人が多く、練習で集まると酒を飲んでは喧嘩や言い争いを始めて大騒ぎになってしまうことがしばしばあったという［一九九二：四二］。それでは、年長者と若い演者が歓談し、様々な獅子舞に関する知識の教授が行われるといった関係は望むべくもない。

獅子舞の演者たちは歌の詞章の内容には必ずしも通じているわけではなく、そのような知識が教授される環境も基本的に与えられてこなかった。しかし、決して多くはないが、彼らが詞章の意味を語る場合もあった。例えば、田名の獅子舞では次のような詞章が歌われている［一九九三：九二］。

思いもよらず朝霧おりてそこで女獅子がかくされたよな
なんぼ女獅子をかくしてもこれのお庭でめぐりあいもうす

風が霞をふきあげて女獅子男獅子が肩を並べる

これらが歌われる舞の部分について、師匠格の演者は、ここは歌詞にあるように女獅子が隠されたので、親子の獅子が探し出して見つける場面で、一番目と二番目の歌の時は、男獅子は女房をとられたというので狂ったように激しく踊り、三匹が肩を並べる歌になったら女房が見付かって安心したということで静かに踊らなくてはいけないと説明している。これは明らかに、演者が歌の詞章に記された内容を舞の意味として語っている言説とみることができる。この部分に関しては現役の踊り手も同様に述べていて、田名においてはこれらの詞章の内容が演者たちの間で周知されていたことが窺える［一九九三：五九・七三］。この時の獅子の動きは、舞場中央に腰を下ろした女獅子を藪畳と呼ばれる衝立と鬼役と花笠役が囲み、その外側で男獅子と子獅子が前後に往復する動作を繰り返し、最後の歌で女獅子は立ち上がって三匹揃って前後に往復する動作を繰り返すというものである。こうした詞章とそれにともなう演出は「雌（女）獅子隠し」と呼ばれ、各地の三匹獅子舞で見られる。鳥屋と三増の歌にも類似の詞章が見られるが、その部分に関しては田名のような演者側の説明は聞かれない。鳥屋も三増もその部分では女獅子がほかの二匹と異なる動き方をするが、田名のように衝立まで持ち出して獅子を隠すといった極端な演出は行われていない。田名の場合は詞章と動作との対応関係が克明に認められる演出が行われているために、詞章の意味が明確に演者の間に浸透したのかも知れない。

それ以外にも、部分的に歌の詞章が指示する意味が語られる場合があった。鳥屋の長老は、研究者に鳥屋の獅子舞の歌が雨乞い祈願の歌であると教わり、練習や本番で雨が降ると、その度に⑲の詞章を口にして、雨乞いの歌を歌っているから雨が降って当然であると語っていたし［一九九三：一九・四四］、大島の元踊り手も、大島の獅子舞は京都から起こった流派であると何かに書いていたのを読んで、歌に「京から下る唐絵の屏風」という詞章があるので本当かも知れないと述べていた［一九九五：五五］。このように、外部の研究者の言説が取り入れられ、詞章の意味として語られるようになる場合があった。また、鳥屋の長老は、⑯の「参廟《さんびょう》しやれ」という詞章は「サンビョウシ」を「ヤレ」、つまり「三拍子を演奏しろ」ということか、「サンビョウ」を「シヤレ」、つまり廟に参れということか、どちらの意味なのかわからないと述べている［一九九一：四〇］。この場合彼は、長年歌ってきた詞章について、音を頼りに彼なりの意味を見出し、それを語っていたといえる。

こうした演者たちの話は、歌を単に合図として発声される内容的に意味のない音の連なり、つまり、上演遂行のための機能的存在と見なすだけでは十分ではないことを示している。演者たちは明らかに、歌に関して詞章との関係において意味を獲得し、それを語っているのである。しかしその場合、演者が語った意味が、いずれの場合も詞章が正確に指示する意味と一致していない点には注意が必要である。田名の女獅子隠しに関する演者の言説は、一見詞章の内容がほぼ正確に語られている印象を受けるが、夫と妻と子という三匹の獅子の関係は詞章の中には見られず、まったく詞章の意味そのままというわけではない。また、鳥屋の雨乞いや下九沢の起源を語る言説は、外部からもたらされた情報を詞章の断片を媒介として取り込み、それを改めて意味として語っているもので、鳥屋では詞章の部分的な音の並びを演者が解釈した意味が語られていた。演者の意味を語る言説は、歌の詞章の一部に基づいた部分的かつ断片的なものといえる。

それに対して大島の場合は幾分事情が異なる。大島の元踊り手は、獅子舞の歌は獅子の庭の遊びの歌で、最初に静かにして歌を聴いてくれるようにお願いしてから、きれいな庭で遊ぶ獅子の様子を歌い、やがて日が暮れるので急いで京へ帰って行くという筋立てになっていると述べている［一九九五：六六］。この場合、獅子舞全体の意味を一貫した筋立てとして述べている点でほかの獅子舞と違いが認められる。しかし、歌の詞章と彼が述べた筋立てを比較してみると、彼の筋立てが詞章の意味に正確に基づいたものではないことがわかる。そもそも全体を通して一貫した筋立てを見出すのが困難な詞章であるが、明らかに誤訳されている歌もあるし、筋立てでは全然言及されていない歌もいくつかある。かといって、まったく詞章と無関係に語られているのかというと、そうではない。大島の歌には「鳴りを鎮めておききやれ　われらがささらの　歌のしなきけ」、「これのお庭を見申せば　黄金こぐさが　足にからまる」というように、彼が語った筋立ての内容を想起させる詞章をいくつか見出すことができる。強いていえば、歌の詞章の断片から読み取った意味を連結して、一貫した話として辻褄が合うように作成したものということになろう。大島の場合も、演者が語る獅子舞の歌の意味は、詞章に立脚しつつも詞章の意味そのままではないという、ほかの獅子舞と共通したあり方をしているといえる。

⑺歌詞の断片の浮上

以上見てきたような神奈川県北部の獅子舞における歌の詞章と演者による上演の関係を理解するには、藤田隆則が能の謡の上演を巡って展開している議論が示唆を与えてくれる。藤田は、能の演者が謡をうたう行為について、暗記を目指す習得の過程、音声のかたち、謡と語りや記された文章との違いなどの様々な方向から詳細な検討を加え、謡をうたう行為は、第一義的には謡を円滑に演じることを目的とした、詞章の意味内容とは無関係な一定の音声の形を正確に発声する身体動作として反復練習され、習得されて実践されるが、その結果、音声の形は再び詞章として現れ、意味や情趣を表現するに至る。しかし、その場合に現れるのは詞章全体ではなくて、いくつかの断片的な言葉であると指摘している［藤田　一九八九］。演技の技術的水準や上演の規範性の厳格さなど、様々な面において大きな差がある能の謡と獅子舞の歌を単純に同一視するには無理があるが、敢えて両者を比較してみると、そこには明らかに類似の状況を見出すことができる。獅子舞における歌うたいが歌う歌も、詞章の意味はあまり問題にされず、獅子舞の円滑な遂行を達成するための合図としての機能的な役割が第一義的には期待され、反復練習によって習得され、実践されていたが、その結果、歌が再び詞章として演者たちのもとに現れ、機能的存在にとどまらず、意味を有するものとして浮上してきた。しかし、その意味は断片的な詞章に媒介されるかたちで出現し、その際には外部から付与された新しい意味が発現する場合も見られた。藤田の知見を援用することで、そんなふうに状況を整理することができる。そしてその結果、本節における基本的な問題として先に提示した獅子舞の歌の詞章と上演を巡る関係の正体が、次第にあらわになってきたのではないだろうか。それはつまり、伝承されてくる間に本来詞章が有していた意味が欠落し、上演を達成する機能的役割を負って形式的に演じられるようになった獅子舞の歌が、上演によって再び詞章が断片的に浮上し、その再解釈によって新たに意味が主張されるようになるという、上演の場において歌の機能と詞章の意味が入り組んで成立している、芸能の実践者としての演者の意識のあり方の問題であったということである。筆者が獅子舞の上演の現場で感じた違和感は、おそらくこうした彼らの意識のあり方に起因するものであったと思われる。

しかし、それで問題がすべて解決したわけではない。むしろそれは、歌の上演を巡る諸問題の考察を阻害していた、歌の意味と詞章の内容の単純な同一視や上演の文脈への関心の欠如、現況的な問題を成立時の経緯に還元して理解を試みる起源論的傾向、演者の存在を無視した共時的理解といった先行研究の弱点に陥ることなく、問題への取り組みを可能にする視座を獲得したに過ぎない。

藤田は前述の論考において、所論の総括に続いて「あらたな問題は、断片化の法則性と断片化された言葉の働きについての検討」と述べている［藤田　一九八九：二五八］。獅子舞の歌を巡っても同様のことがいえる。実態の解明は、本節において十分になされたわけではない。演者の詞章の再解釈による意味の再構築は、獅子舞において一般的に見られる現象か、あるいは獅子舞以外の民俗芸能においても広範に見られるものなのか。そうであるならば、習俗は時代の状況に応じた見立てや再解釈によって意味を変えつつ存続していくという、民俗の動態を巡って上野誠が指摘している特徴が［上野　一九九〇］民俗芸能に広く認められることになり、従来の民俗文化の伝承の理解に再検討を迫るものとして注目される。

二　歌の意味

⑴三増の獅子舞の詞章

本節では前節の議論を受けて、獅子舞における歌の意味を演者たちが実際にどのように語っているかについて考えてみたい。筆者は、平成八年（一九九六）から平成九年（一九九七）にかけて愛川町三増の獅子舞に関する調査を行った際に、演者たちに歌の意味について尋ねたところ、様々な回答を得ることができた。そこで本節では、三増の獅子舞を中心に見ていくことにする。

三増の獅子舞には男獅子・女獅子・子獅子と呼ばれる三匹の獅子が登場し、それにバンバと天狗、笛師と呼ばれる笛吹きと歌師と呼ばれる歌うたいが加わる。三増に伝わる歌本に記された歌の詞章は次の通りである(12)［一九九二：八七–九〇］(13)。

くるゐ

①京《キョー》から下《クーダ》る唐絵《カラエー》の屏風《ビョウブ》　ひとえにさらりと、ひきもうさいな

②此《コー》れのお庭《ニワー》の枝垂《シーダレ》れ柳《ヤナギ》を、一枝《ヒトエダ》とめて、腰《コシ》を休《ヤース》ましよ、

ねまり

①鳴《ナー》りを静《シズ》めて、お聞《キ》きあれ　唄《ウータ》も拍子《ヒョーシ》も、更《サーラ》に聞《キコ》ゑぬ

②此《コー》の宮《ミヤ》わ、何《ナーニ》たる番匠《バンジョ》が、建《ター》てたやら、四方《シーホー》なげしに、楔《クサビ》ひとつよ、

③舞《マイー》に来《キー》て、此《コー》れの大門見申《ダイモンミーモー》せば、竪《タツ》が十五里《ジューゴリ》、横《ヨコ》が七里《セチリ》よ、入《イ》りわ好《ヨ》く見《ミ》よ、出《デー》はに迷《マヨ》ふぞ

とうはつは

①山雀《ヤマガラー》が、山《ヤマー》を離《ハナ》れて、里《サトー》え出て、里《サート》で、さゝれて、み山恋《ヤマコイ》しや、

②白鷺《シラサギー》が、羽根《ハーネ》を、くわゑて、やつれて、此れの御背戸《オーセドー》の繞樹《メクラギー》に住《ス》む、めくら木《ギー》の、枝《エーダー》わ、いくつと、眺《ナーガー》むれば、枝《エーダ》は九《ココノ》つ、花《ハーナ》わ十重咲《トーエーサ》く、

③立《ター》つ鷺《サギー》が、羽根《ハネー》をはじけば、水澄《ミズースー》まぬ、後《アトー》を濁《ニゴ》さで立《ター》てや伴《トモ》だち、

④十七が、二十四五迄《マデ》、親《オーヤー》に掛《カカ》りて、それがうゐとて、走《ハシ》り出《デ》をする、走《ハシー》り出《デー》をして、花《ハナ》の都《ミヤコ》で、日《ヒー》が暮《クレ》れて、
葭《ヨーシ》を寝胡座《ネゴザ》に、袖《ソデ》を枕《マクラ》に、
⑤沖《オキ》の、となかの、浜千鳥《ハーマチドリ》、波《ナーミ》にゆられて、しやわと立《タ》たれた、
⑥七《ナナ》つ拍子《ビヨーシ》、八《ヤ》つ拍子《ビヨーシ》、九《ココノ》つ小拍子《コビヨーシ》に、きりをコマかに、

きりびようし

①あら多《タ》くさんの見物衆《ケンブッシュー》が、お笑《ワラ》ひ、あるな三《ミ》つ拍子《ビヨーシ》、
②お庭《ニワ》の拍子《ヒヨーシ》、お庭《ニワ》の拍子《ヒヨーシ》、一《ヒト》と踏《フ》み踏《フ》んで、見《ミ》せ申《モー》さいな、
③鹿《シーカー》の子《コー》が生《ウマ》れ落《オチ》ちると、踊《オード》り出《デー》る、阿《アー》れをみ山《ヤマ》に、一夜《イチヤ》踊《オド》りやいな、
④奥《オーク》のみ山《ヤマ》の、鳴《ナル》る神《カミ》たちが、お出《デ》やる、ときは、此《コ》の如《ゴー》とくよ、
⑤鹿島《カシマー》の国《クーニ》の、むら〳〵雀《スズメ》が、尾先《オサキ》を揃《ソロ》へて、切《キ》りかへさいな
⑥鹿島《カーシマー》から、習《ナーラ》え〳〵と、ふみが来《クー》る、習《ナラ》ひ浮《ウカ》べて、鹿島切《カシマキー》り節《ブシ》、
⑦よその、さゝらは、せんだい、すれど、我《ワレ》らが、さゝらはきよくもうさいな、

くるゐ

①思《オモ》ひもよらぬ、朝霧《アサギリ》おりて、其処《ソーコ》で女獅子《メジシ》が、かくされた、
②なんぼ、女獅子《メジシ》が、かくされても、此《コー》れの、お庭《ニワ》で、めぐり合《ア》ふよ、
③嬉《ウレ》しやな、風《カゼ》が巽《タツミ》を吹《フー》きわけて、女《メー》獅子、男獅子《オジシ》が肩《カーター》をならべ、
④奥《オーク》の山《ヤーマ》の　松《マーツ》にからまる、蔦《ツータ》の葉《ハー》も、縁《エン》が切《キ》れゝば、ほろりほごれる、
⑤我等《ワレ》が里《サート》わ、雨《アーメ》が降《フー》るやら、風《カーぜ》がたつやら、お暇申《イトマモー》して、いちや、伴《トーモ》だち、

現在は、ねまり③、とうはつは③・④、きりびょうし②～⑦を省略して行われている。

(2)歌の意味を巡る言説の実際

①歌と舞

獅子舞の歌と舞の関係について、三増の演者たちは、舞をきちんと行うためには踊り手は歌を理解しているほうがよいと考えている。現役の踊り手によれば、踊り方がどう移り変わっていくかは歌の文句を聞いて判断しているので、三人の踊り手が揃って動くためには歌の文句がわかっていたほうがいいという。

踊り手にとっての歌の重要性は、かつて踊り手は歌の練習をしてから舞の練習を始めていたことからも窺える。三増の獅子舞は、明治期に中断した後、昭和三年（一九二八）の昭和天皇の御大典の奉祝行事として復活したが、その際に獅子舞をやることになった若者たちは、最初にみんな歌を歌わされ、それから踊り手や笛吹きに分かれて練習をさせられたという［一九九二：二九］。その後も、新たに舞の練習を始める際には歌の練習をかなりやらされていた。

しかし、踊り手にとって歌を練習することは、歌が歌えるようになることを必ずしも意味していなかった。太平洋戦争で中断した獅子舞が戦後復活する時には、御大典の時に踊った演者の中に歌を完全に歌える人が見当たらず、オサクバァと呼ばれていた一人の老婆に教わらなくてはならなかった。彼女の家は、獅子舞を初め、芸能一般を非常に愛好した家で、そこでかつては獅子舞の練習が行われ、あまり熱心に行われたので床が抜けたことがあったという話が伝わっていた［一九九二：三七・四二］。このことは、単に踊り手を務めただけでは歌の習得は適わなかったことを示している。事実、現在踊り手を務める男性は、歌は大体覚えているものの、一人で全部正確に歌いきる自信はないと述べていた。

歌を歌うことの難しさは、詞章や旋律を間違えないことだけではなかった。歌師は踊り手の動作をよく理解して、踊り手が踊りやすいようにタイミングを外さずに歌い出すことが要求されていた。歌師は、ひとつの歌が終わって次の歌を出す時には、三人の踊り手の足の動きが揃ったのを見計らって歌い出すとされていた。昔の歌師は交代で踊り手を務めて舞に良く通じていたので［一九九二：四七］、適切なタイミングで歌を出すことが可能であった。現在は踊り手の動きに関わらず、間奏が決まった長さだけ済んだら歌い出すようになり、踊り手と歌師の緊密な関係は見られなくなった(14)。

このように、三増の獅子舞では、歌は舞の十全な遂行と密接に関わる実践的な性格を有していたのである。

②リーダー

以下、三増の演者たちの歌の意味に関する言説を見ていきたい。

最初は、現在の演者たちのリーダー格の男性である。彼は大正一四年（一九二五）生まれで、獅子舞が神奈川県の文化財指定を受けた昭和三六年（一九六一）前後に保存会の地区役員(15)として初めて獅子舞に参加した。その後、舞を習得して獅子役を務め、バンバ役をつい先頃まで務めた。そのほか、新人の踊り手を教えたり、道具類を自ら作ったり、積極的な保存会員の勧誘を行ったり、獅子舞の維持継承に関わる諸事万端を取り仕切ってきて、現在は保存会の中心人物となっている［一九九二：五三－六〇］。彼は次のように述べている。

歌は昔から伝わってきたもので、とてもいい文句である。内容は、子供に何かを教え諭すような感じなので、学校の教育に活用できるのではないだろうか。例えば、「繞木」の歌は、自然に生えている木を世話して育てたら、枝が九つあれば花も九つしか咲かないけれども、美しい花が咲くということをいっている。また、「舞に来て」の歌は、大きな家に入る時は注意せずに入ってしまうと迷ってしまうので、よく周りを見て入りなさいといっている。歌の文句の通りに子供を教育したら不良少年などいなくなってしまう。意味はただ漠然と歌っていたのでは分からず、文句をよく嚙みしめてみて初めて気付く。歌っている時には意味を気にするということはほとんどない。

中には意味の分からない文句もある。以前、愛川町の教育長がそういうことに詳しかったので、文句の意味を聞きに行ったことがあった。自分なりの解釈をいろいろ教えてくれたが、教育長もよくわからないようであった［愛川町教育委員会　一九九七：五一］。

③保存会長

現在、三増獅子舞保存会の会長を務めているのは昭和八年（一九三三）生まれの男性である。彼は、獅子舞が文化財に指定された頃に地区役員として保存会に加わった。二年の任期が終えた後も保存会の事務局に残り、獅子舞の面倒を見ていたが、私事が忙しくなったので保存会を辞めた。ところが先年、それまでの保存会長が辞めることになり、代わりに彼になってくれないかという依頼が来た。彼はそれを引き受け、再び保存会に関わるようになった。彼は踊り手の経験はないが、彼の家はかつてトウヤと呼ばれる獅子舞の宿を務めていたカミノクラという屋号の家で、現在も祭の際には、獅子舞の一行は彼の家に一旦立ち寄ってから諏訪神社に向かっている。以下、彼の語った内容である。

歌詞はいつの時代のものかわからないが、口語調でも文語調でもなく面白い言葉で、一般庶民が使うようなものではなく高尚な感じがする。もともとは口承で伝わってきたものなので、言葉が長い間に変わってしまっているかも知れない。歌詞は、ひとつひとつの言葉はそれなりに意味が通る感じがするので、何か意味はあるとは思うが自分にはよくわからない。以前、文化財に詳しい先生に歌の意味を聞いた時もはっきりとした説明はしてくれなかったし、年配者もその点については何もいっていなかった。昔の人は口伝で聞いたままの言葉を、意味など気にせずにお経を唱えるように歌っていたのではないだろうか。だから、意味は歌詞の言葉をひとつずつ見て考えたり、舞の所作から想像するほかない。

舞の中で女獅子が男獅子の後ろにしゃがむところがあるが、世間に対して女獅子をかばうことを表しているのではないか。三頭の獅子はお父さんとお母さんと子供で、一軒の家として生きて行くには女の人をいたわり、みんなで力を合わせて仲良くしなくてはいけない。そうして頑張れば花も咲くし実も生る。はっきりは分からないが、歌詞や所作から考えると、そんな人を諭すような、人の生き様に対する教訓が示されているように思う。また、「京から下る」の京は京都のことであろう。獅子舞は福井のほうから広まったと聞いている。福井は京都と近いので、何か関係があるのではないだろうか［愛川町教育委員会　一九九七：五八］。

④現役の踊り手

現在、三匹の獅子のうちの一匹の踊り手を務めているのは昭和一三年（一九三八）生まれの男性である。彼は横浜から三増に三〇年ほど前に引っ越してきた。最初は地区役員として保存会に加わったが、その後天狗を一〇年程務め、五年前から獅子役を務めるようになった。彼は次のように述べている。

獅子舞の歌には筋がある。女獅子がなぜ立ったり座ったりするかというと、「男獅子女獅子が肩を並べる」とか、「隠れ去った」という歌にあるように、女獅子が隠れて出てきた場面だからではないだろうか。以前、歌の文句の意味を教えて貰う勉強会があったが、文句は古典調で、先生もよくわからなかった。愛川町の民俗資料館の人と一緒に文句の意味を勉強したこともあった［愛川町教育委員会　一九九七：六四］。

⑤元歌師

彼は大正一三年（一九二四）厚木市七沢に生まれ、昭和二五年（一九五〇）に三増に引っ越してきた。獅子舞には昭和三二年（一九五七）に保存会の地区役員として参加した。その後歌を歌うようになり、先頃体の調子を崩して退くまでずっと歌師を務めてきた。

彼は歌専門でやってきていて、演者たちからは「歌の先生」といわれていた。歌の文句はすっかり覚えている。現在の歌師は扇子に文句を書いてそれを見ながら歌っているが、何回もやれば絶対に覚えられるという。歌の意味に関しては、次のように述べている。

歌の文句は難しいが、よく噛みしめて研究してみるといい文句である。巻獅子はお父さん、玉獅子はお母さん、剣獅子は子供と何かの本に書いてあった。歌の内容は、お父さんとお母さんと子供が仲良く健康にやるようにとかいったことである。今は省略して歌っていないが、雀が寄ってきて餌を運んで、それで夫婦が仲良くやっていくとか、白鷺が出てきたり、一軒の家の平和をいろいろな動物の姿に例えて歌っている。

最初の「京から下る」は獅子舞が京都から下ってきたという意味らしい。「なんぼ女獅子が」の文句は、いくらお母さんがいなくなったといっても、きっとどこかで巡り会うから元気を出せと励ましている。この歌の後にお母さんの獅子が立ち上がる。「お暇申して」の文句は、最後だから雨が降っても風が吹いても頑張れよ、じゃあこれでお暇しますという意味で、歌っていても、この歌が来るともうすぐ獅子舞が終わるからやれやれと思う。

歌にはちょっと聞いても意味が分からないところもある。歌の意味は最初のうちは知らなくて、夢中で歌っていただけであったという［愛川町教育委員会　一九九七：七一-七二］。

(3)歌の意味と演者

①語られた意味の特徴

歌の意味に関する演者たちの言説には共通した特徴が見られる。それは、彼らは元々歌の意味を理解していたわけではなく、今でも完全に理解しているわけではないということである。リーダーは、歌っている時は意味を気にするということはほとんどなく、今でも意味の分からない詞章があるといっているし、保存会長は、意味ははっきりとは知らず、歌詞や舞の所作から類推するしかないと述べている。

保存会長によれば、年配者が自分たちに歌の意味を教えてくれるということはなかったという。意味はかつては教授されるものではなく、従って、演者たちが歌の意味を理解していないのも無理からぬことであった。そうした状況において舞の教授に先立ち歌の練習が行われていたとすれば、踊り手にとって、歌を覚えることは歌の意味を理解することを必ずしも含意していなかったことになる。三増でも、演者たちには「歌詞の意味は周辺的な関心事でしかなかった」[橋本 一九九四:一九一-一九三]といえる。

しかし、演者たちは、詞章の意味に関してまったく関心を持っていないわけではなかった。彼らは詞章の意味を知ろうとして識者に尋ねたり、識者を囲んで勉強会を開いたりしていた。その結果は、識者が明快な意味を演者たちに教授できず芳しいものではなかった。

演者たちが語っていた意味の内容について見てみると、詞章との関係において何らかの意味を獲得し、それを語っているが、詞章自体が正確に指示している意味とは一致せず、詞章の一部に基づいた部分的かつ断片的なものとなっているという、鳥屋の獅子舞で見られたあり方を三増でも同様に見ることができる。

リーダーは、くるゐ③とうはつは②後半で言及されている内容を子供の教育に関する話として語っているが、いずれの詞章にも教育に関する内容は見られない。とうはつは④の「親に掛かりて」という詞章との関連で語られたのかも知れない。保存会長と元歌師の話は二度目のくるゐ①〜③の内容に対応したものである。しかし、彼らは三匹を父・母・子の一家と語っていたが、詞章には男獅子と女獅子とあるだけで、夫婦や親子であるとは述べられていない。彼らは、一家仲良く暮らし、世間に対して力を合わせて立ち向かわなくてはいけないという教訓となっていると語っていたが、詞章には女獅子が隠された後に男獅子と巡り会うと述べられているのみである。また、二人とも、くるゐ①の「京から下る」という部分は獅子舞が京都方面から伝わったことを意味していると述べているが、詞章では「唐絵の屛風」は下っても獅子舞自体が下ったとはなっていない。元歌師が語った動物の登場も、とうはつでは①の山雀・②の白鷺・③の鷺・⑤の浜千鳥、きりびょうしでは③の鹿の子・⑤の雀というように動物が頻繁に登場しているものの、そこで描写されている動物の姿が平和な家庭の比喩となっているわけではない。

保存会長によれば、獅子舞は福井から北上して太平洋岸に回り込むかたちで広まった一番南の果てが三増と聞いたことがあるという。また、元歌師は三匹の獅子が父・母・子の関係であることが何かに書いてあったと述べている。これらは、外部からもたらされた情報が詞章の断片を媒介として取り込まれ、歌の意味として語られるようになったものである。同様の事態は、鳥屋の獅子舞において雨乞いの効験が語られ、大島の獅子舞で京都からの伝来が語られていたように、近隣の獅子舞においても見ることができる［笹原　一九九八a：一三一］。

演者によって意味が語られていたのは歌全体の中で一部の詞章であったが、それらが選ばれたことには何か理由があるのであろうか。ひとつは、当然のことながら現在演じられている詞章ということがある。きりびょうしは動作が難しいので、現在は①以外は省略されて演じられていない［一九九二：四八］。省略された詞章に言及しているのは元歌師のみであった。くるゐ①・とうはつは②・二度目のくるゐ①はいずれも動作の変わり目となる歌で、短縮されても略されずに演じられる詞章である。それらに関して意味が語られる場合が目立つのは、藤田隆則が述べているように、実際に歌われることによって、演者たちの頭の中に詞章が浮上してきて、意味や情趣を表現するものとして反省的に認識されるようになったため［藤田　一九八九］と考えられる。(16)

とうはつは①～④と二度目のくるゐ①～③に演者たちの言説の集中が見られることには何か理由があるのであろうか。二度目のくるゐ①～③は「雌獅子隠し」と呼ばれ、各地の三匹獅子舞で広く見られる詞章および演出で、いなくなった雌獅子を探す父子の獅子、あるいは雌獅子を巡る雄獅子同士の争い［中村　一九九二：三六］といった意味の付着が頻繁に見られる部分である。三増の場合もそれまでの三匹揃った単純な動作の繰り返しとは異なり、女獅子が後方に下がって腰を下ろし、ほかの獅子二匹で踊る演出となっている。そうした演出と女獅子が隠れて再び男獅子と巡り会うという内容の詞章が結び付いて演者たちに強い印象を与え、意味が語られるようになったと想像される。それに対して、とうはつは①～④は三匹が同じ動作を繰り返していて、ほかの部分とは特に異なる動作が行われているわけではない。何か別の理由があるものと思われる。

②意味を語る人々

歌の意味に必ずしも通じているわけではなかった演者たちが何故意味を語ったのかを考えてみると、歌の意味について質問されたからということが理由としてまず思い浮かぶ。それでは、演者たちは尋ねられればみんな意味を語るかというと、そういうわけではない。下九沢や田名や鳥屋の演者たちは、歌の意味について尋ねられた際に、わからないとはっきりと答えていた［笹原　一九九八a：一一八］。三増の演者たちが歌の意味を語ることができたのは、質問されたこと以外にも何か理由があるように思われる。

歌の意味を語る言説は、リーダーと保存会長と元歌師に比べて現役の踊り手が語った量が極端に少ない。実はこの時の調査では、歌の意味について全く語っていない人物がいた。それは、その年初めて踊ることになった新人の踊り手であった。彼は、自分が上手く踊れないのは歌がわからないからで、上手く踊るためには歌を習得することが不可欠と、歌の重要性を繰り返し語っていた。しかし、歌の意味について尋ねると、獅子舞の歌は普通の歌とちょっと違って、聞いていても何をいっているのかわからないと答えたのみであった［愛川町教育委員会一九九七：六八］。こうした彼の言説も併せて考えると、三増では、踊り手はあまり意味を語らないのに対して歌師はよく語っていたといえる。

それでは、歌師ならば誰でも意味を語るかというと、そうとは限らない。筆者は以前にも三増の獅子舞に対して調査を実施したが、その際に話を聞いた四人の演者は、歌を習得することや歌と舞の関係についてはいろいろ語っていたが、歌の意味についてはほとんど語っていなかった。四人中一人は元笛吹きで、二人は戦後に復活した頃から歌師を務めてきた女性、そのうち一人は歌師として獅子舞に加わり、獅子役やバンバ役も務め、踊り手を退いた後は舞を教えてきた。もう一人は歌師として獅子舞に加わり、五年後に踊り手に転向した女性である。元笛吹き以外はいずれも歌師の経験を有していたが、歌の意味に関する言説は聞かれなかった。彼女らと意味を語っていた男性たちはどこが異なるのであろうか。

元歌師は、最初は夢中で歌っていて意味などは知らなかったと述べていて、意味を理解するまでにはある程度の時間が掛かったことがわかる。時間ということならば、女性たちも相当の期間歌師を務めていて、その点では差はない。そうなると、意味を理解するには歌師としての経験だけでは十分ではないということになる。

そこで注目されるのが、リーダーが、歌の意味はただ漠然と歌っていたのではわからず、文句をよく嚙みしめてみて初めて気付くと述べていたことである。歌を歌うという実践的な行為からある程度の距離を置き、歌を詞章として対象化しないと意味が見えてこない。つまり、歌の意味を理解するには歌を実践の対象としてではなく、言語表現として認識する必要があるというわけである。三増では、男性の演者たちはそれができていたけれども、女性の演者たちはできていなかった。それが両者の間に差が生じる原因となっていたように思われる。女性たちの歌に関する話の内容が、舞を遂行するに当たっての歌の機能的な重要性といった実践的な話題に集中していたことも、両者の違いに符合している。

意味を語った男性の演者たちを見てみると、リーダーは保存会の副会長として、踊り手の指導・道具の管理・保存会の運営など、獅子舞に関わる諸事全般を切り盛りしてきた。保存会長はかつては保存会の事務局にいて、会の運営や渉外、後継者の育成を積極的に推進し、会長になった現在は、名実ともに保存会の代表として活動している。元歌師は戦後三増の獅子舞が復活して以来、ずっと歌専門でやってきていて、「歌の先生」と呼ばれて歌師のリーダー格であった。彼らは、いずれも単なる一演者ではなく、幹部的な地位にいる演者ということでは共通している。こうした彼らの演者集団内における地位が、実践から距離を置いて歌を客観視し、対象化することを可能にしたのではないだろうか。

それに加えてリーダーは、簓摺りの人数を増やすなど、従来の獅子舞のやり方をいろいろ革新してきた。また、愛川町の文化財保護委員を務め、郷土史家としても地域の歴史や民俗に並々ならぬ興味を抱いている。保存会長も、事務局にいた時には、保存会費を三増全戸から町内会費と一緒に徴収する体制を作って経済的基盤を整備したり、ボーイスカウトの子供たちに獅子舞を習わせて後継者養成を図ったり、いろいろ新機軸を打ち出していた。現在は町会議員を務め、地域の文化活動に対して積極的に関わっている。こうした彼らの進取の気質に富む性向が、演者集団内における高い地位と相俟って獅子舞に対する強い関心を惹起し、彼らに歌の意味の獲得を促した面があったように思われる。

こうした人々の存在は三増に特有というわけではない。大島で歌の全体的な意味をひとつのストーリーとして滔々と語っていた演者は、踊り手を退いた後は歌うたいとなり、後に演者の責任者を務め、獅子舞の歴史に関しても自分で調べたりしていて、三増のリーダーと同様の資質と経歴を有していた。彼は、踊り手を辞めて人に教えるようになってから歌を暗記し、詞章も気に留めるようになったと述べている［一九九五：六六］。田名の獅子舞で女獅子隠しの意味を語っていた元踊り手も、現在は師匠として獅子舞の歌も舞も全てを一人で教えているし［一九九三：五九］、鳥屋の獅子舞で雨乞いの意味を語っていた元踊り手も、現役を退いた後は歌うたいとなり、演者たちの責任者を務めていた［一九九一：一九］。幹部的立場の演者が歌の意味を語るのは、周辺各地の獅子舞においても共通に見られる傾向であった。

大島の現在の責任者によれば、獅子舞を本当に覚えきるのは、踊り手を辞めて教えるようになって三年ぐらい経ってからという。踊っているうちは、歌の詞章を示されて、そこはどういう動作を行うか聞かれても咄嗟には答えられなかった。しかし、教えるようになって三年ぐらい経つと、聞かれてもすぐにわかるようになってくる。その頃は獅子舞についていろいろと興味が出てきて、昔の様子や細かい様々な決まりごとを、自分で調べたり、年配者に聞いたりするようになったと述べている［一九九五：三五・四四］。彼の話は演者が歌の意味を獲得する過程を見事に示しているように思われる。演者は、まず踊り手となって舞の個々の動作を習得し、次に歌うたいになって舞の全体的な構成を習得し、教えるようになり、幹部になって詳細な知識を獲得し、初めて歌の意味についても語れるようになるというわけである。そこでようやく獅子舞の演者として完成するといえるかも知れない。

③意味が語られる場

三増の演者たちの歌の意味に関する言説を見ると、細かな内容に共通する点があることに気付く。例えば、リーダーと元歌師は共に「文句を噛み締める」という独特の表現を使っていたし、リーダー・保存会長・元歌師の三人共に、歌の眼目は夫婦や親子といった家庭関係を巡る人生に対する教訓であると述べていた。これは、彼らが独自に獲得した知識がたまたま一致したのかも知れないが、一つの情報を共有するようになったとも考えられる。彼らは、識者に詞章の意味について尋ねたり勉強したりする機会を持ったと述べていた。その際には、識者は意味を明快に教えてはくれなかったが、そこで同じ情報源から共通の内容の知識を獲得した可能性がないわけではない。また、リーダーと保存会長は、保存会長がかつて保存会の事務局員であった頃から一緒に保存会の運営に当たり、苦労を共にしてきた仲である。元歌師は、リーダーが踊っていた頃は彼の足の動きを見て歌を出すようにしていたといい、二人は歌師と踊り手として堅い信頼関係に結ばれていた［愛川町教育委員会　一九九七：五一・五三］。幹部の演者三人が非常に親密な間柄にあったとすれば、彼らの中で誰かが歌の意味を、人から聞いたか自分が思いついたか、何らかのかたちで獲得したならば、それが彼らの間で容易に共通理解となったことは十分あり得る。知識や情報が共有化されるような共同性が、彼らの間には成立していたというわけである。

しかし、歌の意味に関する知識や情報の共有は、三増の演者全員に等しく見られたわけではなかった。獅子舞に加わって間もない新人の踊り手は、前述のように意味を理解していなかった。それは、彼は現時点では、幹部の演者たちとは踊り方を一方的に教授されるのみの間柄で、知識が共有化される程の親密な共同性が成立していなかったことによると思われる。それでは、そのほかの演者たちの場合はどうであろうか。現在三増の保存会では、毎月定例の練習のほか、新年会や忘年会や研修旅行を行っている。その目的は、獅子舞の上演の技能の向上と演者間の親睦を深めることとされている。練習中や練習後の一服、本番や反省会などの演者たちの様子を見てみると、いつも笑いが絶えず、和気藹々としていた［一九九二：一二-一二五］。演者たちの間には親密な共同性が成立していながら、幹部以外の演者からは意味に関する話が聞かれなかった。こうした演者集団内における知識や情報の所有の不均衡は、それが共有されるためには、親密な共同性が存在することは必要条件ではあっても十分条件ではなく、個々の成員の立場や考え方といった個人的事情に左右される部分が大きいことを示している。

④記された歌の詞章と演者

三増の獅子舞では、現在歌師たちは、練習の時には詞章を記した歌本を見ながら歌っている。本番の際も詞章を記した扇子を持って、それを見ながら歌っている［一九九二：一二五］。踊り手は歌本を見ながら演じることは不可能であり、歌の詞章とはその時々に現れ消え去る瞬間的な存在として接するしかない。したがって、踊り手から歌師になるということは、歌に対して口頭表現という時間的な存在として接するかたちから、文字表現という空間的な存在として接するかたちへ、歌と演者の関係が大きく変化することを意味している。兵藤裕己は、座頭琵琶において、演者に語りの文句について聞き取り調査を行うと、文句だけを節を付けずに聞き出すのは不可能であり、語りを文句という言語的側面から捉えるのは、語りを文字テキスト化することで初めて

歌詞を見ながら歌う三増の歌師

可能になると述べている［兵藤　二〇〇〇：二三五‐二三六］。こうした演じられる語りと記された文句の関係は、獅子舞の歌と詞章においても同様に見ることができる。演者たちにとって、歌師になることは、歌を演じることと不可分な同時進行の実践行為としてではなく、実践から距離を置いて、詞章として凝視するようになることを意味し、その結果、文字表現として対象化して認識することが可能になったというわけである。また、幹部の演者たちは、民俗芸能大会などの舞台へ出演する際には、割り当て時間に合わせて詞章の数を減らした短縮型の構成を作成していて［一九九二：一九］、歌を文字表現として扱う機会が一般の演者たちよりも多かった。そのために、歌を文字表現として認識する傾向に一層拍車が掛かったことも、歌の意味の獲得において一般の演者と差が生じた理由となっていたのではないだろうか。

歌の文字テキストの使用は近年生じた現象かというと、そうとも言い切れない。三増では、元歌師によれば、歌本は県の文化財に指定された頃に、当時獅子舞の面倒を見ていた棟岩院の住職が演者たちから聞き取って作成したもので、それ以前は口伝であったというが［愛川町教育委員会　一九九七：七一‐七二］、別の演者は自分たちの覚え用に書いた歌の帳面が昔からあったと述べている［一九九二：三七‐三八］。現在伝わっている歌本が古い仮名遣いで記されていることを考えると、その住職が作成する以前からすでに文字テキストが存在し、使われていた可能性が高い。

鳥屋では昭和五年（一九三〇）に著された『郷土の光』に享保三年（一七一八）の歌本を写したとされる詞章が掲載されているし［一九九一：八一‐八二］、下九沢では文政年間（一八一八‐三〇）に記されたものを昭和三三年（一九五八）に写したと思われる歌本が伝わっている［一九九四：一〇〇］。田名では大正一五年（一九二五）に田名村長が各組長に宛てた文書に「古式志、舞歌」と題された詞章が付されている［一九九三：九一‐九二］。大島でも大正期には歌本がすでに使われていた［一九九五：一〇七］。このように、近隣の獅子舞ではいずれもかなり前から文字テキストが存在し、演者たちに使用されていた。

遠方に目を向ければ、古いものでは福島県会津若松市木流には寛永五年（一六二八）の獅子歌を記した文書が残り［会津若松市教育委員会　一九九五：六〇-六七］、新潟県水城町には正保二年（一六四五）の歌帳が伝わっている［新潟県教育委員会　一九八一：二一六］。秋田［秋田県教育委員会　一九九三：四四-七〇］や青森［弘前市教育委員会　一九八五］の獅子舞に伝わる一七世紀の巻物にも歌の詞章が記されているものが少なくない。一八世紀以降になると、歌の詞章を記した古文書は各地で見られ、枚挙に暇がない。

古い時代から各地に歌本が存在しているということは、歌の習得や理解、あるいは上演や伝承について考える場合、民俗的な知識の形成や伝承において文字テキストが果たした役割に十分配慮しつつ分析を行う民俗書誌論［小池　一九九六］の見地からの検討が欠かせないことを示している。

(4)意味の成立

以上本節では、三増の獅子舞において、演者たちが歌の意味をどのように語っているか、そして、歌の意味が語られるようになる背景について見てきた。その結果、演者たちは、歌に関して詞章との関係において何らかの意味を獲得し、それを語っていたが、語られた意味は詞章が指示している内容と正確に一致しているわけではなく、詞章の一部に基づいた部分的かつ断片的なものであったこと、そうした断片は実践を通じて浮上してくること、意味の獲得は実践とある程度距離を置いて詞章を対象化できる状況にあり、そうしたことに強い関心を有する人々に顕著であったことを明らかにすることができた。

福島真人は、儀礼的行為はそれを執行する当事者にとって慣習的行為としての細則の遵守こそが関心の焦点であり、したがってそこには意味は存在しないが、当事者において、動員可能な十分な量の民俗知識の所有や、解釈をするための反省的な意識の発生などの条件が揃えば、儀礼的行為は喚起ポテンシャルを発揮し、当事者が有している民俗知識から様々な内容を呼び起こして意味が生成することになると指摘している［福島　一九九三：一三九-一四〇］。三増の演者たちと歌を巡っては、福島が指摘するような状況が生じていたと考えることもできる。女性の歌師や現役の踊り手にとって、歌は上演の際に詞章を正確に順序正しく歌うという細則の遵守が関心事となる実践の対象であり、したがって意味は存在しなかった。それに対して、保存会の幹部の演者たちは、町の文化財保護委員や町会議員や歌師のリーダーという立場にあり、獅子舞に関する多量の知識を獲得していた。しかも、獅子舞に関する強い興味と関心を有し、歌の詞章を吟味したり文字テキストとして扱ったりしていて、歌を解釈しようとする反省的な意思を有し、その機会にも恵まれていた。その結果、彼らは意味を語るようになった。しかし、彼らが有していた知識は全く同じではなかったために、喚起された内容は人によって若干違いが認められたというわけである。

三増のリーダーは、平成八年（一九九六）筆者が調査を行った時に、現在は祭の本番でも短縮版を踊っているので、踊り手が獅子舞はそういうものと思いこんでしまって好ましくない。数年経つと獅子舞が文化財に指定されてちょうど四〇周年になるので、それを目途に、以前踊っていた短縮版ではない「本物」の踊を現在の踊り手に練習させて踊らせようと考えていると述べていた［一九九七：四八］。計画通りにいけば、数年後には二三首全て歌うかたちでの上演が出現することになる。そうなると、省略されていた詞章が歌われることを通じて演者たちの意識の中に浮上し、それに基づいて新たな意味が語られるようになることも予想される。果たして実際はどうであろうか。興味が持たれるところである。

(1) 筆者は平成八年(一九九六)八月二三日に大阪府八尾市常光寺の地蔵会盆踊を見学した。
(2) 本節では、旋律を付けて歌詞を歌っている状態を「歌」、歌詞そのものを「詞章」と表記して区別している。
(3) 戦争直後は戦時中の生活や復員の様子を題材にした暗い内容の曲一色であったという[藤田 一九九一:一〇五-一〇六]。そうなると、現在のように威勢が良いものが好まれるようになったのは意外と新しい可能性もある。
(4) 例えば西角井正大[西角井 一九七九:二一一]など。
(5) 例えば本田安次[本田 一九七九:三-五]、三隅治雄[三隅 一九七二:五九-六六]、西角井正大[西角井 一九七九:六五-六九]、山路興造[山路 一九八四:一七七]など。
(6) 東北地方には鹿型の頭を被って踊るものや、五匹以上が一組となって踊るものが数多く分布している。中村はそれらを含めて「風流系獅子踊」と総称している。
(7) 例えば『田植歌の基礎的研究——大山節系田植え歌を主軸として——』[竹本 一九八二]など。
(8) 風流踊の歌を集成して比較研究を行っているものとしては、詞章ではなくて曲目を比較した山路興造の研究がある[山路 一九七一]。山路は曲目の構成に地域的な特色があることを指摘しているが、現地の上演の文脈から離れた比較研究としては、こうした地域性の解明を目的とした研究のほうが意味があると思われる。
(9) 橋本裕之は、従来の民俗芸能における歌詞に関する研究は、その成立と展開を芸能史的あるいは文学史的に扱ってきたが、民俗芸能を演じる当事者の関心はそれらと全く異なる位相に存在し、それを考えると、そうした研究は歌詞を必ずしも理解したことにはならないのではないかと疑義を呈している[橋本 一九九七b]。
(10) 風流踊に関する論考には盆踊関係のものが多数見られるが、ここでは割愛した。しかし、盆踊には詞章の即興性など、様々な興味深い問題が存在する。機会があれば、改めて検討してみたい。
(11) 平成八年(一九九六)八月一〇日の筆者の調査による。なお、本章の鳥屋の獅子舞に関する記述は、特に断りのない限り、『鳥屋の獅子舞』[一九九一]に拠っている。
(12) 本節では、原則として、歌詞を歌っている状態を「歌」、歌詞そのものを「詞章」と表記して区別している。

(13) 歌本には歌い方の指示や口唱歌も記されていたが、省略した。
(14) 以上、三増の獅子舞の歌と舞の関係に関しては、特に断りのない限り『三増の獅子舞』[愛川町教育委員会　一九九七]に拠っている。
(15) 三増獅子舞保存会は、踊り手や笛吹きや歌師の演者たちと三増の各地区から二年交代で出てくる地区役員から構成されている。地区役員は祭当日の準備や手伝いを行っている。
(16) 意味が語られているのが歌われている詞章全体ではなくて、いくつかの断片的な言葉についてであるという点も藤田の指摘と符合している[藤田　一九八九]。

第五章　歴史の伝承

一　文字に記された過去と演者

(1)下九沢の由来書

①下九沢の獅子舞

下九沢の獅子舞は昔から毎年恒例の行事として行われてきていて、一般的に民俗芸能と総称され、理解されている類の芸能ということができる。(1) 下九沢には、そうした獅子舞の過去に関する文字記録が何点か遺存している。そのなかのひとつに『日本獅子舞来由』と題された由来書がある。由来書は、過去のある時期に獅子舞の伝承や上演との関わりにおいて作成され、その後ずっと保持されてきていて、その意味では獅子舞の歴史を今に伝えるものといえる。本節では、下九沢の獅子舞の由来書の遺存から獅子舞の歴史を巡るどのような問題を読みとることができるか考えてみたい。

下九沢の獅子舞は、毎年八月二六日の御嶽神社の例大祭において上演されている。御嶽神社は旧近世村である

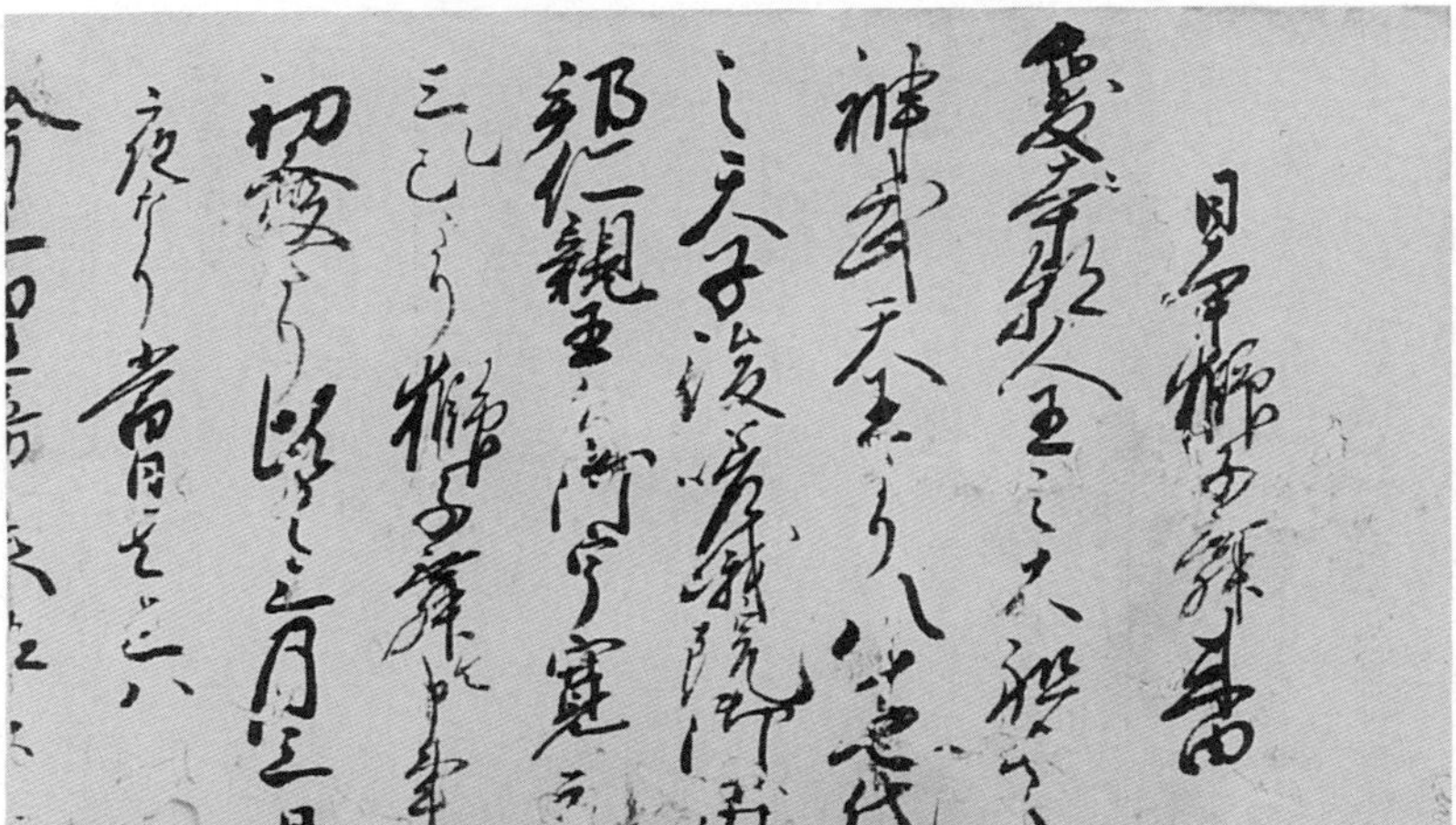

下九沢本『日本獅子舞来由』

下九沢地区全域の家々が氏子となって祀る神社である。例年八月になると祭に向けて練習が始まり、祭の二、三日前にはブッソロイと呼ばれる試演が行われる。新築した家や地域の有力者からの招待があるとそこへ出掛けてブッソロイを行うが、申し出がない場合は神社の境内で行う。獅子宿は、かつては獅子舞とゆかりが深い榎本重蔵家が当てられていたが、現在は塚場自治会館を使用している。祭の当日、昼頃に獅子宿で準備を済ませた演者たちは、宿から御嶽神社に向かい、境内の舞場に練り込んで獅子舞を上演する。獅子舞が終わると、境内の神楽殿で神代神楽(2)が行われる。

②下九沢本『日本獅子舞来由』

下九沢の『日本獅子舞来由』は、現在は塚場の榎本重蔵家に保管されている。榎本家は明治五年（一八七二）の『下九沢村戸籍表』によれば石高は一〇石あまりで、下九沢村二〇一戸のなかで五番目の石高を有する近隣では指折りの豪農であった［相模原市　一九六八：三一一-三一五］。榎本家は、現在獅子頭や獅子舞の諸道具を自家の土蔵に預かっているが、前述のようにかつては獅子宿とされ、獅子舞の練習や準備などはすべて同家で行われていた。由来書は本紙の上下の幅が約二〇センチで巻子に仕立ててあり、近年製作された木箱に収納されている。全部広げると長さは一〇メートル以上になる。[3] 文面は次の通りである。[4]

(底部箱裏墨書)
「榎本重蔵
御獅子舞来由伝書」

日本獅子舞来由

爰ニ本朝人王之大祖者、神武天皇より八十七代之天子後嵯峨院御□邦仁親王之御宇寛元三乙巳より獅子舞ト申事初発たり、頃は三月三日夜なり、当日は上八□今上皇帝奉始、下者万民ニ至ル迄、五節句之壱つ異名を仙臨と云、於内裏是を仙臨之御□合と云、最早春も末ニ成花もみとなる故ニ仙人と云共、此日は深く愛を成んと思が故、異名を仙臨と唱也、殊桃花□美盛として薄紅の色を成せり、依て奉始君を諸卿一同ニ曲水之酒宴も速ニ興盛ニ至て花々舗　帝一枝ニ短冊を付られ叡慮を被趣諸卿も慰んと各々感入給ふ折から、虚空もさわかしく俄ニ天もかきくもり黒雲四方霏て雷鳴事夥敷、殊ニ東南ノ風剽敷天地震動頻也、然所大キ成光物、帝城之地紫震(宸)殿之大庭ニ落止したり、斯と知より殿上堂下の公臣卿動事不斜、叡慮被悩、臣下も集り遠見たり、然所ニ思敷物三ツ程有と見へたり、併し異形之物ニて誰壱人として此名をしる者なし、貴賤上下迄敬意せす云事なし、前を見末を見闘物也、例近寄者なし、時ニ以月卿雲客武家将軍此異形之者も不吉也と、是こそは天下諸乱之前表等、早人夫申付海中江捨べき也と評定決早、然所烈(列)座之内壱人公卿被仰出ニ此義は不私天作也、君帝へ奏聞に達シ天王之勅に可随と宣、則奏時に天子之勅宣ニ曰、雖異形之物全以凡慮之斗イには難成、況や仏神之尊意可任、早石清水八幡宮之社ニおゐて可任吉凶詫諠ニと宣、則綸言随ひ於八幡宮之境内ニ而巫八乙女を被召、神楽ヲ舞、祢宜神主は捧幣帛ヲ、大床ニは貴寺高僧読経之声梵天国江も如響、如何成天魔怨霊も障礙之恨も難成見江けり、誠ニ神祇之霊験もいと、冷やしく在まさん、扨諸経執行之儀式も速ニ事至り神勅之詫諠に曰、此異形之物は南天竺洞嶽と云峨々タル岩石之山に住し、獅子と云猛獣之頭也、其猛事高山をも崩し天地をも動事甚以安し、又猛盛にして荒時は国中をも震程之猛獣也、依而常ニ出る事なし、聖人出世之時稀に出る也、但心穢之人に不見六根清浄之人ニは見る、固其地不踏此地を踏也、かかる猛勢之獣、今我朝落来事、帝一天之仁政明にして天慮ニ叶四海之万民王の徳に奉服故ニ顕出シト可知、普日本ハ雖小国、大国に勝る、三ツの神宝有り、故自上として君之徳にかなふなり、然は自今以後、天下泰平之祭祀ヲは此頭を以人之首に載、獅子如狂令舞、宝祖長安四民栄昌和光随順、諸天善神も納受仕給可有加護者也と云々、斯て天王近臣ニ告て曰、任詫諠可執行旨被仰出時に、以執奏之公卿達御評義曰、天下泰平四民栄昌之祭ニ可狂と告給ふ詫諠応し民江申下シ、令狂者神慮にも随ふ道理なりと語畢、是我朝之獅子舞之始也、依而時之将軍於鎌倉清和正末右大将頼朝公より四代孫胤征夷大将軍源頼経公江勅使ヲ以被仰下、則時之執権経時并四朗時政より五代之後胤北条相模守平時頼両人下知として鎌倉近隣之国江可申付段被申候、依之於下総国ニ人夫被召出、右之御獅子被令舞、此民夫と申は此書ニ戴事甚以上之恐有之候得共、拙我家之元祖角兵衛と申者也、此者難有も王城之地江被召出、紫震(宸)殿之大庭ニおゐて狂ひ初たる者也、然者天子之叡覧ニも又は月卿雲客百官百司武家将軍其外詞公之諸武士方迄御覧ニも入し也、頃は春之末つかた間二月を越、水無月中旬之頃に至り角兵衛弟角内躬角介此両人を召連参内仕、三ツ頭を壱人壱つ宛戴、三人ニ而舞し也、後ニハ三人ながら一流つゝ狂ひ出し今世ニ広弘者也、併角兵衛流は嫡流と云、殊以公之蒙上意を被召出て天子之叡覧ニ迄入又舞初之祖師也、殊更親と云師近(匠)ト云、何れニ而難逢難離、況や人として師親兄之三ツを不重と云事なし、去ル程に天より、天下り給ふ御獅子之頭は石清水八幡宮之御宝殿江納被成、右三人ニ而狂ひし頭は右之頭を側居置、仏師人に写彫奉仕物也、新造御獅子三ツ共三人御褒美ニ而被下置たり、将又帝より此頭江官職を与給ひ、乍三ツ被任五位之官大太夫と云、次を小太夫と号る、難有御事と申も中々愚なり。

同諸式之謂ヶ條記

一獅子に羽ヲ植事誰か、於天竺彼形見たらんや、日本江は頭斗り落けり、胴者不落然者不分明なり、此羽を付ル事は孔雀鳳凰等の名鳥の形に異也、鳳凰鳥の司、獅子は獣の司也、故に、対を取、形を顕者也

一腰に大鼓付打事、天竺震旦之祭事ニハ皆大鼓を腰に付ル也、壱ツニハ是縦也、二ツヽハ獅子天より落付、天地震動せり、其時を云、又三ツニハ万物打納と云吉事を引歟

一花笠之事は四ツ六ツ八ツなり、角兵衛流は四ツ也、角内流は六ツ也、角助流は八ツなり、此四ツ花は忝も須弥四列を司り、守護仕給ふ持国増長広目多門四天王を表ス、又春夏秋冬之四季ニ異也、故ニ四方居て獅子を中に入、守護致之心也、六ツ之時は六根清浄之形を願也、八ツ之時は八大竜王評ス何レも胴は弁才天女学者也

一笛吹惣囃方哥詠之人数於流々難定、是も八人か、十二人か、拾六人と可知、先八人之時は日本大秘の八将神七五三御〆縄異ス、是八年徳八将神之御形也、十二人之時ハ十二座之神楽を評ス、此十二度と申ハ第一薬師十二神将并年々月数異也、十六人之時は大般若本尊十六善神無匆体奉略事

一獅子頭三ツ之事は第一日月星之三ツ、是を三光天子と云、又仏法僧之三ツ、家内守護之棟梁三宝大荒神右何レも此三ツ兼備物也、獅子始之時於内裏致略定之畢

一牡丹に獅子と云諺有、是は於天竺此花を獅子愛せしや亦不愛か誰人か是知らんや、此謂は角兵衛狂ひ始し時、

春の末つかたなれは紫震(宸)殿之御庭前ニ被植置し牡丹盛也、是を角兵衛愛し狂ひ候得は全以非不愛や、是笠の花初也

一狂方事は三四十二の法、三十六の式、六八四十八通りの懸り何レも狂様の故実并口伝之秘法等は其師之心ち可伝者也、併難為獅子舞之上手其師の古伝旧法を曲て新規之私作等堅ク入間敷候事可狂先々所教伝元祖之式法大切相守可狂者也

一右三四之事は獅子に三ツ有三を取、四季四を取三四と云也、十二法とは薬師十二神将十二座神楽法割也

一右六々の事は第一六根清浄之六を取可申事也、惣而六々割と云事ハ地方之立方也、依之壱里之畝歩も三十六丁也、何レも是順ずる也、但し是も地之三十六神を評物也、是亦略して諸寺諸社坊数も三十六坊とハ割也

一右六八之事は大六天(ママ)之六を取、八大龍王の八を取、六八とは申也、是何レ悪魔降伏之守護神也、又四十八通りニ割事は第一弥陀之四十八願を評ス経壱巻を壱通り割心也、扨又弘法大師いろは四十八句の涅盤より出しつらね給所之其数四十八字也、是略して但し壱字を壱懸り割る心也、此四句と申ハ諸行無常、是生滅法生滅々已、寂滅為楽之四句也、将亦三四六ニ八ニ事は三四ハ角兵衛流花数四ツ也、六ニ六ハ角内流花数六ツ也、六八之八ハ角介流花数八ツ也、是何レも如此割出ス也、可為勘弁次第也

一獅子之事は於風下見物と不可云、無官輩は拝見と唱へし、如此宣事は忝も日本江渡ては被任五位之官又於天竺ニ常ニ不出稀ニ出時も忌穢之地不踏同其人ニハ不見清浄之地又は其人ニ見物也、ヶ様之心有尊獣成故也

一三流之内天下一と名乗流有嫡流外無之候此謂は奉尋処ニ難有後深草院久仁親王之御宇宝治元年丁未夏、三人被召出任旧例紫震(宸)殿之大庭ニ而被舞たり、此角兵衛勝事随一成故、恐多も自直ニ天下一角兵衛獅子と宣引是よりして天下一とは名乗申事也、去程ニ此御代より諸国ニ獅子舞

弘者也、第一弘初は王城地石清水在所江角兵衛伝授仕たり、於今大内之祭獅子は石清水ゟ参リて狂也、是を第一之初として今諸国諸郷広弘者也、依之増々無怠事、祭礼可狂御獅子舞也

一右獅子狂懸リ之名目も仏神を司号たりヶ様ニ皆一つとして仏神三宝之御名を不准すと云事なし、諸法之縁起を引、不残仏天之御形無勿体奉略者也、獅子狂ひ者は不申及諸役人共ニ前書記ス通リ仏神之御姿を拝ニも奉略間、祭ル時は身を清メ六根共清浄ニ可持、依去ニ石清水八幡宮御詫諠ニも清浄ニいたし令舞諸天善神諸仏薩陀も納受仕給ふ、天下泰平国土安全村里繁盛無病延命風雨和順五穀満作之幸福を授与せんと宣也、夢々非可疑、惣而祭りと申は何レを何共難分、皆神祭之道理也、信心堅固之意趣雖為同事、別而は此獅子ハ忌穢之道を嫌ひ故、狂様舞方之品ニも忌や穢愁□ヶ間敷風情一向無之、外之狂言ニは必々生死之啼哭非有之也、於此獅子ニ無此愁、然時ハ六根清浄にして祭時は此勝るる神勇之事哉あらん、則何ヲ以かしか云、問答曰欲徳愁悦曲直苦楽生死之へつらいなし、故ニ正直とは是を大かた可申也と云々、又拝見之人々も贔屓之無沙汰も気も不張、心も不闇して見る故ニ大方神慮ニも可叶也、異日獅子及狂時ニ其日始終共ニ唱事有り

神法秘文之口伝

一第一、天下泰平国寸祚永久、将軍長治、村里繁盛、家内安全、万難消滅、千祥来至、家業強運、風雨和順、五穀万作、無病延命、諸願成就と可唱、是ハ念願也

第二ハ南無三社三光祇園三宝四天王瑠璃光弁財天達八将十二神八大六不動明王大悲観音十六善神、南無帰命頂礼諸天善神阿吽

三遍唱引

第三両部光明真言是を十二遍唱へし

第四諸尊真言
・ヲンアニチアソワカ
・ヲンセンダラヤソワカ
・ヲンベイシラマンダヤソワカ
・ヲンチンバヤ〳〵ソワカ
・ヲンアテイナライソワカ
・ヲンアロリキヤソワカ
・ヲンソバソワテイエイソワカ
・ヲンコロ〳〵センタリマトウキソワカ
・ヲンウリニソワカ
・ヲンジンバラキリクソワカ
・ヲンアミリテイセイカラウン
・ヲンハラハシヤノウソワカ
　是を三遍唱ベシ
獅子之十二運之神法秘説と云、謹而可行
第五三種之大祓事、右五種之秘法謹可唱、是以獅子舞神道家也、右従五位之御獅子之来由我方ゟ申開義上江恐有之候得共、元祖より伝授之秘書有之上は角兵衛角内角助此三流之外余流無之候、若於三流之内ニも流義背古法ニ致式外ニ狂乱之輩有之節は此書を以て流々之法義示シ懸リ可相教、其上於相破族有之者、急度相改可申事

不可有子細之、但シ右三流之獅子何レニ而も我等方ゟ一通相伝可致事、縦嫡流獅子たりといへとも此書無之して天下一と不可名乗不にて嫡流角兵衛獅子と可唱也、依而伝書如件

天下泰平御獅子

祖家

本性伝書

山崎角太夫

于時元和二年卯（ママ）六月

榎本重蔵

右伝書之儀私シ家より出シ申候義にては無御座候、此書ハ武州三田領村木氏之家ニ伝ヘ有之候ヲ写取申候、此度立而御懇望ニ付無拠写シ遣シ申候、若本書御望之方は本家山崎角太夫方より御伝法可被成候以上

文政四年巳八月

獅子之　小川忠三郎

世　内山次郎左衛門

榎本仁左衛門

話　同　幾八

嶋田市郎左衛門

人　　久野太左衛門

本書ニは一子相伝他見無用と有之候儘写シ候事堅ク無用御座候、誓紙仍而如件

八拾弐才翁

写授者也

［老管］以上

記された内容について見ておきたい。由来書では、まず日本における獅子舞の発祥が述べられている。寛元三年（一二四五）三月の節句の折、宮中で催されていた宴の最中に突然黒雲がたなびき、雷鳴が轟き始めると、三個の光る物体が宮中の紫宸殿の庭に空から落ちてきた。ところが、それが何か誰もわからない。そこで、石清水八幡宮に伺いを立てたところ、それは南天竺に住む獅子という猛獣で、世の中に仁政が行われている時に出現し、以後、祭の際にはそれを舞わせるようにという神勅が下った。天皇はそれを聞くと、時の将軍源頼経に勅宣を下し、執権北条経時と時頼に角兵衛という人物を探させて宮中に召し出し、獅子を舞わせた。角兵衛は弟の角助と角内を連れて宮中に参内し、三人で舞った。これが日本における獅子舞の最初である。三人は石清水八幡宮に奉納されていた獅子を模して新造した獅子頭を拝領し、その後それぞれ別々の流派を立てて獅子舞を世間に広めたが、獅子舞の祖とされるのは嫡子の角兵衛である。以上が獅子舞の発祥の経緯である。

それに続いて、獅子頭に鳥の羽根を挿したり獅子役が太鼓を腰に付けたりする理由、獅子役や花笠役や笛吹きや歌うたいの人数が定まっている理由、舞の動作の意味、踊る際の心構えといった様々な趣向の来歴、獅子舞で

唱えられる神法の秘文や真言が記されている。

さらに、この由来書は元祖から伝授された秘書であり、角兵衛・角内・角助の三流以外に獅子舞の流派はなく、この書がないと天下一を名乗れないこと、この由来書の内容を遵守して獅子舞を行うことといった獅子舞の上演と由来書の関係と、山崎角太夫という名前、元和二年（一六一六）六月の年月が記されている。

(2) 獅子舞の由来書

①由来書への関心

三匹獅子舞には由来書が伝来しているところが少なくなく、内容にいくつか類型があることが知られているが［笹原 二〇〇二］、『日本獅子舞来由』もそうした類型のひとつである。神奈川県域では、下九沢に隣接する相模原市大島にも『日本獅子舞来由』が伝来している［一九九五：八二-八五］。東京都域では、下九沢が書写したとされる奥多摩町小留浦［奥多摩町教育委員会　一九八二：六-八］を初め、同町峰［奥多摩町教育委員会　一九八二：六-八］・同町原［本田 一九八四：四八二-四八四］・同町境［本田 一九八四：四八八-四九三］・同町大氷川［東京市役所 一九三八：二五五-二八四］・同町大丹波［奥多摩町教育委員会 一九八二：四〇］・同町川野［東京市役所 一九三八：二五五-二六一］・青梅市澤井［神田 一九八八：一四九-一五〇］・同市成木［神田 一九八八：一五九-一六一］・檜原村数馬［段木 一九八八：一九四-一九五］・同村藤倉［段木 一九八八：一八七-一八八］・同村人里［田中 一九八三：七九-八〇］、埼玉県域では秩父市浦山［埼玉県神職会 一九四〇：八二］・名栗村名栗［倉林 一九七〇：三五九-三六一］・皆野町門平［倉林 一九七〇：三七四］、その他、山梨県丹波山村［上野 一九七三：一七七］や長野県小海町川平［小海町 一九七三：四〇四-四〇六］にも類似の内容が記された由来書が伝えられている。

日本史研究においては、職人や芸能者などの由緒書が「偽作された偽物であるが故に、歴史学の資料としては価値の低いものとされ、これまでほとんど顧みられなかった」[網野　一九九六：一三三]とされるが、三匹獅子舞の由来書に関しても類似の状況下にある。内容が荒唐無稽ということで、従来、それらに対する研究者の関心は高いとはいえなかった。

それでも、全く関心が払われなかったわけではない。例えば、永田衡吉は下九沢の『日本獅子舞来由』を取り上げ、獅子舞の発祥と趣向の意味が仏教や道教の知識に基づいて説かれていることや、奥多摩町小留浦から書写したと記されていることに注目し、両部思想を奉じ、宗教的職能を同時に保持していた専業芸能者が、三匹獅子舞の成立とその後の伝播定着に関与した可能性を指摘している[永田　一九八七：一二三一–一二三九]。神田より子も、由来書の内容は信頼できるものではないが、由来書を伝えた人々の素性や宗教意識が反映しているので、中世末期から近世初期の三匹獅子舞の成立や伝播に際して民間宗教者や専業芸能者の関与が想定できるとしている[神田　一九八四]。

また、由来書の末尾に記されている伝来の経緯は、実在の地名や人名が記されていて事実を伝えているとして、それらを基に獅子舞の伝播の問題が論じられてきた。段木一行は、東京都多摩地区の秋川や多摩川の最上流部に位置する三カ所の獅子舞に伝わる由来書において、それぞれの巻末に記された伝来の経緯は、由来書が三カ所順々に書写されて伝わったことを示していることから、獅子舞も由来書同様に三カ所順々に伝播していったとしている[段木　一九八八]。多摩地域の獅子舞の伝播に関しては、本田安次も由来書の伝来の記載に基づいて論じている[本田　一九八四：四六三–五八二]。神田より子は、伝来に関与した人々として由来書の巻末に記載された人物の多くが名主層であることから、獅子舞の伝播が上層農民主導で行われていたと指摘している[神田　一九八八：三六]。

こうした従来の由来書に対する取り組みは一定の成果が期待される。荒唐無稽とされてきた内容に関しても、それらが成立した背景や出典を詳細に辿り、いつ頃どのような知識を有する宗教者や芸能者の関与によって由来書が成立したかを示すことができれば、三匹獅子舞の成立や伝播を巡る議論に新しい展開が見られよう。また、伝来の経緯の記載についても、広範な比較検討によってかつての地域社会間の交流が明らかになり、それを通じて、三匹獅子舞が分布している地域の文化的な性格や特徴の理解が深まることも予想される。

しかし、問題がないわけではない。例えば下九沢では、現在行われている演者の衣装や装飾の趣向や所作は、由来書に記された内容と非常に異なっているし、専業者が獅子舞を伝えたとする話もまったく伝わっていない。このことは、仮に由来書の記述から専業者の関与を読みとることができたからといって、獅子舞自体についてもそれがいえるとは限らないことを示している。伝来の経緯の記載を巡っても同様である。従来は、由来書の伝来と獅子舞自体の伝来が一体という前提のもとで議論が展開されていた。しかし、実際はそうではない場合も存在した。山梨県丹波山村の獅子舞は青梅市澤井から習い覚えて始まったが、その際に由来書は伝授を許されなかった。後年、澤井の獅子舞が衰えたので丹波山から習って再興したが、その時に、丹波山は獅子舞を教えた代償としてようやく由来書の伝授を受けている[清水 一九五八]。また、青梅市成木の獅子舞の場合も、獅子舞自体は明和五年(一七六八)に大丹波から伝来したが、由来書は寛政七年(一七九五)に伝わっている[神田 一九八八：一五九-一六〇]。獅子舞の伝来と由来書の伝来が同時とは限らない。(5) 由来書の記載が示しているのは、差し当たり由来書そのものの伝来と考えるのが妥当であり、それを根拠に獅子舞自体の成立や伝来を論じ得るか否かに関しては、さらに検討が必要であろう。

このように見てくると、由来書の資料的価値はやはりそれ程高くはないように思われてくるが、果たしてそうであろうか。

②由来書と現地

獅子舞の由来書に関して古野清人は次のように述べている。古野は由来書について論じるにあたり、「獅子と獅子舞の歴史的起源に遡及」するのではなく、「あくまで民俗学（フォークロア）の限界にとどまって、ディアクロニカルでなくシンクロニカルな調査研究を推進するにとどめたい」［古野　一九七三：一五］という基本的な立場を表明する。その上で、『大日本獅子舞之由来』を初めとした五種類の由来書の内容を紹介し、それらに共通する特徴として、日本中心の起源説が説かれていること、秘伝とされている場合が多く、詳しく内容を知っている者は希であるが、およその内容は多くの人々の知るところとなっていること、その中に記された宗教的シンボリズムが、実際の舞や服飾や歌楽の中に漠然としたかたちではあるが生かされていることを指摘している。そして由来書は、記された内容自体は論理的な食い違いや時代的な矛盾が見られ、その意味では資料的価値は少ないが、現地ではそれが厳重に保管されていたり、現地の人々が多少なりともそれと関連付けるかたちで獅子舞を認識し、演じてきていることを考慮すると、獅子舞を理解する際に由来書の存在は無視できないとしている［古野　一九七三：一四-二九］。

古野の見解は由来書を巡って、従来論じられてきた内容とは性格の異なる問題が存在していることを気付かせてくれる。ある獅子舞に由来書が伝わっている場合、それは、過去のある時期にその獅子舞との関係において所有されるようになり、現在まで保持されてきたものである。その意味では、由来書は獅子舞の歴史に深く関わっている。そこで、由来書を資料として活用することで、獅子舞の過去の具体的な様相を明らかにしようとしたのが古野以外の研究であった。

それに対し、古野は現地における由来書と演者たちの関係に注目し、演者たちが自ら演じる獅子舞の過去について、どのような意識を抱いているのかを問題にしていた。前者は研究者が外側から見た獅子舞の歴史であるのに対して、後者は演者たちの側から見た獅子舞の歴史とでもいえばいいだろうか。つまり、獅子舞の歴史を、演者たちの獅子舞の歴史に対する認識、歴史的な感覚のありようから考察する「フォークロア的」な視角があり、そのようなかたちで考察を行う時にこそ注目されてくるのが各地に残る由来書なのである。

小池淳一は、各地に遺存している文書について、それ自体の内容や形式とともに、どういった経緯で伝来したか、どういった形態で存在しているか、どういった局面で参照とされるかといった面から分析を行い、民俗研究において有効に活用すべきであるとしているが［小池　一九九六］、古野の視角は小池の主張と通じるものがある。そして、筆者の由来書に対する興味も基本的には彼らの考えと軌を一にしている。(6)

そこで、「伝承されてきた〈獅子の神話〉に多少とも関連して獅子舞を考えて執行してきた」［古野　一九七三：二一九］現地の人々と由来書の関係を、下九沢を例に詳しくみてみたい。

③由来書の存在を知る人々

下九沢では『日本獅子舞来由』は通常「巻物」と呼ばれていて、その存在は獅子舞の演者たちの非常によく周知するところとなっている。例えば、明治四四年（一九一一）生まれのある演者は次のように語っている。彼は、それまでしばらく中断していた獅子舞が、昭和三年（一九二八）に昭和天皇の御大典を期に復活した際に獅子役の踊り手を務め、踊り手を退いた後は歌うたいや世話人として獅子舞に関わってきた経歴を有している。

下九沢の獅子舞には昔の巻物がある。長さが一〇メートルか一五メートルぐらいあり、榎本重蔵家が持っている。その家は、榎本重蔵という名前が代々続いていて、三代ぐらい前の榎本重蔵氏が巻物を持ってきたという。巻物はめったに見せない。彼も三回ぐらいしか見たことがない。やたら見てはいけないと巻物の中に書いてあるらしい。この頃は大分見せるようにはなったけれども、それでも宮世話人が相談して、世話人が承知して、「見てもいい」ということにならないと、見ることはできない。かつて重蔵家が火事にあった時には、このあたり全部、二四軒が焼けた大火災であったが、獅子の巻物だけが焼け残ったらしい。だから、巻物が入っている桐の箱が半分焦げている。巻物に、小留浦というところから伝授を受けたとちゃんと書いてある。銭を出して買ってきたらしい。その時の責任者が、彼の家の一党の「忠三郎」という者で、それもちゃんと巻物に書いてあるという[一九九五：二七]。

彼は、獅子舞の巻物が存在し、榎本重蔵家が所蔵していること、榎本家の三代前の当主が購入したこと、火災にあったが焼け残ったこと、伝授の際の責任者が彼の先祖であったこと、他見の禁止が記されているという由来書の内容などについて語っている。

また、大正一二年（一九二三）生まれで、昭和三年の御大典の復活の際には長男ではないために踊り手にはなれなかったが、兄が獅子役の踊り手を務めたある男性は、下九沢の獅子舞の創始に関して、由来書に言及しつつ次のように語っている。

普通の人が幾人かで西多摩郡に行ってお獅子を買ってくることは、到底できるものではない。巻物にも書いてあるが、榎本重蔵家の先祖がお金を出して西多摩郡からお獅子を買ってきて、踊の先生を向こうから呼んで、それで村の人に教えさせた。習っている間は重蔵家で生活を見てやっていたのではないかという[一九九五：三九－四〇]。

彼の場合は、榎本家が西多摩郡から獅子頭を購入し、師匠を招き、地元の人々に習わせて獅子舞が始まったという開始の経緯が由来書に記されていると語っている。

④由来書に関心を持つ人

下九沢の獅子舞は昭和三六年（一九六一）に神奈川県の無形文化財の指定を受けたが、その頃に獅子舞に参加し、岡崎役を近年まで務めた昭和二年（一九二七）生まれのある演者がいる。彼は下九沢の生まれではないので獅子舞に加わる資格がなかった。しかし、郷土史が好きで獅子舞にも興味を持ち、いろいろ調べていたのを見込まれて勧誘され、獅子舞に加わった。彼は何冊も郷土史に関する著書を刊行し、郷土史研究家として知られていて、由来書についても多くのことを語ってくれた。以下、彼が話した内容である。

下九沢の獅子舞の歴史に関する資料というのはあんまりないが、『日本獅子舞来由』という巻物がある。巻物は榎本重蔵家に代々伝わっていて、今でもその家にある。今の当主も榎本重蔵を名乗っていて、獅子舞の道具は普段その家の土蔵に置いてある。巻物は、昔は見せてはいけないものであった。中に「一子相伝他見不用」とか「秘書」と書いてある。終戦前は一般の目に触れることはなかったと思う。しかし、戦後、民主主義の世の中になると、一般の人に見せないでしまっておいてはまずいということになったらしい。以前、教育委員会で獅子舞の冊子を作った時に調査したり、座談会をしたりした。その時に巻物も見せた。彼は獅子舞にちょうど入ったばかりで、その時初めて巻物を見た。

彼は獅子舞のルーツをなんとか調べたいと思っていたので、獅子の巻物を改めて見せてもらった。ところが、字が難しくて内容が全然わからない。ただ、巻末に「武州三田領村木氏」から榎本重蔵以下五名の世話人に授けるというようなことが書いてあった。その内容について、当時の獅子連の人々は誰も気にしなかった。しかし彼

はどうしてもそれが気になり、小留浦を一人で訪ねた

彼が見た小留浦の獅子舞は下九沢とは異なっていた。彼は以前から巻物と舞とは全然別個のものと考えていたが、あれだけ踊が違うとなると、やっぱりそうかと思った。巻物には絶対にほかへ伝えてはいけないとはっきりと書いてあるのに、どんどん写させてあっちこっち出したのはおかしい。巻物はお金さえ出せばなんとでもなったのではないか。文化文政頃は平和な時代で、獅子舞を村々に教えて歩くような芸人が江戸のほうから来ていたという話なので、踊は巻物とは別にそういう人から教わった。ただ、やはり巻物がないと正式にやるのも気が惹けるし、あれば周りに威張れる。だから、榎本重蔵家が高い金を払って巻物を買ってきた。本当のところはわからないが、そう考えるようになった。

巻物の巻末に世話人として「小川忠三郎」以下五名の名前が書いてある。彼は獅子舞のルーツを調べたいと思って、その五人についていろいろと調べてみた。結局わかったのは、一人が御大典の時に踊った三人の中の一人の五代ぐらい前の先祖ということであった。

下九沢と大島との接点というのは、大島にも同じような巻物があることである。大島の巻物も『日本獅子舞来由』といい、内容はまったく同じであるが、大島では巻末に下九沢のように伝来の経緯が記されていないから、いつ頃どんなかたちで伝わったのかは全然わからない。大島の巻物には獅子舞が角兵衛流と書いてある。下九沢の巻物にも、獅子舞は角助・角内・角兵衛の三流派あるうちの角兵衛流と書いてある。流派には大島の人たちはあまり関心がなかった。彼が県の教育委員会の依頼で大島に調査に行った時に、下九沢と大島の獅子舞は同じ流派という話をした。そうしたら、大島でも獅子舞は小留浦から来たのかも知れないと考えるようになったという

［一九九五：六九－八二］。

彼は、由来書を榎本家が所蔵していること、初めて由来書を見た時のこと、獅子舞の流派・他見の禁止・下九沢への伝来の経緯・伝来時の世話人の名前といった由来書の内容、由来書に伝授を受けた相手として記された奥多摩町小留浦への訪問などについて語っている。

彼は、獅子舞に対して基本的には自らの郷土史研究の対象として接していた。そのために、由来書に対する関心が前述の二人よりも高く、内容に関する追跡調査を行って、かなり多くの由来書に関する情報を獲得するに至ったといえる。

⑤由来書に関する理解のかたち

下九沢の人々の由来書に関する言説を見てみると、獅子舞に関わった立場や時代の違いに応じて保有する知識の内容や量に違いが認められるが、その一方で、全員に共通した特徴を見出すことができる。それは、由来書が「巻物」と呼ばれ、存在はよく知られているが、記された内容に関しては必ずしもよく知られているわけではないということである。

由来書の記述において量的に大部分を占めていた獅子舞の発祥の様相、踊り手の扮装や趣向や曲目構成の意味、秘文や真言といった内容に関して、彼らの言及はほとんど見られなかった。そして、彼らが共通に語っていたのは、由来書が榎本重蔵家の所蔵であること、奥多摩に伝わっていた由来書を榎本家主導で伝授してもらったこと、伝授の際には当時の獅子舞の世話人五人が直接的にその任務に当たったこと、みだりに見せたり書写させたりするのを禁じると記されていることである。それらは何れも、由来書の末尾の下九沢への伝来の経緯に関する記載に見られる内容である。彼らは、由来書に記された内容のごく一部について語っているに過ぎなかったといえる。

しかも、語られている内容は記載通りではなかった。由来書には、武州三田領の村木家に伝来していたものを榎本重蔵が懇願して書写させてもらったと記されていた。一方、人々の語りにおいては、由来書や獅子舞は榎本家が金銭を支払って購入してきたとなっていた。さらに、書写してきた由来書はほかの諸道具とともに榎本家において大事に保管され、火事にあっても罹災を免れて現在まで伝わっているという、由来書には見られない伝来後のエピソードが付加されるかたちで語られていた。両者を比べてみると、由来書よりも人々の語りのほうが由来書と榎本家との関係が強調されていることがわかる。由来書は、獅子舞と密接な関係にある榎本家の存在と不可分なかたちで人々に語られていたといえる。(7)

また、由来書には、書写を受けた相手が武州三田領の村木家であることと、書写時の世話人五名の名前が記されているに過ぎない。しかし、人々の語りにおいては、それに加えて村木家があるのは現在の奥多摩町小留浦であること、そして、五人の世話人の中の幾人かはどの家の先祖に当たるかが判明しているといった、由来書には記されていない内容が共通して認められた。更に、村木家への訪問や世話人の家に関する調査といった、由来書の内容に関連して彼らがとった行動についても語られていた。由来書に記された内容が人々の具体的な行動を誘発し、それがまた彼らの周知のものとなって語られていたのである。

但し、こうしたかたちの由来書と現地の人々との関係が、下九沢において果たして以前からあったものかどうかはわからない。戦後間もなく獅子舞に加わったある演者は、彼が踊り手を務めていた頃は、巻物が伝わっていることを年配者は全然教えてくれず、獅子舞が文化財に指定されて初めてその存在を知ったと語っている［一九九四：六二］。また、現在の榎本重蔵家の当主は戦後笛吹きとして獅子舞に加わり、現在も笛吹きを務めているが、彼も文化財に指定されるまでは、巻物が存在し、それが自分の家に伝わっているのを全く知らなかったと語っていた。彼らの話は、かつて由来書の存在が知られていなかった時期があったことを示している。そして、両者ともに由来書の存在を知り、関心を抱くようになったのが、文化財の指定を契機としてであったと述べていることは注目される。文化財に指定された結果、由来書が獅子舞の由緒を示すものとして脚光を浴びるようになり、それ以降、人々の由来書に関する前述のような知識が形成されたとも考えられる。

そうした疑問は残るものの、現在の下九沢では、由来書の存在はよく周知されているが、内容に関しては一部分を除いてほとんど周知されず、周知された部分についても語られているのは記載通りの正確な内容ではなく、伝来以降の由来書を巡る様々なエピソードなど、由来書に記載されていない内容があわせて語られているといった、由来書に対する人々の共通した理解のあり方を見ることができる。由来書は、現地の人々にとって存在はよく周知されているが内容は正確には周知されていないという、整合性を欠いたかたちで存在していた。こうした関係の出現をどのように理解すべきであろうか。

そこで次に、下九沢における由来書以外の文字記録と人々との関係、そして隣接する大島の由来書と人々との関係について検討し、それらと下九沢の由来書を巡る状況とを比較してさらに考察を進めてみたい。

(3)文字で記された過去

①由来書以外の文字記録

下九沢においては、獅子舞の過去に関する文字記録が由来書以外にも何点か遺存している。ひとつは、上演の際に獅子役が腹部に抱える太鼓の胴の内側に記された墨書である。剣獅子の太鼓には、「七月吉　下相原　次郎右ェ門　文政元年　寅　七月吉日　相州□□谷村　国沢屋　八郎右ェ門」、「天保十五年　辰七月十日　張替　新町　福島屋　金左衛門　相原村　市五郎」という文面と、明治期から戦後にかけて剣獅子役を務めた踊り手八人の氏名と交代した時期が記されている。雌獅子の太鼓には、「御張替　相原村　[　]右ェ門　天保十五年　辰七月十日　張替　新丁　福嶋屋　金左衛門　相原村　市五郎」という文面と、明治期から戦後にかけての雌獅子役の踊り手六人の氏名と交代した時期が記されている。巻獅子の太鼓には、「昭和三十六年八月新調」という文面と、明治期から戦後にかけての巻獅子の踊り手八人の氏名と交代した時期が記されている。巻獅子の太鼓の記載は、墨書にあるように昭和三六年（一九六一）に新調された際に古い太鼓に記されていた文面を書写したものと思われる［一九九四：九二―九三］。

太鼓の胴内の墨書は、太鼓の製作や修理が行われた期日、依頼先や当時の世話人の氏名、明治期から戦後に至る踊り手の変遷といった獅子舞の過去の様相を伝えている。剣獅子の太鼓に記された文政元年（一八一八）は、由来書に記された書写の年次の文政四年（一八二一）よりも三年早く、それが正しいとすると、下九沢では由来書の伝来以前に獅子舞が行われていたことになる。

これらの墨書に対して下九沢の人々はどのような認識を抱いていたのであろうか。かつて雌獅子役を務めたある演者は、太鼓の胴内には自分が踊った頃よりも前の時代、明治やそれ以前に踊った人々の名前がちゃんと見えるように記してあると語っていた［一九九四：三三］。また、前述の郷土史家は墨書に対して高い関心を示し、太鼓の胴内に記された代々の踊り手の名前によって、明治以降現在まで続けられてきた獅子舞の歴史を知ることができると語っていた［一九九四：三三］。彼はそれを資料として論考も著している［笹野　一九八二：九二―九三］。しかし、この二人以外の筆者が接触した演者たちは、太鼓や過去の踊り手に関する質問をした時にも、墨書の存在に関して言及は一切なかった［一九九四：七一―七八］。

また、獅子頭や衣装が収納されている木製の道具箱の蓋の裏面には次のような墨書がある［一九九四：九一―九二]。

文政五午五月出来　工人江戸人形町　小松屋卯八　三疋獅子并面　金五両弐分也□　水引代　華笠　幕共
金壱両ト鐚壱銭貫程　箱工人　田名分市郎右衛門　別当上総国産　智周　（花押）

ここには、文政五年（一八二二）に獅子頭や岡崎面や箱を製作した工人の名前と所在地、費用などが記されている。これは前述の郷土史家が発見して初めて紹介した［笹野　一九八二：九五］。この蓋は獅子が付ける御幣を切る時の作業台として使用されていたので、傷だらけでそこに何か書いてあっても気付きにくい状態であった。演者の中には気付いていた者もいたが、別段それに注意することもなかった。しかし彼はどうしてもそれが気になり、相模原市立図書館の古文書室にその蓋を持ち込んだところ、前述のような内容であることが判明したという［一九九四：七〇］。こうした発見の経緯は、人々に知られていなかった文字記録が、彼の人一倍強い獅子舞の歴史に対する興味によって、獅子舞の過去を物語る資料として初めて日の目を見たことを示している。しかし、明らかになって以降も、この墨書の存在や内容は彼以外の下九沢の人々の周知するところとはならず、彼以外の演者から墨書に関する話を聞くことはなかった(8)。

下九沢の獅子舞に関する文字記録としては、もう一点、獅子舞歌の歌詞を記した歌本がある。昭和の御大典の復活の際に獅子役の踊り手を務めた演者が所有していた歌本には、一二首の歌詞に加え、行間に歌い方の指示や舞の型の名称が後から書き込まれていて、上演時に実際に使用されていたと思われる。伝来の経緯は不明であるが、表紙に「昭和三十三年八月祭典」と記され、歌詞は変態仮名を使用して記されていて、末尾には「四月八日文政□年　明治二十二年八月　安政元年又三郎生」とあることから考えると、文政期（一八一八–二九）に記された原本が明治二二年（一八八九）に書写され、それを現所有者が昭和三三年（一九五八）に再び書写したと考えられる。つまりこの歌本は、江戸時代後期の獅子舞の様相を伝えている可能性があるというわけである。しかし、歌本を所有する演者は、筆者が歌に関して質問した際に、歌い方や歌詞の意味の難解さについて語っても、歌本が古くから伝わっているものであることに関しては何も語っていなかった［一九九四：三二-三二・一〇〇］。獅子舞の歴史に対して並々ならぬ関心を寄せて、過去の記録の整理を進めている現在の保存会長や、前述の郷土史家、他の演者たちも、歌本には一切言及はなかった。

このように見てくると、下九沢の人々の由来書以外の文字記録に対する関心は、基本的にそれ程高くないという印象を受ける。これらの文字記録は獅子舞の過去を物語る資料であり、それによって、文政期には獅子舞が行われていて、それ以降、太鼓の張替や踊り手の交代を行いながら、同じ詞章の歌を歌いつつ現在まで演じ続けられてきたという獅子舞の歴史を描くことが可能である。しかもそこに記された日付は、伝来の時期に関してこれまでの説に再考を促し、従来行われてきた由来書と獅子舞の伝来の同一視に対して疑義を呈する興味深いものであった。しかし、郷土史家を除くと、それらに対して人々が興味を抱くということはほとんど見られなかった。彼らは、獅子舞を上演する際に文字記録が記された太鼓や歌本を実際に使用し、身近に接してきたにも関わらず、文字記録に対する意識は総じて低かった。こうした存在すら満足に認識されていないという状況は、存在は周知されているが内容は必ずしも周知されていなかった由来書の場合とは、同じ文字記録でありながら明らかに違いが認められる。

②大島の由来書

相模原市大島の獅子舞の由来書は、下九沢と同じく『日本獅子舞来由』と題された長さが八メートルあまりの巻子本で、内容は獅子舞の発祥の様相、獅子舞の様々な趣向の意味や来歴、秘文や真言、流派など、基本的には

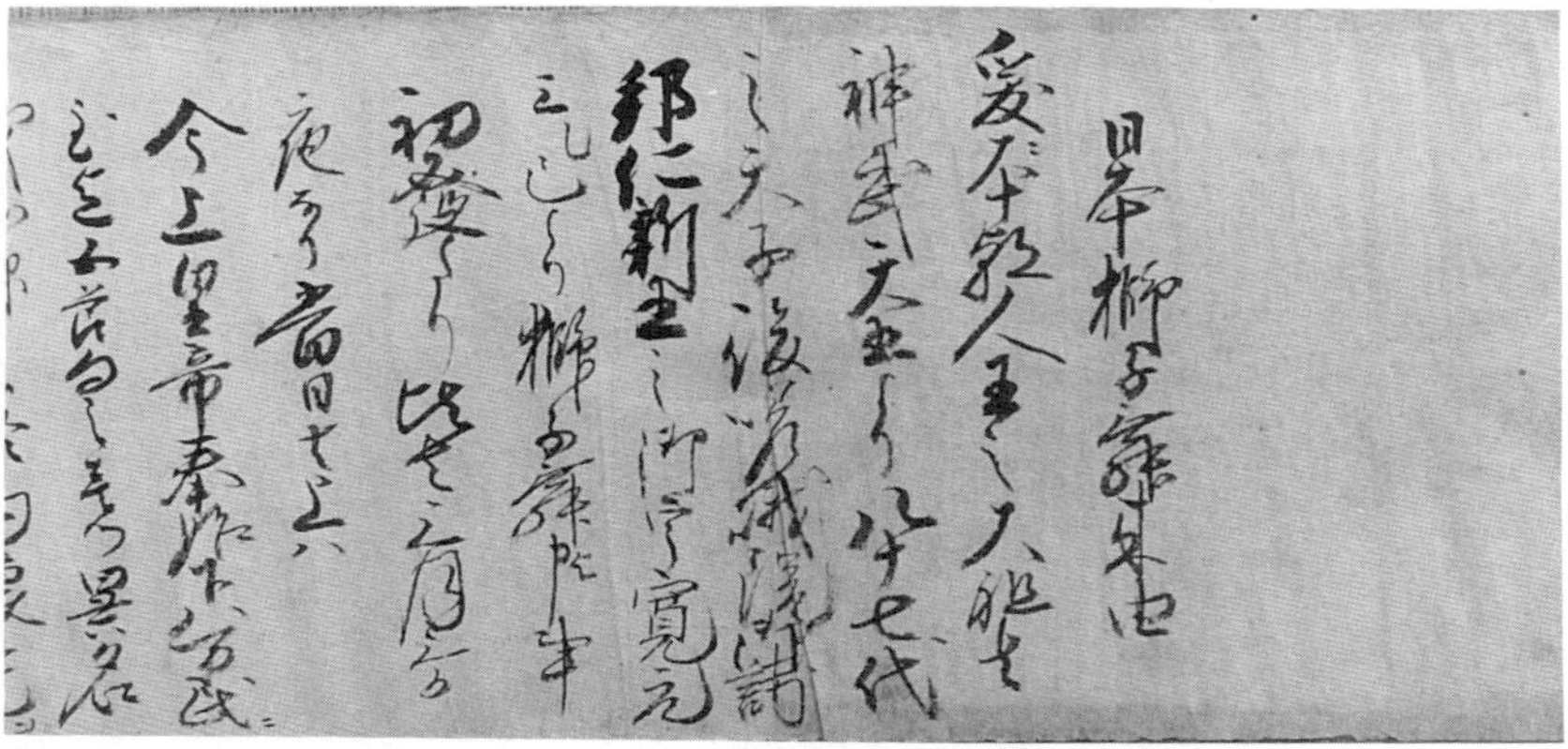

大島本『日本獅子舞来由』

下九沢と同じであるが、若干相違点が認められる。末尾に記された年次が下九沢本は元和二年（一六一六）なのに対し、大島本は天文一一年（一五四二）となっている。また、大島本に見られる獅子舞の発祥に関する一節が下九沢本には記されていない。そして、最大の相違点は、下九沢本には巻末に伝来の経緯が記されていたが、大島本にはそれが一切見られないことである［一九九五：八三―八五］。

大島では、以前は獅子舞が演じられる諏訪神社に神主が常駐していて、由来書は神主のもとに保管されていた。ところがある時、ある家の当主が諏訪神社の氏子総代を長らく務めていた関係で、由来書を自らの家で保管するようになった[9]。その家は、下九沢の榎本家のように特に獅子舞と関係が深いわけではなかった。その後その当主が亡くなると、事情に通じていない家の人は由来書を自家の所有物と思い込み、しまい込んで一切他人に見せないようになってしまった。その結果、由来書は一時行方不明になっていたのである。しかし、近年由来書がその家にあることがわかり、演者たちが返還するように交渉した結果、演者たちに返還され、現在は演者集団の責任者が獅子頭やほかの道具と一緒に預かって保管している［一九九五：五四］。

大島の演者たちは由来書に対してどのような意識を抱いているので

あろうか。演者集団の責任者は、由来書について次のように語っている。大島には下九沢と同様由来書が伝わっていて、「巻物」と呼ばれている。昔は獅子舞は巻物がないと上演が許可されなかったので、金銭を支払って書写させてもらったと聞いているが、どこから書写させてもらったかは下九沢のように記載がないので不明である。巻物は、以前神社の世話人をしていた人が自分の家に持って帰ったまま、どこへいったかわからなくなっていた。最近その家から返してもらい、現在は自分の家の土蔵に保管している。巻物の存在は以前から話に聞いて知っていたが、近年返却されてから初めて実物を見た。巻物には、天文一一年という年、山崎角太夫という人名、「一子相伝他見無用」である旨などが記されているが、文面の大部分は自分たちには全然解読できないという［一九九五：二三八-二三九］。

また、現在の責任者の前に責任者を長く務めた元踊り手も、大島には下九沢と同様に巻物が伝来しているが、下九沢のような伝来の経緯の記載がないこと、下九沢以外にも方々に類似の巻物が存在していること、一時行方不明になっていたが現在は演者たちに返還されていること、相模原市教育委員会から調査に来たこと、将来巻物が大事に保管されていくかどうか不安を感じていること、内容は「皇祖、神武天皇より云々」という書き出しで始まり、獅子が踊る様子や歌などが記され、最後に「山崎角太夫」という名前と「一子相伝他見無用」という断り書きが記されていると語っていた［一九九五：五四］。

両者の由来書に関する話を比べてみると、大島における由来書の存在、大島以外の由来書の存在、由来書が行方不明になっていたが近年返還されたというエピソード、部分的で不正確ではあるが記載された内容について語られていて共通している。そしてそれは、由来書の存在は周知されているが内容は周知されず、記載内容以外の関連するエピソードが付着するという、下九沢と類似のあり方をしていることがわかる。しかし、大島の演者たちの話の内容や量、筆者が調査時に受けた印象から判断すると、大島では、由来書に関する人々の関心や周知の度合いは下九沢に比べて低いように感じられる。

こうした違いが生じたのは、大島の由来書が一時期行方不明になっていたことが影響していると考えられるが、それに加えて、大島の由来書には下九沢のような伝来の経緯に関する記載がなかったことも、原因となっていたのではないだろうか。下九沢では、由来書の巻末に記された伝来の経緯に関する内容は人々の周知するところとなっていた。また、そこに記されていた下九沢や奥多摩の実在の家々を巡る様々なエピソードも同様によく知られていた。つまり下九沢の場合は、伝来の経緯の記載によって演者たちの由来書に関する興味や関心が喚起され、由来書に関連するエピソードの付着や様々な行為の実践が進行し、それらを通じて由来書と獅子舞との関係に対する明確な認識が形成されるに至ったと考えられる。一方、大島の場合は、由来書に一般的な獅子舞の起源が記されているだけで伝来の経緯に関する記載がなく、それを所蔵し、獅子舞と深い関係を有している家が存在しているといった大島固有の由来書を巡る事情が存在しているわけでもなかった。そうした状況のもとでは、演者たちが下九沢のようにエピソードの付着や行動の実践を通して、由来書を獅子舞と関係付けて明確に認識することができず、その結果、由来書に対する関心や周知の度合いが下九沢よりも低い状態に止まったのではないだろうか。

獅子舞の由来書は、現地の人々にとって、内容のいかんに関わらず存在するだけで意味を持つわけではなかった。人々の由来書に対する認識の形成は、彼らがそれとどれだけ具体的な関係を持ち得るかにかかっていることを、由来書に対する下九沢と大島の人々の態度の違いは示している。

⑷文字記録の現地的展開

以上、下九沢の獅子舞の由来書、下九沢の由来書以外の文字記録、大島の獅子舞の由来書について、そこに記された内容と、現地の人々がそれらに対してどのような認識を抱いているかを見てきた。下九沢では獅子舞の由来書について、内容に関しては必ずしも正確に周知されているわけではないが、その存在自体は周知されているという、現地における認識のあり方を見ることができた。このことは、由来書はどういうことが記されているかということよりも、下九沢に存在していること自体が人々にとって意味があり、重要視されていたことを示している。

それでは、文字記録はすべて現地の人々にとって重要とされてきたかというと、そうではなかった。下九沢の人々は、由来書以外の文字記録に対してはそれ程関心を示していなかった。文字記録は過去のことが記されているだけでは、現地の人々の獅子舞の過去に関する知識や認識に影響を与える存在にはならないのである。彼らは太鼓や道具箱の蓋や歌本に記された過去に関する情報に、積極的な関心を示すことは希であった。太鼓は演奏する楽器、道具箱の蓋は準備の時の作業台、歌本は歌う時に見るテキストというように、文字記録が記された品々を基本的には実際に使用する道具として扱い、実用的関心が優先していた。そう考えると、人々が由来書に関心を寄せてきたのは、やはりそれが由来書であったためということになろう。

しかし、由来書が現地の人々によって常に重要視されるとは限らないことは、大島の人々と由来書との関係が示していた。大島の場合、下九沢と同様の由来書が伝来していながら、下九沢ほど人々の周知するところとならず、それに対する関心も高くはなかった。それは、大島の由来書が一時行方不明になっていたことに加えて、特定の家と結び付いて伝来していなかったり、大島への伝来の経緯を示す記載がなかったりしたために、大島の人々が由来書と自らの獅子舞を関係付けることが容易ではなかったことに起因すると考えられた。獅子舞の由来書は、何らかのかたちで現地の文脈の中に位置付けられ、それを手がかりに由来書にまつわる言説や行為が産み出されて、由来書と獅子舞との間に具体的かつ緊密な関係が構築されることで、現地の人々にとって初めて意味のある存在となるというわけである。

このように考えてくると、由来書は現地の人々にとって、獅子舞の由緒や過去についての情報源というよりも、獅子舞の由緒や過去を直裁に保証する証拠の品、「物」そのものとして認識されていたように思われてくる。存在は周知されているが内容は周知されていないという現地の由来書に対する認識も、そうした由来書のあり方に符合するし、内容よりは形態を想起させる「巻物」という現地での呼称も由来書に相応しく感じる。現地の人々が獅子舞の由緒や過去に対して抱いてきた認識を、彼らが由来書を大切に伝えてきたという事実を通して考える場合、由来書を「一種の民具」としてとらえ［小池　一九九六：一三二］、その存在が現地の文脈においてどのように扱われ、どのような機能や役割を果たしてきたかを考えてみることは不可欠であろう。

二　語られる過去

(1)獅子舞の由来書の周知

相模原市下九沢と大島の獅子舞には、前節で見たように『日本獅子舞来由』という由来書が伝わっている。それらを巡っては、その存在を現地の人々は良く周知しているが、記された内容に関しては必ずしも通じていないという状況が同じように見られた。とはいうものの、由来書の内容が全く知られていないわけではなく、部分的、あるいは微妙に異なるかたちで知られ、由来書に記されていないが、由来書と関連した事柄についても彼らは同様のかたちで知識を有していた[笹原 一九九九]。

こうした状況からは、現地の人々の獅子舞の過去に対する認識の形成を巡るひとつの問題が浮かび上がってくる。それは、彼らが由来書の一字一句を正確に読みとり、それに基づいて知識や情報を産み出し、共有するに至っているのではないらしいということである。それではほかにどのようなかたちがあるかとなると、文字記録を直接読む以外の回路、即ち口頭表現を通じてということが思い浮かぶ。由来書に即していえば、由来書に関して誰かが語った話を聞くことで、現地の人々は知識や情報を獲得し、由来書に対する認識を形成していたのではないだろうか。

そうなると、現地の人々の獅子舞の過去に対する認識について考察する場合、由来書をはじめとした文字記録と彼らの関係を検討するだけでなく、口頭表現による知識や情報の授受の様相についても検討しておくことが必要となってくる。そこで本節では、現地の人々の獅子舞の過去や由緒に関する語りについて考えてみたい。

(2) 語られる由緒沿革

この地域の獅子舞において、由緒や沿革を物語るまとまったかたちの伝承はあまり聞かれないが皆無ではない。(10) 例えばそれは、下九沢における特定の家や家系に関するものがあげられる。下九沢の榎本重蔵家は獅子舞の由来書の末尾に、それを奥多摩から書写されたと記されている家である。そのことは演者の間で頻繁に語られて周知の事実となっていたが、それ以外にも榎本家と獅子舞との関係について様々な話が語られていた。

大正一二年(一九二三)生まれのある男性は、榎本家と獅子舞の関係について次のように語っている。下九沢では、昭和の御大典で獅子舞を復活した時は御嶽神社の祭において行われた。祭の相当前から毎晩のように榎本家の庭で練習が行われ、彼は父親に連れられて何度もそれを見に行った。練習の時はいつも榎本家の当主が立ち会い、見物していた。練習が終わると演者たちに榎本家から酒食が振舞われた。当時は踊り手の家系が定まっていて、榎本家とどういう関係か詳しいことは知らないが、とにかく関係の深い家が代々踊り手を務めるとされていた。幟や万燈を持つ役の家系も決まっていた。先々代の当主の頃は、その年の祭で諸役を誰が務めるか決まると、それを榎本家の当主に奏上して承認を求め、当主はそれを承認すると、自らそれぞれの役を務める家に依頼に出向いていた。そうした格式のあるやり方は先代の当主の頃になると簡略化されて、世話人が諸役を務める人を記した文書を作成し、それを当主のところへ持って行って見て貰う程度で済ますようになった。現在はそうしたことも行われていない。今は御嶽神社の獅子舞ということで地域の行事として行われているが、元々獅子舞は、榎本家が自家の繁栄を祈願するために、個人的に他所から買ってきて始めたのではないかという［一九九四：三七-四〇］。

類似の内容は彼以外からも聞くことができる。明治二八年（一八九五）生まれのある男性は次のように話している。彼自身は獅子舞はやらなかったが、彼の兄が踊り手や歌うたいを非常に熱心に務めていた。明治三六年（一九〇三）の大火で榎本家の旧宅が焼けてしまうまでは、毎年祭が近付くと幾晩も榎本家の庭で獅子舞の練習が行われ、近所の人たちが大勢見に来ていた。獅子舞の演者になるにはなかなか難しい条件があった。踊り手や幟や万燈を持つ役を務める家の系統が決まっていて、それ以外の家の者は務めることができなかったという［一九九四：一二三-一二五］。

御大典の復活の際に獅子役の踊り手を務めた演者は次のように語っている。かつては榎本家が獅子宿になっていて、獅子舞に関することは、祭の前の練習を初め、何から何まですべて榎本家で行われた。獅子舞が始まった時からそうすることになっていたという話を聞いた。ブッソロイも毎年榎本家で行われ、それが終わると榎本家から酒食が演者たちに振舞われた。御大典の復活の時は、彼の家は昔から獅子役を務めてきた家系なので、是非彼に踊り手をやって貰いたいと当時の世話人にいわれ、そういうことならしょうがないと思って引き受けた。その頃は、踊り手の資格についていろいろとうるさくいわれていて、長男でしかも獅子舞をやる系統の家の者でなくては務められなかった。彼の家は先祖の名前が由来書にも記され、父親も何かの役をやっていて、そうした家系とされていた。獅子舞の家系がどのような理由で決まったのかは、はっきりとはわからない。昔、何かの関係で獅子舞をやることになった家の者は、その後も代々続けてやることになったのではないかという［一九九四：二九-三〇］。

彼らの話には、榎本重蔵家が獅子舞の上演に対して昔から特権的な地位を占めてきたこと、諸役を代々務める家系が定められていること、諸役の家系は榎本家と何か深い関係があることといった内容が共通して見られる。これは、特定の家や家系と獅子舞との関わりが現地の人々に語られ、共通理解となっていたことを示している。彼らは、実在する家や家系にまつわる話を通じて獅子舞の由緒や沿革を認識していたといえる。

現地の人々がこうした話を語るのは下九沢に限ったことではない。獅子舞と関係の深い家の存在という点に関して見てみると、鳥屋では、現在獅子宿になっている鈴木家が獅子舞の起源と関わる家として語られていた。鳥屋の獅子舞を始めたとされる清真寺の僧は鈴木家の出身、あるいは同家に寄宿した雲水と伝えられ、鈴木家の庭に生えていた桐の木で獅子頭を作り、それで人々に獅子舞を踊らせたのが始まりという。そうした詳しい内容は知らないまでも、鈴木家が獅子舞と何か関係があるといったことは演者の間では周知のこととなっていた［一九九一：一一］。また、三増では、諏訪神社を挟んで集落の上と下にある、カミノクラとシモノクラと呼ばれるかって醸造業を営んでいた二軒の家が、代々獅子舞と特に関係が深い家とされていた。以前獅子舞の支度は、集落内の上と下にある二つの寺で毎年交代で行われていて、支度が済むと上の寺の年はカミノクラへ、下の寺の年はシモノクラへ一旦寄って、そこから神社に向かっていた。神社で踊り終えたら、上の寺の年はシモノクラへ、下の寺の年はカミノクラへ戻り、獅子頭や衣装を長持に納め、それぞれの家の蔵に預けた。翌年は、そこから前年とは逆の寺に長持を運び、支度を行っていたという［一九九二：三三―三四］。

諸役を務める家系に関する話も下九沢以外で聞くことができる。鳥屋のある演者は、自分の家では祖父も父親も踊り手を務め、彼も子供の頃に子獅子をやらされて、大きくなってから踊り手を務め、現在彼の子供が子獅子をやっているので、自分の家は何代にもわたって獅子舞に関わっていると語っていた［一九九一：五八］。また、三増の女性の踊り手は、いろいろあって踊り手を務めることになったが、叔父は道化役の名手といわれ、夫の父親は町の教育長の時に獅子舞を県の指定文化財にするために尽力した人物で、自分の家は何かと獅子舞に縁があり、それを考えると、自分も獅子舞をやる運命にあったのかも知れないと語っていた［一九九二：六二―六三］。

このように見てくると、鳥屋や三増でも下九沢と同様に、演者たちは、獅子舞と関係の深い家や家系に関する話を語ったり聞いたりすることを通じて、それぞれの獅子舞の由緒や沿革を認識していたことが理解されてくる。三増や鳥屋の場合は下九沢とやや異なり、演者の家系が制度的に定められているのではなくて、結果的に家系のようなかたちをとったに過ぎないのかも知れないが、獅子舞の過去から現在に至る様相が家系的連続として語られているという点では共通している。

神奈川県北部の獅子舞では、獅子舞の由緒や沿革に類する話が、特定の家や家系に関するもの以外は全く聞かれないというわけではない。鳥屋の獅子は、元々は獅子ではなくて龍なので、それを動かすと雨を呼ぶといわれていることは［一九九一：一九］、それに類する話といえる。準備や練習や本番の最中に雨に見舞われると、演者たちが、鳥屋の獅子は雨を呼ぶからしょうがないと話しているのを筆者は何度も目撃した。彼らは、雨で獅子舞の遂行が妨げられるのを気にする風もなく、そんな話をしながら妙に納得した面もちで振舞っていた。こうした様子からは、鳥屋の獅子舞の雨乞いの効験が彼らの間でかなりの度合いで共通理解となっていたことが窺える。しかし、それが昔から語られていたものかどうかは検討の余地がある。昭和五年（一九三〇）に編纂された鳥屋の獅子舞の起源や沿革が記された『郷土の光』には、獅子舞が雨乞いとして始められた、あるいは雨乞いとして行われてきたという記述は一切見られないし［一九九一：七七-八〇］、実際に雨乞いで獅子舞を行った話も彼らからは聞かれなかった。(11)

また、三増では、獅子舞は悪魔祓いの霊験があると語っていた演者がいた。明治の頃に、養蚕の豊作祈願のための悪魔祓いに相模原市大島へ依頼を受けて出掛けたことがあった。踊り終えると、演者たちは酒食の供応を受けてすっかり酔っぱらい、獅子頭を大島に置いて三増に帰ってきてしまった。置き去りにされた獅子頭はひとりでに三増に戻ってきたらしく、大島に残された道具箱は空になっていた。その後、三増で疫病が大流行して村が絶えそうになってしまった。それ以降、三増の獅子舞は門外不出となったという。現在でも、祭の時に悪い病気に罹った子供を抱いて道に出ていると、行道してきた獅子が口で噛む真似をして悪い霊気を吸い取っている［一九九二：三六］。

一般に、民俗芸能は信仰的な由緒や謂れを有するものが多い。三匹獅子舞に関しても雨乞いや悪魔祓いと結びついている場合が少なくない。(12)しかし、この地域で演者たちから聞くことができたその種の話はこの程度であった。これは、時代の推移にともないこの地域の獅子舞から信仰的性格が消滅したとも考えられるが、元々信仰的性格が希薄であり、そうさせている原因が何か別に存在している可能性もある。

また、鳥屋や三増の演者たちが、獅子舞に関する信仰的な由緒や謂れを、彼らが実際に経験したことや過去に実際にあった出来事として語っていることは注目される。こうした語り口は、演者たちが具体的な事象を手がかりに獅子舞の過去を語り、知識や情報として共有化しているという点で、特定の家や家系に関する話と共通性が認められるからである。

(3) 体験された過去

演者たちと話をしていると、彼らの過去の体験が話題になることがよくある。昔こんなことがあった、自分たちの頃はこうやっていたと彼らが語るのである。[13] そこで次に、演者たちが、自ら経験した過去をどのように語っているかを見てみたい。

鳥屋の獅子舞で、大正末期から昭和初期にかけて踊り手を務めた明治四〇年（一九〇七）生まれの演者は、自らの獅子舞の体験を次のように語っている。

彼が獅子舞に参加したのは一四歳の時であった。当時世話人を務めていた親戚の人が、踊り手をやってくれるように頼みに来た。その頃は今と違い、年配者のいうことには無条件に従うのが当然とされていたので、彼の意向を確かめることなく彼が踊り手をやることになった。彼が初めて獅子舞を習った新稽古は寒の時分から始まった。当時の演者たちの間では上下関係が厳しく、先輩のいうことには絶対服従なので、新入りで一番年下の彼は何かと苦労が絶えなかった。教え方は今と比べて非常に厳しかったが、上手とはいえなかった。年配者や先輩たちが、踊っている彼らに口で言って指示するだけで、今のように自分でやってみせたり、書いたものを使って教えるということはなかった。始めて間もない彼らは勝手がわからず、ついまごついてしまう。そうすると、年配者や先輩にまた叱られる。その繰り返しで、できるようになるまで何度も同じことをやらされた。踊を一通り習得するには今よりも遥かに時間が掛かった。新稽古の年のブッソロイには地区の有力者の家に招かれて、そこで踊を披露した。

その後彼は何年か踊り手を務め、現役を辞めてからは世話人として獅子舞の面倒を見るようになった。戦後は獅子舞が非常に寂れてしまった。演者たちは熱心でなくなり、練習に誰も出てこなくて中止したこともあった。踊り手が高齢になっても後継者が見付からず、やっと見付けても、昔通りの厳しい教え方に堪えきれずに辞めてしまったり苦労の連続で、今の人には想像がつかない程大変だった。お金がなくて経済的にも大変だった。

獅子舞が文化財に指定されたことは非常に大きな出来事であった。しかし、文化財の指定が一体どういうことなのか、最初はわからなかった。指定されてみると、周囲に注目されるようになったり、保存会ができたり、高名な学者と付き合うようになったりした。県から補助金を貰うようになり、衣装や楽器を新しくすることができた。しかし、それまでと同じものを揃えることができず、かたちが変わってしまった。踊も途中が省略されて半分ぐらいの時間で済むように変わってきたという［一九九一：三六-四五］。

以上は、その演者が語った話から、実際に体験したことについて語っている部分を抜き出したものである。彼の話の内容は、獅子舞に参加した経緯や文化財の指定など、彼が遭遇した印象深い出来事に関することと、厳しかった踊り方の教授法や有力者の家でのブッソロイの執行や省略無しで行われていた舞の構成など、現在は変わってしまったかつての様相に関することに大別することができる。つまり彼は、自らの過去の体験を、印象深い出来事と、現在との相違点から構成された話として語っていたといえる。

演者の体験談は、その人が獅子舞とどのようなかたちで関わってきたかによって内容が違ってくる。若い演者と年配の演者を比べれば、当然年配の演者のほうが様々な体験を経ていて、それが話の内容にも反映する。いつ獅子舞に関わったかによっても差が生じる。戦前から獅子舞に関わってきた演者にとって、文化財の指定は非常に大きな事件であったが、戦後、文化財に指定された後に関わるようになった演者にとって、獅子舞が文化財なのは自明のことであり、大して注意が払われることもない。その演者がどういう役を務めてきたかによっても話は違ってくる。衣装や太鼓などの用具類の変化は、それらを実際に身に付けて演じた踊り手の経験者には大きな問題として意識されるが、笛吹きや歌うたいにおいては関心を引く度合いは踊り手よりも少ないであろう。また、演者組織内の立場の違いによっても内容は左右される。獅子舞が文化財に指定された頃に代表を務めていた演者は、県の教育委員会など行政当局との付き合いが当然密になり、彼らから様々な知識や情報を得るようになって、一般の演者たちとは話の内容に差が生じてくるはずである。

しかし、演者たちの過去の体験に関する話は、体験の違いに応じてそれぞれ独自の内容となっていても、話の構成という点では、いずれも印象深い出来事と現在の様相との相違点とから成り立っているという、共通のあり方をしている。演者の個人的事情に応じて話の内容は変わっても、話の構成は基本的には変わらないというわけである。

(4)過去が語られる場合

しかし、そこでひとつ疑問が湧いてくる。演者たちは獅子舞の過去を果たして語っていたのであろうか。田名の師匠によれば、彼が踊り手を務めていた昭和初期には、年配者から獅子舞の謂れのようなことは何も聞かされたことがないという。年輩者のほうからそういうことを話してくれることはなかったし、そもそもその頃は、若い者がそうした面倒なことを聞いたりすると、叱られるのがおちであったと語っている［一九九三：六六］。下九沢においても、戦後すぐに踊り手を務めたある演者は、彼が獅子舞を習い始めた頃は戦前に踊り手を務めた老人たちが師匠であったが、彼らから獅子舞の由来についての話を聞いたことはなかったと述べている［一九九四：六二］。昭和三〇年代に下九沢の獅子舞に参加したある演者も、昔の獅子舞の様子を年配者から聞いた覚えは全然ないと語っている［一九九四：七七］。以前は、獅子舞の過去の様相を年配者が下の世代に対して語ることはあまりなかったようである。

考えてみれば、演者たちが自らの過去の体験を語ったのは、多くの場合、昔の獅子舞の様子を尋ねる筆者の質問に答えてのことであった。このことは、演者たちが獅子舞の過去を語るには、自らの獅子舞の実践を反省的に捉えようとする何らかの契機が必要であるということを示している［福島　一九九三：一三六］。

しかし、演者たちの間で過去の体験が全く語られなかったわけではない。例えば、現行と異なる過去の様相は、年配者が若い踊り手たちに稽古を付ける際にしばしば言及されていた。練習では、かつて踊り手を務めた経験者は、若い踊り手たちに対して批判的な態度で接する場合が多い(14)。その時彼らは、しばしば自ら演じていた頃の様相を引き合いに出して若い踊り手を批判していた。大島のある元踊り手は、最近は踊り手が突っ立った姿勢で踊るので格好が悪いが、本来獅子舞は、辛いけれどももっと腰を落として踊るべきで、自分の頃はそうするように年配者に厳しく指導されたと練習の際に現役の踊り手に語っていた［一九九五：一五］。

従来のやり方の変更を余儀なくされる事態の発生もそうした契機となっていた。三増の獅子舞では、かつて演者を務めるのは男性に限られていたが、戦後、演者不足から女性が歌師として参加するようになった。当初男性の演者たちは女性の参加に対して批判的で、女性たちは、「女は獅子舞に関係してはいけないことになっているのに出しゃばって」と男性たちから面と向かっていわれたという［一九九二：四二－四三］。鳥屋では踊り手の一人が腰を悪くして、途中を省略して踊るようになったが、それに対し、年配者から「昔はそんなふうじゃなかった」と非難されたという［一九九一：五二－五三］。

人々が過去に体験した事態と類似の状況に遭遇した時にも、過去の体験が語られる場合があった。鳥屋の獅子舞で祭前日に、フサキリがなかなか終わらないのに業を煮やした世話人が、「子供の頃は、フサキリが夜の一〇時、一一時までかかって舞の練習がなかなか始まらないので、見に来ていた子供のなかには庭先で眠り込んでいる子もいた」と、自らの思い出を語っていた［一九九一：一九－二一］。彼は同じ話を翌年のフサキリの時にも語っていた。

獅子舞の信仰的な由緒や謂われに関する話も、演者たちがある特別の事態に直面したことが契機となって語られていた。前述した三増の獅子舞の祟りは、戦後、三増地区の外で獅子舞を上演することを要請された時に、それに応ずるか否かが問題となり、その際に獅子舞の門外不出の根拠として語られ、それ以降、しばしば演者たちの口に上るようになったという［一九九二：三五－三六］。

獅子舞に関係が深い家や家系に関する話も、ある事態に直面した際に演者たちの間で語られていた。それは、演者の交代の時である。下九沢では前述のように、かつては獅子舞の踊り手を務めるのは榎本重蔵家と代々関係が深かった家の者に限られていた。踊り手に選ばれた当人にも彼の家が榎本家と縁が深い踊り手の家系であることは知らされていたし、踊り手を出した家でもそのことが語られていた［一九九四：二九－四〇］。かつて榎本家で行われていた獅子舞の練習には近所の人々が大勢見物に来ていたというから［一九九四：三七－三八］、榎本家と獅子舞との特別な関係は現地の人々の間で当然話題となっていたと考えられる。こうしたかたちで特定の家や家系に関する話が語られるのは、下九沢に限ったことではなかった。鳥屋のある演者によれば、踊り手になった時に、踊り手は渡戸と中開戸の両親が健在な長男がなると昔から決まっていて、彼がその条件に合致することを周囲の人々から教えられたという［一九九一：五八］。三増の現役の踊り手も、踊り手になった時に、親戚筋にかつて踊り手がいたことをほかの演者にいわれたと述べている［一九九二：五八］。

現地において獅子舞の過去に関する話は、実際に生起した出来事や状況が契機となって語られ、人々の周知するところとなっていたのである。

⑸歴史を語る人

演者たちと文字記録との関係は、全体的に見れば密接とはいえなかったが、すべての演者が密接でないわけではなかった。下九沢では前節で述べたように、演者の一人は郷土史家として有名で、獅子舞の歴史に興味を抱き、いろいろと調べて論考を発表していた［一九九四：六八‐八二］。下九沢のある演者は、彼を「そういうことを調べんのに熱心な人」［一九九四：六二］といっていたが、彼が獅子舞の過去や歴史に通じていることが演者たちの間で知られていたことがわかる。

鳥屋においてもそうした人物が存在した。鳥屋では前述のように、昭和五年（一九三〇）に『郷土の光』という獅子舞の起源や特徴や祭の次第などをまとめた文書が作成された［一九九一：七七‐八〇］。この文書の存在はよく知られているが、実際に何が書いてあるかを正確に知る人は少ない。そんな中で、その内容に非常に良く通じた演者がいた。彼は笛吹きで、獅子舞に対して何事にも熱心で、祭の準備には仕事を休んで必ず参加していた。

彼は、保存会が上演の際に観覧者に配布するパンフレットを執筆したほか、獅子舞に関する著書を自費出版していて［荒井　一九九三］、それらには『郷土の光』に記された内容も収録されていた。彼が『郷土の光』の内容を、練習や準備の時に人々に語っている場面に幾度も出会した［笹原　一九九二b：二三一-二二四］。

田名の獅子舞では、戦後の復活の際に中心となった田名八幡宮の氏子総代がそうした人物にあたる。彼は元教員で地域の歴史に造詣が深く、公民館の郷土史講座の講師を務めていた。彼は、獅子舞の復活を氏子総代の会議の席で依頼された時、踊り手の経験がないので戸惑いがあったけれども、獅子舞のような地域に昔から伝わる文化財を「ほじくるのは、もともと嫌いじゃない」ので、引き受けることにしたと語っている［一九九三：二二三-二二四］。彼は、祭の際に自ら調べた成果を織り込みながら獅子舞の解説を行ったり、(15)獅子舞の歴史に関する論考を著したりしている。(16)

このように、各地の獅子舞には歴史に格別の興味を抱く人物が存在していた。彼らは獅子舞に対して精力的に調査を行い、一般の人々とは縁遠い文字記録に直に接して詳細な知識や情報を獲得し、その成果に基づいて、獅子舞の歴史に関して論述したり語ったりしていた。いわば「歴史を語る人々」である。

「歴史を語る人々」にはいくつか共通した特徴が認められる。ひとつは、彼らがほかの演者とは異なる経緯で獅子舞に参加していることである。下九沢の郷土史家が獅子舞に参加したのは三〇代半ばで、ほかの演者が始めた時に比べて年齢が高かった。彼の家は隣村から近年移ってきた家で、本来ならば獅子舞には参加できなかった。彼が務めた岡崎は、元々師匠格の演者や獅子役を引退した踊り手が務めることになっていて［一九九四：六〇-六一］、その意味でも彼が務められる役ではなかった。当時、演者が減って獅子舞が寂れてきたことに危機感を持った世話人から参加を持ちかけられ、彼も獅子舞に文化財として興味を持っていたので参加したと語っていた

［一九九四：七六－七七］。鳥屋の『郷土の光』に通じた笛吹きの場合も同様である。鳥屋では世話人になるのは通常踊り手を引退した演者であったが、彼は踊り手の経験がなく最初から世話人として参加した。長男ではないので踊り手にはなれなかったのである。田名の元教員の場合も、踊り手の経験がないどころか、それまで獅子舞とは全く縁がなかった。神社の氏子総代になってたまたま会合に顔を出したら、ほかの総代から復活の面倒を見てくれるように依頼され、初めて獅子舞と関わるようになったのである［一九九三：二四］。「歴史を語る人々」はいずれも、本来ならば演者の資格を満たさず参加できない人々であった。

また、彼らが獅子舞に対し、文化財として興味を抱いていたことも共通している。彼らは元々文化財一般に対して興味を抱いていて、そうした興味の延長線上で獅子舞にも関心を抱くようになっていた。このことは、彼らが獅子舞に参加したのが文化財に指定された後であったことと恐らく無関係ではない。さらに彼らは、補助金の交付や指定文化財の調査などを通じて行政当局と深く繋がっていた点でも共通していた。

「歴史を語る人々」は、一般の人々とは様々な面で異なる性向を持っていた。こうした「歴史を語る人々」の存在も、現地において過去や歴史が語られる契機となっていたといえる。

(6)現地における歴史

演者たちが語る獅子舞の過去や歴史を、従来研究者によって明らかにされてきた獅子舞の過去や歴史と比べてみると、いくつかの点で明確な違いを見出すことができる。(17)

一点目は、すでに述べたように、演者たちの文字記録との直接的な関係の希薄さである。各地には様々な文字記録が遺存しているにも関わらず、それらに基づいて獅子舞の過去や歴史を語っていたのは少数の「歴史を語る人々」に限られていた。大部分の演者たちは、その存在は語っても内容を正確に語ることは少なく、語る場合には歴史を語る人々が語っている内容をなぞるかたちで語っていた。これは、彼らが文字記録について、直接的な接触ではなく「歴史を語る人々」から口頭表現を通じて知識や情報を得ていたことを示している。口頭表現と文字記録の先後関係については、鳥屋の『郷土の光』のように語られていた内容が文字化される場合もあり［一九九一：七〇―八〇］、原理的には何れの方向もあり得る。しかし鳥屋の場合も、『郷土の光』に関する知識や情報は「歴史を語る人」を通じて一般の演者たちに伝わって口頭伝承化して、存在は周知されているが内容は周知されていない状況が生じていた。したがって、現地における共通理解の形成に関与する度合いということで考えれば、文字記録から口頭表現へという方向が優越していたと見ていいのではないだろうか。

二点目は具体的ということである。研究者よって構築され、提示される歴史は、具体的な資料に立脚しつつも、それぞれが構築したひとつの認識としてある種の抽象性を帯びている。それに対して、演者たちが語る獅子舞の歴史は極めて具体的であった。演者たちが語っていたのは、ほとんどが彼らが実際に関わったり、見聞きしたりした内容であった。なかには、獅子舞を伝えた人物や何代も前の先祖といった伝説的な話や、雨乞いや悪霊祓いといった超自然的な由緒や謂われなど、必ずしも具体的とはいえない内容もあった。しかしその場合も、実在する家や人や実際に経験した出来事にまつわる話として語られていた。演者たちの獅子舞の歴史に関する言説は、あくまでも「具体的で可視的な空間的支点とある特定の人物という身体的支点」［樫尾　一九九三：二二四―二二五］に基づいていたのである。

また、演者たちは、獅子舞の過去や歴史を語る際に、年表を辿るように時間軸に沿って順番に語っていくのではなく、前の話題からの連想や質問に対する回答として、ランダムにエピソードを語る場合が多かった。その結果、彼らの話は全体として断片的な話の集積体の様相を呈していた。内容と形式の何れにおいても抽象度が低く、具体的なあり方をしていたといえる。

三点目は実践的ということである。歴史研究の目的を考えてみると、最終的には何らかのかたちで社会に貢献することが要請されてくるが、当面は対象の歴史を明らかにすること自体が課題となる。しかし、現地における歴史は異なる。現地では、獅子舞の歴史を明らかにすることを目的としていたのは「歴史を語る人々」に限られていた。ほかの大多数の演者においては、獅子舞の過去や歴史が語られていたのは、演者が交代する時、上演の技術の教授の時、それまでのやり方が変更を余儀なくされた時、筆者の質問に答える時などで、いずれも、演者たちの獅子舞の遂行に特別な事態が生じ、それを収拾する必要からということで共通していた。演者たちが獅子舞の円滑な実践を実現するために、獅子舞の過去や歴史に関する知識や情報が語られていたのである。

四点目は知識や情報の不均衡ということである。獅子舞の過去や歴史に関する知識や情報はすべての演者が等しく保有しているわけではなかった。演者たちの中には獅子舞の歴史に特に通じている少数の限られた人々、即ち「歴史を語る人々」が存在した。現地における獅子舞の歴史に対する理解は、ごく少数の「歴史を語る人々」とそれ以外の大多数の演者たちからなる知識や情報の存在の不均衡な状況から生み出されていた。正確にいえば、こうした状況と第一点目として指摘した口頭表現の優越が相まって生み出されていたといえる。「歴史を語る人々」の知識や情報は、彼らが様々な機会に一般の演者たちに語って聞かせることで周知され、共通理解が形成されていく。その場合、知識や情報は口頭表現という回路で伝達されるために、内容が変形することは避けられない。その結果、演者たちの間では「歴史を語る人々」の知識や情報とは微妙に異なるかたちで知識や情報が共有されることになるのである。

以上、これまでの検討を通じて、獅子舞が演じられる現地においては、研究者が描き出す獅子舞の歴史とは異なる、口頭表現的で具体的で実践的な獅子舞の歴史に対する認識が存在していることを明らかにすることができた。それでは、こうした現地の人々の歴史的な認識と研究者が描き出す歴史はどのような関係にあるのであろうか。

(7)研究者と現地

現地では、研究者の見解を正確ではないにしろ人々が語るのを聞くのは珍しいことではない。研究者が明らかにした歴史が口頭伝承化している場合にしばしば出会すのである。(18) こうしたことが生じた原因としては、研究者の現地への来訪が考えられる。調査時の研究者と演者たちとの接触や調査後の報告書の現地への送付を通して、研究者の知見は現地に流れ込む。三増で演者たちに獅子舞の由緒について尋ねた時、演者たちがよく語ったのはバンバが付ける老婆の面のことであった。バンバの面はフクベ塗りという塗り方で、三増の清徳寺の僧の名前が彫ってあり、古いものであるといった話を何人かの演者から聞かされた。これは、永田衡吉が『神奈川県民俗芸能誌』に記している内容(19)とほぼ一致する。ある演者は永田が三増に来た時に彼からそうした内容の話を聞いたと語っていた[一九九二：四三]。

民俗芸能大会への出演も研究者の知見が演者たちに伝わる機会となっていた。大会に出演する民俗芸能を紹介する文章を研究者が執筆したり、紹介を研究者自身が舞台で行ったり、大会の開催には研究者が様々なかたちで関わっている[笹原　一九九〇]。神奈川県民俗芸能大会では、出演した演者たちが永田衡吉と実際に言葉を交わしていた[一九九二：五七]。大会で演者たちは、様々なかたちで研究者の知見に接していた。

研究者の知見の現地への流入に大きな役割を果たしていたのが「歴史を語る人々」である。彼らは、獅子舞に関して研究者が著した論考に目を通していて、その内容をほかの演者たちに語る場合があった。鳥屋の前述の笛吹きが、永田衡吉が『神奈川県民俗芸能誌』に記した内容を演者たちに語っていたのを筆者は何度か目にしている。彼の話は永田の著作をそらんじていると思われる程、永田の記述そのままであった。

外部の研究者が見学や調査にやってきた時に相手をするのも大抵「歴史を語る人々」であった。その際には、彼らは研究者に獅子舞に関する情報を与える一方で、研究者からも知識や情報を得ていた。田名の獅子舞が県の民俗芸能大会に出た時に、氏子総代のところに民俗音楽を専攻しているある大学の先生が突然尋ねてきたことがあった。その先生は大会に出演した田名の獅子舞をたっぷりと批評していったという［一九九三：一二九］。筆者の場合も、調査を始めた時に最初に接触したのはどこの獅子舞においてもこうした人々であった。ほかの演者と話をしようとしても、そういうことに詳しい人がいるからと彼らのところに連れて行かれてしまった。

研究者の歴史と現地の歴史は別個に存在していたわけではない。演者たちは、様々なかたちで研究者の知見に接し、それを受容して語っていたのである。

⑻歴史の効用

研究者の知見が何故現地に受容され、演者たちに語られるようになったかというと、演者たちがそうすることで、彼らのなかに獅子舞を演じていく自信や活力が生じるといった現実的な効用があったためではないだろうか。

戦後、民俗芸能は退転を余儀なくされたものが多いが、この地域の獅子舞も例外ではなかった。社会や生活の急激な変化の中で、現地の人々にとって獅子舞を演じていく意味や価値や必然性が減じ、寂れてしまった。そんな時に行われたのが文化財の指定であった。獅子舞に対し、行政当局によって「貴重な文化財」という評価が付与えられたおかげで、演者たちは見失いかけていた獅子舞の価値を、従来とは別のかたちではあるが見出すことができるようになった。そして、獅子舞の上演にも前向きに取り組むようになったのである。

その場合、獅子舞が文化財とされた理由は、例えば相模原市大島・下九沢、愛川町三増の獅子舞は、「古格を保ち、かつ日本におけるこの獅子舞の南限を示す意味で」貴重であり、「廃絶の憂いあるこれら既存獅子舞を集団的に保存することを緊喫とする」というものであった［神奈川県教育庁　一九六三：一一八］。そして、それらが「古格を保ち、かつ日本におけるこの獅子舞の南限を示す意味でも」貴重であることを保証したのは研究者の知見であった。つまり、獅子舞の文化財指定は、価値を行政当局が指定という制度によって保証し、研究者が指定理由の面で内容的に保証するという、政治と学問が不可分なかたちで行われたといえる。獅子舞が政治的権威と学問的権威という二つの強力な後ろ盾を備えるようになったことは、演者たちには非常に心強く受け取られたはずである。そこに演者たちが研究者の知見を受容する必然性が生じたのではないだろうか。

永田衡吉はそうした演者たちの心理を十二分に活用していた。永田は現地に赴いた時に、演者たちに対してどんな民俗芸能でも学問的見地から見れば重要であり、価値のないものはないと語っていた。演者たちは永田の話を聞いて、わざわざ遠くから高名な学者がやってきて、自分たちが演じている民俗芸能の価値を認めてくれたということで自信と誇りを抱くようになり、それが、民俗芸能を演者たちが演じ続けていくことを促す結果になっていたという［一九九三：四八］。永田は自らの研究成果を意図的に現地へ伝達し、それによって演者たちの民俗芸能の伝承活動を支えていこうと試み、効果を上げていた(20)［笹原　一九九二a］。

現地における歴史は思弁的なもの、抽象的なものではなくて、演者たちが獅子舞を遂行することに対して役に立つ極めて実用的な性格のものであった。歴史は実践に貢献するために存在していたのである。演者たちが様々なかたちで語っていた獅子舞の過去や由緒に関する話も、演者たちが受容して語るようになった研究者の知見も、それぞれの状況において獅子舞の実践のために動員され、使役されて実際に力を発揮する知識や情報という意味では、基本的に変わらなかったといえる。

(9)歴史の必要と不要

獅子舞の歴史というと決まって思い出す情景がある。大島の獅子舞で演者集団の代表を務めていた演者のところに伺った時のことである。話が獅子舞の歴史におよぶと、彼が昔使っていた太鼓の胴に墨で何か書いてあったというのである。是非それを見たいと頼んだら、彼が案内してくれたのは家の裏手にある物置であった。太鼓の胴は物置の片隅で厚い埃を被って転がっていた。埃を手で払いのけたところ、幾分薄くなっていたものの、「文政十二年」(一八二九)の文字を確認することができた。

その時筆者は、江戸期の年次が記された貴重な資料がこうした状態で放置されていることに、違和感を感じてならなかった。彼によれば、何年か前にそれまで使っていた太鼓が壊れたので新調したが、使わなくなった胴は神社に放ってあった。それを自分のところに持ってきておいたという。演者たちにとって、道具としてみれば壊れてしまった太鼓の胴に価値はない。廃棄されるのは当然の成り行きである。しかしそれは、獅子舞の歴史を示す資料として貴重なものであり、放置されていることが筆者には納得できなかった。

考えてみれば、大島の獅子舞は県の文化財に指定されて久しく、その評価は今や揺るぎないものとなっている。したがって、改めてその歴史を主張しなければならない緊急の必要性は、現在の演者たちにはない。仮に必要性が出てきたとしても、一時行方不明になっていた由来書が近年保存会に返還されて、演者たちは獅子舞の由緒を物語る確固たる根拠を手に入れていた。そうなると、壊れた太鼓の胴は、江戸時代の年が記してあっても、もはや演者たちにはそれ程必要ではなくなっていたと思われる。

元踊り手の家の物置に放置された壊れた太鼓の胴は、現地の演者たちの獅子舞の歴史に対する認識のあり方を端的に示している。実用的な意味を失った「歴史」は、演者たちにとってはもはや価値がないのであろう。

（1）こうした場合の民俗芸能の一般的な理解とは、「祖先の素朴な信仰と生活から生まれ、長い間厳しい風雪に耐えて受け継がれてきた地域の貴重な文化遺産」［李家　一九六九：二］、あるいは「目先の変化に心を奪われた都市的な芸能が失った芸能の本質を示し、過去を今に伝える貴重な文化財［第一法規　一九七六：三三三］といった内容であるが、それが妥当かどうは検討の余地がある。

（2）相模原市域では、近世の神事舞太夫の系譜を有する神楽師が、社寺の祭に地元からの要請に応じて神前舞や神代神楽を演じている［相模原市教育委員会　一九八九］。

（3）永田衡吉は、『神奈川県民俗芸能誌』においてその全文を紹介し［永田　一九六六：二三一-二三九］、『神奈川県文化財図鑑　無形文化財・民俗資料編』では全文を写真とともに掲載している［神奈川県教育委員会　一九七三：七七-八〇］。

（4）以下の引用は『下九沢の獅子舞』［一九九四：八八-九一］に拠った。

（5）群馬県域には上河内村関白を祖とする関白流の獅子舞が多数分布しているが、由来書が各地に伝播したのは獅子舞自体の伝播よりも遥かに新しく、明治期になってからというところも少なくない［尾島　一九七三：一三七-一五六］。『大日本獅子舞来由』系統以外の由来書の事例も含めると、芸能の伝播と由来書の伝播が一致しない事例はさらに増加する。

（6）小池淳一は様々な由来書について、文書に記された内容と文書自体の扱われ方を民俗学的に検討していて［小池　一九九五］、本節の議論に対して非常に示唆に富む。

（7）獅子舞の正統性を保証する貴重な由来書を入手し、伝えてきた経緯が語られることによって、獅子舞の上演や伝承における榎本家の権威や重要性が増大しているように感じる。
(8) 前述の報告書の六人の情報提供者中、蓋裏の墨書について語っているのはそれを発見した郷土史家の演者一人のみであった［一九九四：二三-八二］。
(9) 永田衡吉は、由来書はある家が所蔵していると述べている［永田　一九六六：三〇九］。
(10) 三匹獅子舞には起源譚が全般的に見られないというわけではない。例えば、埼玉県内の三匹獅子舞においては様々な起源譚が存在しているし［大友　一九九〇］、ほかの地域においても少なからず存在している。
(11) 鳥屋の雨乞いは別のかたちで行われていた。雨乞いを行う場合は集落を流れる早戸川の上流の大滝へ行って降雨を祈願したという［津久井郡郷土誌編集委員会　一九八二：四五］。
(12) 古野清人［古野　一九七三：一八一-二〇二］や吉田智一［吉田　一九七七：四三-六八］などが指摘している。
(13) こうした話は、前述したような由緒や沿革に関する話とは、同じ獅子舞の過去に関する話といっても幾分肌合いが異なる。前者は基本的に自ら体験した出来事に限られているのに対して、後者は自らの体験を越えた出来事に言及する場合がしばしば見られる。
(14) 平成六年（一九九四）八月二四日に大島諏訪神社で行われた子供たちの獅子舞の練習では、子供たちが世話人の大人たちから厳しく注意されていた［一九九五：一二-一八］。
(15) 筆者は、田名の獅子舞を見学した際に彼のそうした解説を何度か聞いている。
(16) 篠崎和輔「田名八幡宮の獅子舞について」［篠崎　一九八〇］・同「獅子舞復活事情――田名八幡宮復活事情――」［篠崎　一九八二］など。
(17) 知識人によって編成された緻密で体系的な認識と民俗社会の解釈の関係に関しては、橋本裕之が王の舞を巡ってすでに論じていて参考になる［橋本　一九九七a：二五〇-二六六］。以下の論述においても、橋本の議論に負うところが少なくない。
(18) こうした状況について橋本裕之は、「当事者が自らの実践について語る、その語り口じたいが研究者の民俗学的言説によって用意されうるという事態」が生じていると指摘している［橋本　一九九五：一五一］。
(19) 永田衡吉は「別当寺の清徳寺の開基はさらに古く応徳元年（一〇八四）である。その二十二世慶寛法印の刻印が、獅子舞に使われるバンバ面の裏に見える。慶寛の没年は享保一二年（一七二七）であるから、この獅子舞もその頃から始まったと推測される。この面はフクベ塗りといわれる黄土色で、その形状は瓢を半切したように見える。（中略）田名のバンバ面よりは古風である。」［永田　一九八七：三一五-三一六］と記している。

(20) 国指定の文化財を頂点として、県指定、市町村の指定といった指定の違いに基づく民俗芸能の序列化の問題や、文化財に指定されない民俗芸能の演者たちが抱く劣等感といった問題も、研究者が演者たちにおよぼす影響力と無関係ではない。

第六章　用具の伝承

一　獅子の造形の多様性

以前、町田市立博物館で「多摩の三匹獅子舞」という企画展が開催された。[1]東京都・神奈川県・埼玉県内で行われている三匹獅子舞の獅子頭や太鼓などの用具類が数多く出品された非常に興味深い展示会であった。特に印象的であったのは、獅子頭といっても実に様々な形状や色彩のものがあるという多様性であった。全体の形状は大型で立体的なものから小型で扁平なものまであり、目や耳や角などの各部分も様々な形状が見られた。色彩は、赤・黒・金色の三色が基本となっているものが多いものの、細部の配色はまちまちであった。

多様性が認められたのは獅子頭だけに止まらない。太鼓には、胴の構造では刳り抜き胴・桶胴・曲げ物胴があり、皮の張り方は鉄枠に張った皮を当てて紐で絞る場合と、皮をそのまま紐や鋲で止める場合がある。衣装も様々で、下半身は普通の袴を穿く場合と裁着袴を穿く場合がある。手甲や襷《たすき》をするところも見られる。履き物は、地下足袋や白足袋を履いたり、素足であったり、草鞋を履く場合もある。衣装の色や柄はそれこそ千差万別であった。

こうした形状や色彩の多様性は神奈川県北部の獅子舞においても同様に認められる。何となく似ているように感じられることはあっても、全く同じ形状や色彩の用具類を使用していることはない。

獅子舞の用具類に関する従来の研究としては、山本修康の埼玉県内の獅子頭に関する研究や［山本　一九八五］小島美子の関東地方の太鼓の構造に関する研究［小島　一九七七］があげられる。山本や小島の所説は、それぞれの用具の型態差を時代的な変遷として理解を試みている点で共通している。各地の獅子舞の用具類の形状や色彩の多様性も、そうしたかたちで整理することで説明が付くのかも知れない。しかし、その獅子舞のすべての用具が変遷の同じような過程にあるとは限らない。獅子頭は古いけれども太鼓は新しいといった場合もあるはずである。そうなると、用具類の多様性を理解するには、個々の用具の新旧を明らかにするだけでは十分ではなく、演者たちがどのような考えに基づき、様々な来歴を有する用具類を用いて、全体的な獅子の造形を実現させてきたのか、その経緯を明らかにする必要があるのではないだろうか。

本章ではこうした視点から、獅子頭や衣装といった獅子舞の用具類のあり方について考えてみたい。

二　用具類の実際

(1)鳥屋の獅子舞

はじめに、相模原市域とその周辺の五カ所の獅子舞の用具類の状況を一通り見ておく。

鳥屋の獅子頭は、巻角を持つ頭獅子、宝珠を持つ女獅子、棒角を持つ男（息子）獅子の三体で、頭獅子の下顎の裏側には獅子舞を始めたとされる清真寺一〇世の僧「圓海」の名前が陰刻されている。これが彼の作とすると、

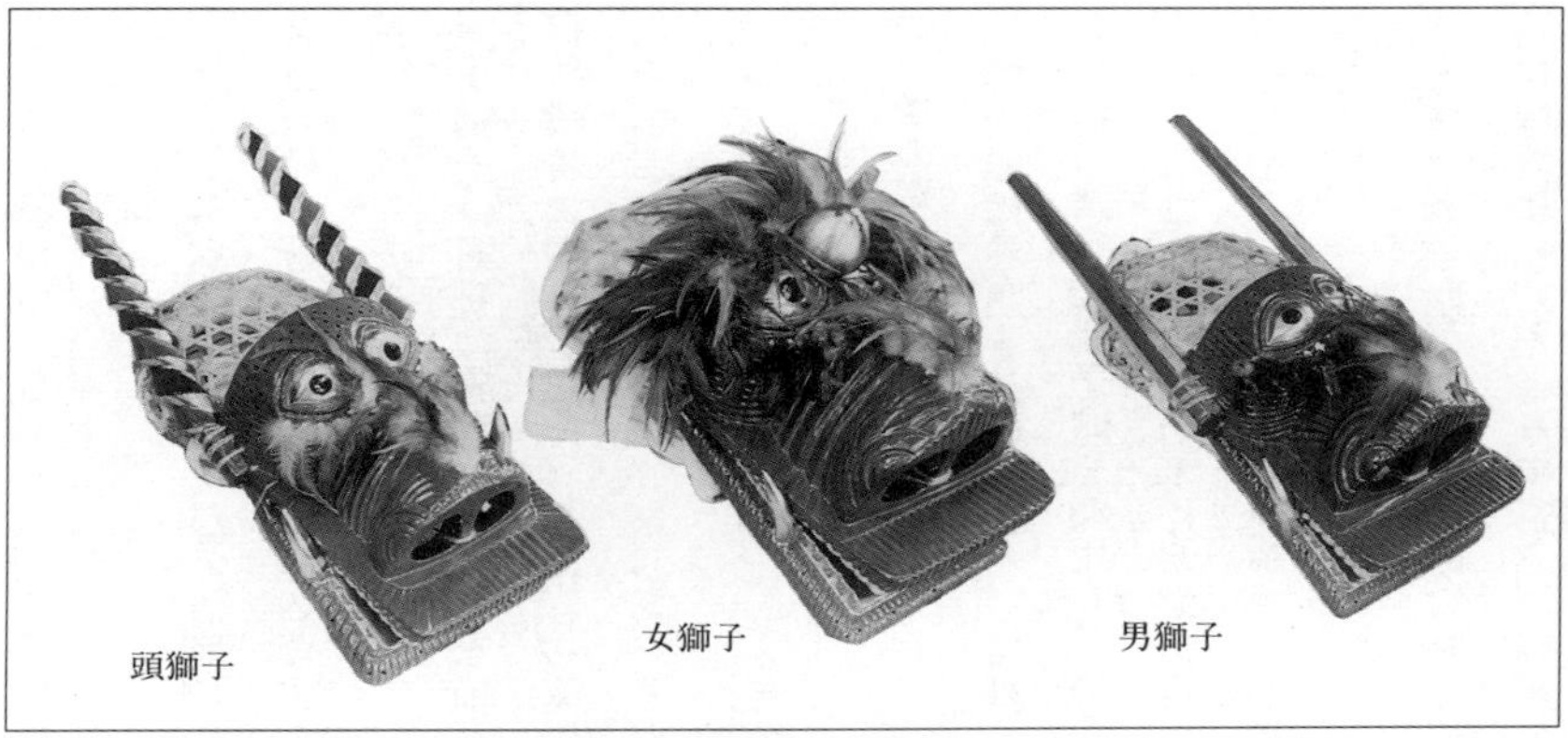

鳥屋の獅子頭

彼が在職中の寛文年間（一六六一〜七三）の製作になる。獅子頭の大き[2]さと重量は表の通りである。長期間の使用で傷んできたので昭和六一年（一九八六）に新調した。獅子頭に装着する鶏の羽根は、踊っているうちに取れてなくなったり傷んだりするので、毎年何本か浅草の太鼓屋から購入して補充する。

太鼓は刳り抜き胴の枠付き型である。女獅子は太鼓を付けない。現在使用している太鼓は昭和四五年（一九七〇）に浅草の太鼓屋から購入した。旧の太鼓は旧の獅子頭とともに鳥屋地域センターに保管されている。大きさと重量は表の通りである。[3]太鼓の新調に当たっては、それまで使っていた太鼓と同じ形状のものを入手できず、代わりのものを購入した。[4]

獅子頭や簓などの各所に赤・紫・緑・黄色の色紙を重ねたものに切り込みを入れて作った房を取り付ける。取り付ける場所に応じて形状の異なる六種類の房があり、型板を使って作られている。踊り手の腰に装着する一番大きな大房は、昔は紙を二四枚重ねて作っていたが、現在は半分の枚数に減らしている。紙は、現在は裏が白い色紙を使っているので、出来上がりが裏の白色を合わせて合計五色になっているが、昔は白い紙を入れて五色にしていた。房は魔除けになるといわれ、昔は舞が終わると観客が殺到して房を取り合っていた。現在は紙の枚数を減らしたものを一〇〇個程作り、希望者に配っている。

踊り手の衣装は、上は白の無地の半纏に下は白の無地の股引である。踊り手は現在は白足袋を履いているが、昔は百姓が野良仕事の時に履いたアシナカ草履を履いて踊っていて、他所の人たちは鳥屋の獅子舞を「アシナカ踊」と呼んで揶揄していた。

子獅子は紺絣の着物に赤い帯を締め、下駄を履き、色紙の四手を垂らした笠を被り、簓を持つ。子獅子は以前は普段着に檜玉《ひのきだま》と呼ばれる山仕事の時に被る笠を被っていた。笛吹きや歌うたいは、現在は全員が白絣の着物に黒い羽織の揃いの格好をしているが、昔は半袖シャツにズボンの者もいれば、白絣の着物だけの者もいてまちまちであった。(5)

(2)三増の獅子舞

獅子頭は巻角を持つ男獅子、宝珠を持つ女獅子、剣角を持つ子獅子の三体である。現在は、平成元年（一九八九）に新調した獅子頭を使用している。獅子頭の大きさと重量は表に示した通りである。古い獅子頭の牙が取れたところに削った桐の木片が塡め込んである。壊れると自分たちで修理を行っていた。獅子頭の内側には、藁の束に布を巻いて作ったクッションが取り付けられている。女性の踊り手はその上にさらにゴムを当てて改造している。

太鼓は獅子頭の新調と同時に新しくした。(6)構造は新旧同じで曲げ物胴に枠付きの皮面を張っている。大きさと重量は表に示した通りである。新旧共に三匹とも同じ大きさと重量の太鼓を使用している。桴は現在はすべて同

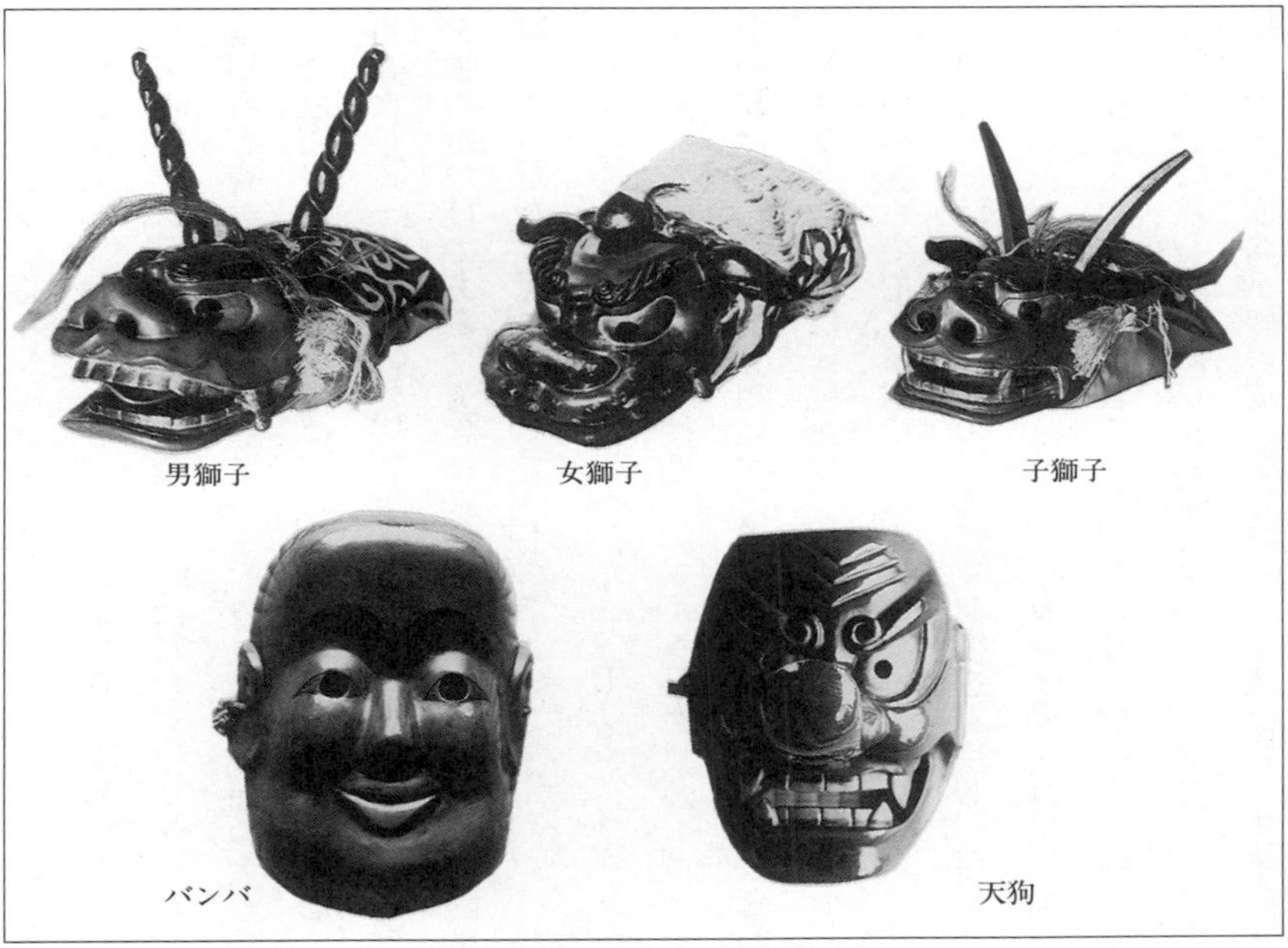

三増の獅子頭と仮面

じ大きさの既製品を使用しているが、古い太鼓を使用していた頃は演者たちが自作していた。当時の桴は現在使用中のものよりもやや小さく、長さや太さが不揃いで、真ん中がやや細く整形されている。

獅子役の衣装は、上が白い丸首の半袖シャツ、下は緑の地に白の唐草模様の裁着袴である。元々裁着袴を穿いていたが、その後、モンペを穿くようになった。最近、昔の裁着袴が見付かり、それを参考に以前と同じ裁着袴を作って穿くようになった。昔は衣装の新調ができず、継ぎ接ぎだらけでサイズも合わない衣装を着ていた。昭和三〇年（一九五五）に復活してからは、たびたび新調が行われるようになった。新調した時には必ず一揃い予備に作っている。踊り手は、現在は袴と同じ唐草模様の布地で作ったパンツを袴の下に穿いているが、昔は褌の上に直接袴を穿いていて、横から裸の下半身が丸見えであった。衣装の修理や新調は、昔は女子青年や婦人会が行っていたが、現在は裁縫の得意な女性の演者が中心となり、ほかの女性の演者たちと協力して行っている。昔は素足に草鞋を履いていたが、現在は木綿の足袋を履いた上に草鞋を履いている。

天狗とバンバの面も獅子頭と同時に新しく作り直した。旧の天狗やバンバの面は、現在、旧の獅子頭と一緒に愛川町教育委員会が保管している。それぞれの面の大きさと重量は表に示した通りである。天狗の衣装は、緑の地に白の唐草模様の半纏に同じ柄の裁着袴を穿き、腹部に笊を入れて膨らませている。天狗が持つ大団扇は、昭和五六年（一九八一）に作ったものである。昔の団扇は柿の渋が塗ってあったが、現在使用しているものは色紙を張っただけである。天狗は以前、神社までの行道の際に、長い竹の先を割った簓で地面を叩きながら一行を先導していたが、現在は行っていない。

バンバの面は、裏側に天保一二年（一七二七）に没した清徳寺二二世の「慶寛」の名前が陰刻され、彼の作と伝えられている。バンバ役は、プラスチック製のヘルメットを型にしてその上に麻を結って作った鬘を被る。以前の鬘はヘルメットを用いず、毛髪もシュロの繊維に狐の毛を混ぜて作っていた。

簓摺りが持つ簓は、現在は、刻み目を付けた竹を先の割れた竹で摺って音を出す形式であるが、以前は男根型の木の棒を竹で摺る形式であった。

笛師と歌師は現在白絣の浴衣に夏羽織を着用し、白足袋に草履を履き、笠を被っている。昔は衣装は個人持ちで、夏羽織と白絣の浴衣を持っていないと獅子舞には加われなかった。浴衣の柄もまちまちで、夏羽織も各自の家の紋が入ったものを着ていた。その後、揃いの衣装を作り、着るようになった。笛師や歌師や簓摺りが被る笠は、佐渡に旅行した際に民謡踊で使っていた笠を買ってきたもので、笛師や歌師の笠は天辺に一個、簓摺りの笠には七~八個の紙製の造花を付ける。造花は昔は毎年作り替えていたが、現在は傷みの少ないものはそのまま使

田名の獅子頭と仮面（獅子の角は外してある）

用している。以前は造花ではなく紫陽花の生花を使ったこともあった。

三増の獅子舞は、昭和五一年（一九七六）に文化財保護法の改正にともない、神奈川県指定の無形文化財から無形民俗文化財に指定が変更された。その時に「神奈川県指定民俗文化財　相州　三増獅子舞保存会」と記した幟を作り、上演の際にはそれを掲げている。[7]

(3)田名の獅子舞

獅子頭は、円錐型の角を持つ男獅子、宝珠を持つ女獅子、剣型の角を持つ子獅子の三体で、昭和四九年（一九七四）に復活した時に獅子頭を修理した。大きさと重量は表に示した通りである。

復活の時には太鼓も修理した。太鼓は曲げ物胴に枠付きの皮を張ったもので、皮面に黒い三つ巴が描かれている。大きさと重量は表に示した通りである。

獅子役の踊り手は、緑色に白い菊の形の模様を染め抜いた柄の半纏に、同じ柄の裁着袴を履くが、それらも復活の時に新調した。復活した時、獅子役は空色の帯を垂らしていたが、最近は止めている。

バンバと天狗の面も復活の時に獅子頭と一緒に修理した。バンバ面は頭部に一対の角がある鬼型の面で、大きさと重量は表に示した通りである。

天狗は錦で作った鮮やかな色の裁着袴を穿いているが、これは、復活した時に神代神楽の家元が(8)、長年田名八幡宮に世話になっているお礼ということで寄付してくれたものである。当時の獅子舞の責任者は、その袴が派手過ぎるように感じたが、中断前にバンバがどんな袴を穿いていたか知らなかったし、家元は中断前の獅子舞も見ているはずなので、天狗に相応しい袴を作ってくれたはずと考えてそれを使うことにした。天狗は、現在一本歯の高下駄を履いているが、復活した当初は草履を履いていた。

簓子は、上演中は花笠を被り、歌うたいの両脇に座って簓を演奏する。簓は男根型の木の棒を竹で摺る形式である。

歌うたいや笛吹きが被っている笠は、神社の役員が佐渡に旅行に行った時に購入してきた。復活した時に被るようになったが、最近はあまり被らない。あれば被るが被らなくてはいけないというわけではないという。中断前は行道の最中に法螺貝を吹いていたが、現在は行われず、法螺貝も残っていない(9)。

⑷下九沢の獅子舞

獅子頭は剣型の角の剣獅子、宝珠を持つ雌獅子、巻角の巻獅子の三体で、昭和三年（一九二八）、中断していた獅子舞を復活した際に修理を行っている。浅草に持っていって補修し、塗り直した。獅子舞は太平洋戦争で一時中断し、昭和二四年（一九四九）に再度復活したが、その時も獅子頭を浅草で修理した。大きさと重量は表に

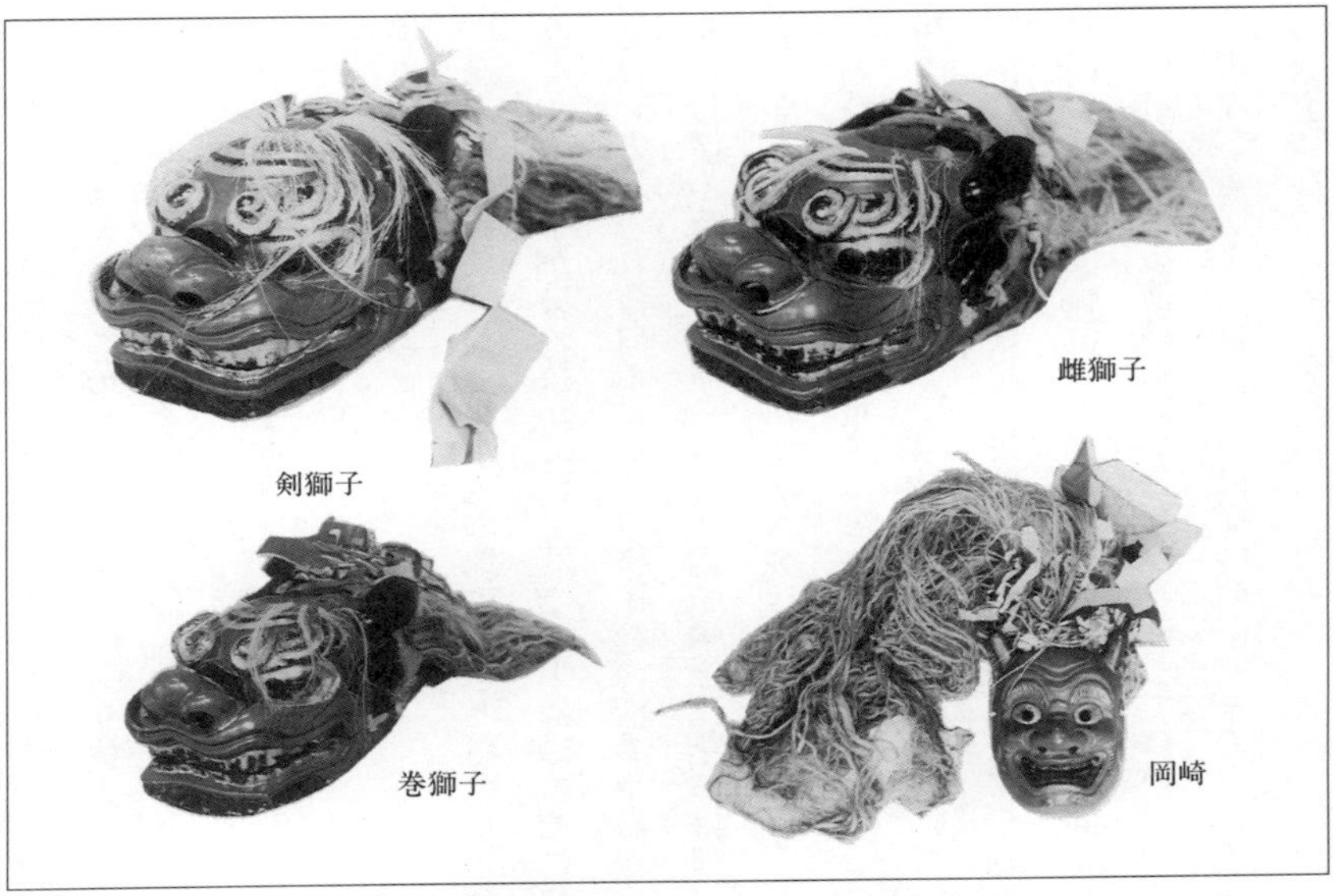

下九沢の獅子頭と仮面（角と宝珠は外してある）

示した通りである。

獅子頭には水引と呼ばれる幕が取り付けられる。現在使用中の水引の柄は、中央の黒い円の中におもだかの紋を描き、左右にピンクと赤の牡丹を配し、下部に波形を描いたもので、三匹とも共通している。色については、剣獅子と巻獅子が薄茶色の地におもだかの茎が青なのに対して、雌獅子だけが灰色の地に茎が茶色で異なる。以前使用していたと思われる水引が二組残されている。一組は傷みや褪色が著しく、おもだかの茎の色が三枚とも緑色であることを除けば、柄も色も現在使用中のものと同じである。もう一組は、三枚とも幕の上部に「御大典記念」の文字が白く染め抜いてあり、おもだかの茎の色と牡丹がいずれも赤い以外は、柄も色も現在使用中のものと同じである。この二組は、長さは約九〇センチ前後で変わらず、幅は前者が一五五センチに対して後者は一九〇センチと大きい。重量は前者が約二〇〇グラム、後者は約一〇〇グラムである。つい最近も水引を新調した。

太鼓は曲げ物胴に枠付きの皮を張ったもので、剣獅子用の胴には文政元年（一八一八）の墨書があり、雌獅子用の胴には天保一五年（一八四四）に張り替えを行ったという墨書がある。巻獅子の胴は新しく、昭和三六年（一九六一）に新調した。皮には赤・黄色・緑の三つ巴が描かれている。戦後の復活の際にも浅草で皮を張り替えた。現在使用中の皮は昭和三八年（一九六三）に新調したものである。[10] 大きさと重量は表に示した。以前使用されていた皮が残っていて、皮面の柄は現在のものと同じであるが、直径三五五ミリで現在使用中のものより若干小さい。

獅子役の衣装は、上が水色の地に茶色と白の格子縞が入り、衿には黒字に白く三つ巴と「御嶽神社　獅子舞保存会」の文字が染め抜かれた半纏で、下は緑の地に白の唐草模様の柄の袴を穿いている。そのほかに、以前使用されたと思われる白地に紺色の格子縞の柄の半纏が一組、青地に白い菖蒲の柄の半纏が一組残されている。御大典の復活の時には、演者たちが獅子頭を浅草に修理に持っていった際に布地を買ってきて、半纏をそれぞれの家で仕立てた。その後も何度か衣装は新調されている。

岡崎の面の大きさと重量は表に示した通りである。衣装は獅子役と同じで、紙製の烏帽子を被る。烏帽子は昭和四五年（一九七〇）に演者が自作したものである。

花笠役は花笠を被り、白地に柄の入った浴衣を着て、竹製の簓を持つ。花笠はベニヤ板製で、内側には「昭和二四年祭典再度復活」と記されている。上部に固定したプラスチック製の筒にはビニールの造花が一五個付いている。造花は以前は紙製で毎年作り直していた。

現在、笛吹きや歌うたいは揃いの浴衣を着ているが、昔は白い絣の着物に紋付きの羽織と袴を着用していた。浴衣姿になったのは戦後のことである。

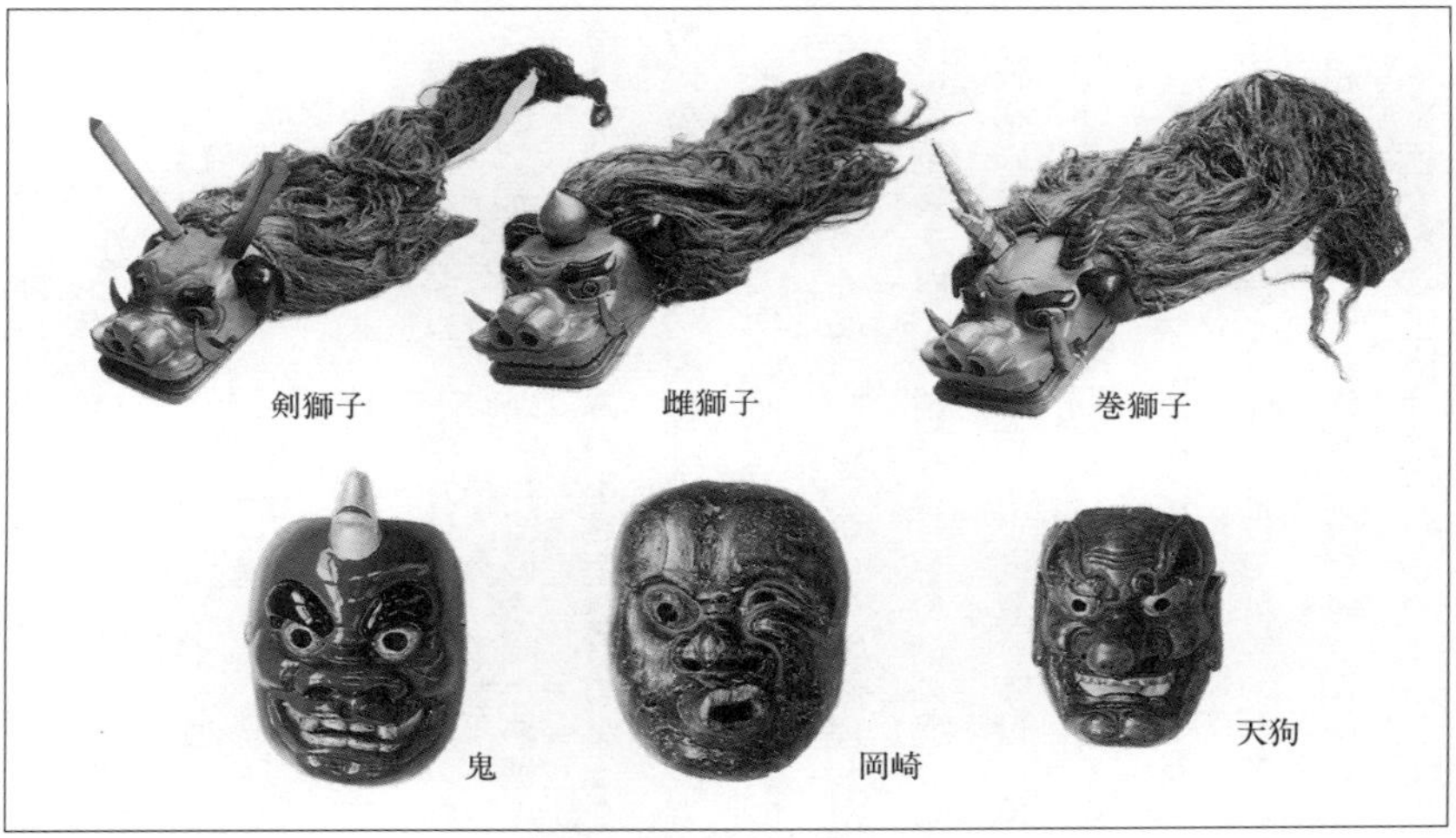

大島の獅子頭と仮面

その他の道具としては、昭和三六年（一九六一）に神奈川県の無形文化財の指定を受けた時に作った、「奉納御嶽神社獅子舞」と記した幟と「御嶽神社」という文字の入った演者たちが肩に掛ける帯がある。万燈が一本出るが、昭和五五年（一九八〇）に小さく軽いものを新調した。万燈に付ける花は、以前は紙の造花で毎年新たに作っていたが、現在はビニール製の造花になり、毎年同じものを使用している。[11]

(5)大島の獅子舞

獅子頭は剣型の角の剣獅子、宝珠を戴く雌獅子、二股に分かれた巻角の巻獅子の三体で、剣獅子には文政一二年（一八二九）の修理の墨書がある。[12]大きさと重量は表に示した通りである。獅子頭に取り付ける水引は、現在使用しているものは青地に小さな短冊型の模様の入った柄である。以前使用していた柄の異なる水引が何組か残されている。

太鼓は曲げ物胴に枠付きの皮を張ったもので、皮面に黒い三つ巴が描かれている。三個ともに、胴内に明治二三年（一八九〇）元八王子の職人の製作と記されている。現在使用している皮は、雌獅子用は昭和二七年（一九五二）、剣獅子用は昭和三二年（一九五七）に浅草で、(13)巻獅子用も昭和三五年（一九六〇）に浅草で、(14)それぞれ新調している。平成五年（一九九三）に太鼓を一組三個新調した。色彩や形状は以前のものとほとんど変わらないが、直径が約三〇ミリ大きい。胴は八王子の曲げ物屋が、皮は海老名の太鼓職人が作った。(15)桴はアオキを削って自作したもので、中央の部分がやや細くなっている。昔は、叩いた時に音がよくなるように、桴の芯に穴を開けて鉛を流し込んだものを使う人もいた。

獅子役の衣装は、上が青地に波と千鳥の模様の入った半纏で、衿には「諏訪神社」と白く染め抜かれ、背中には大きな赤い三つ巴が入っている。この柄の半纏は戦後着るようになった。下は焦げ茶色の袴に白足袋を履く。袴は昔は股の切れ込みが小さい行燈のような形状をしていて、屈んだ時にちょうどいい長さになるように丈が短めになっていた。現在は股の切れ込みの大きい普通の袴で、立った時に合わせて丈が長くなっている。

鬼と岡崎と天狗の面の大きさと重量は表に示した通りである。鬼は一本角の鬼の面を被る。面は破損した部分を針金で留めて使っていたが、先頃修理した。衣装は、上は獅子役と同じで、下は紺地に黄色い小紋の柄の裁着袴に白足袋を履く。裁着袴は色や柄の異なるものが二着ある。半纏の上に太い紅白の綱を綯った襷を掛ける。

天狗の衣装は、上は獅子と同じ、下は白地に赤と金色の模様の入った裁着袴に白足袋を履き、赤く太い紐の襷を掛ける。袴はもう一着、色と柄の異なるものが用意されている。天狗はブリキ製の団扇を持つ。団扇には大正一一年（一九二二）の年号が記されている。

岡崎はヒョットコ面を付けて紙製の鳥兜を被る。男根型の篦を股間に立てて摺りながら踊る。篦は最近新たに三組作り、合計四組保有している。岡崎の半纏は色や柄の異なるものが三着あるが、いずれも赤やピンクなどの派手な色である。袴は錦地のものと白と紫の細かい柄のものと二着ある。岡崎が着る裃は、演者たちがかつて義

表2　用具類の大きさと重量

田名

獅子頭		
男獅子	女獅子	子獅子
260×320×150	275×270×140	245×355×145
1650	1600	1750
太鼓		
男・女・子獅子		
348×184		
2050		
諸役		
バンバ	天狗	
305×185×115	180×170×75	
500	400	

下九沢

獅子頭		
剣獅子	雌獅子	巻獅子
330×140×150	320×140×150	310×140×140
1750	1600	1600
太鼓		
剣獅子	雌獅子	巻獅子
355×184	355×205	355×165
2840	2900	2850
諸役		
岡崎		
230×155×60		
550		

大島

獅子頭		
剣獅子	雌獅子	巻獅子
230×270×135	175×215×110	180×270×120
2000	1560	1840
諸役		
鬼	天狗	岡崎
230×163×100	203×163×145	200×155×90
340	200	200

鳥屋

獅子頭		
頭獅子(旧)	女獅子(旧)	男獅子(旧)
285×203×219	262×183×18	292×202×197
1510	1520	1490
頭獅子(新)	女獅子(新)	男獅子(新)
292×185×210	273×177×240	278×196×210
1410	1140	1400
太鼓		
頭獅子(旧)	女獅子(旧)	男獅子(旧)
354×158	—	360×162
3380	—	3270
頭獅子(新)	女獅子(新)	男獅子(新)
365×158	—	365×158
4450	—	4450

三増

獅子頭		
男獅子(旧)	女獅子(旧)	子獅子(旧)
330×315×155	290×322×155	290×306×150
2110	1950	2030
男獅子(新)	女獅子(新)	子獅子(新)
315×345×178	230×335×150	280×315×157
2350	2050	2300
太鼓		
男・女・子獅子(旧)	男・女・子獅子(新)	
356×275	355×267	
2500	3450	
諸役		
天狗(旧)	天狗(新)	
215×187×180	220×183×230	
450	560	
バンバ(旧)	バンバ(新)	
205×156×76	221×164×75	
340	310	

＊単位は上段の大きさを表す数値が㎜、下段の重量を表す数値がｇとなっている。

太夫を演じる際に使っていたもので、四点ある。岡崎は猿の小さなぬいぐるみが付いた頬被りをする。新旧二点あって、新しいものは洗濯の便を考えてホックで猿が取り外せるようになっている。獅子・鬼・天狗・岡崎は赤い手甲を付ける。

そのほかの用具類としては、万燈や幟を持つ役が着る揃いの半纏がある。これらは演者の一人が個人的に寄付したものである。万燈は平成二年（一九九〇）に作り替えたが、従来のものよりも大きくなった。昭和二七年（一九五二）の年号が記された日章旗と何も記されていない日章旗が二枚ずつ残されている。以前は、宿から諏訪神社に向かう際には日章旗を行列の先頭に掲げていた。現在は、「神奈川県指定無形文化財　諏訪明神獅子舞」と記された幟を掲げ、日章旗は使われない。

大島では、用具類を木箱やブリキ箱に収めて保管しているが、近年、子供の衣装や太鼓を新調したので、衣装箱を三個増やして対応している。(16)

三　変化の諸相

(1)用具の変化の概要

各地の獅子舞における用具類において目に付くのは、それらがこの数十年の間に様々なかたちで変化してきていることである。昔のものに一切手を加えずそのままの状態で使用しているのは下九沢の剣獅子と雌獅子の太鼓の胴ぐらいで、ほとんどは修理したり新調したりしていて、その結果何らかの変化が生じていた。そこで、各地の獅子舞の用具類の状況について、変化という観点から整理しておきたい。(17)

各地の獅子舞で使用されている獅子頭・面・衣装・道具などの用具類を変化しないものと変化したものとに分

けると、変化しないものは前述のようにごくわずかで、ほとんどが変化したものとなる。変化したものについては、そのものの使用が継続しているもの、つまり、同じ種類の用具が継続的に使われている場合と、継続していないもの、即ち、その種類の用具が使われなくなったり、それまでは使われていない種類の用具が新たに使われるようになった場合に分けられる。

使用が継続しているものは、それまで使われてきたものを修理して使い続ける場合と、それまで使っていたものと同様のものを新調する場合とに分かれる。さらに、各々について、前の形状と変わらない場合と変わってしまう場合とに分かれる。ただし、修理されたり新調されたりしたものは、厳密にいえば以前と全く同じということはあり得ず、変化したか否かの判断は微妙である。ここでは、変化が顕著かどうか、以前と同じ形状を回復しようとする演者たちの志向が認められるか否かを基準に判断しておきたい。

(2)修理された用具類の変化

修理された用具類としては、まず獅子頭や面があげられる。田名の獅子頭とバンバ面と天狗面は復活時に修理を施されて現在も使用中で、下九沢の獅子頭と岡崎の面は、御大典記念の復活の際に修理したものが現在も使用されている。修理の際は、何れも破損部分を補修した後で全体を塗り直している。したがって、外観は、古色蒼然としていたものが鮮やかな色彩に変化したが、形状や構造は変化していない。色彩の変化も、自然褪色したものを新品の状態に戻したとするならば、必ずしも変化とはいえなくなる。そう考えると、田名や下九沢の獅子頭や面の修理では、大きな変化が生じていないことになる。

しかし、大島の鬼面の場合はやや事情が異なる。この面は、長期間の使用で亀裂が生じた部分を針金で留めて使用を続けていたが、とうとう使用に耐えられなくなって、演者の一人が懇意にしていた相模原市内在住の彫刻家に修理を依頼した。その彫刻家は、割れた部分に木材を接いで接合し、全体に新たに塗装を施した。その際、彫り跡が残ってでこぼこしていた裏面全体を削って滑らかにしてしまった。修理した鬼面を演者が使用したところ、手荒く扱っても平気だし、裏面が滑らかになったので顔に当たる感触が以前よりも快適で、付けた当初はなかなか具合が良かった。しかし、踊って顔に汗をかいてくると、面と顔がピッタリと接触して隙間がないので汗が流れず、息苦しくなったり汗が目に入ったりして具合が悪いことが判明した［一九九五：四一］。鬼面の修理は使い勝手の悪化という深刻な事態を招いてしまった。用具類の修理は外観上の変化に止まらない、獅子舞の遂行に影響を与える重大な変化を引き起こす場合があったのである。

(3)新調された用具類の変化

鳥屋の獅子頭や三増の獅子頭とバンバ面は、それまで使用していたものに代わって新しく作ったものが使用されるようになった。鳥屋の獅子頭は笛吹きを務める演者が自ら彫ったものである。材料の桐を津久井の山中から伐り出すところから自分で行い、半年掛かりで彫り上げ、浅草の業者に漆を塗ってもらって完成させた［一九九一：一二］。三増の獅子頭と面は東京都世田谷区在住の獅子頭や面を作る専門家に作ってもらった［一九九二：一九］。両者とも、それまで使用していた獅子頭と大きさや形状や配色が同じになるように新調している。実測値でみると、大きさはそれ程変わらないが、重量は鳥屋の獅子頭が九〇～三八〇グラム軽くなり、三増の獅子頭が一〇〇～二五〇グラム重くなっている。三増のバンバ面は大きさも重量も新旧ほとんど変わらないが、天狗面は新が鼻の高さが五〇ミリ高く重量が一一〇グラム重い。新調された獅子頭と面は、形状や色彩は色が鮮やかになった以外、ほぼ旧態を受け継いでいるが、重量の点で幾分目立った変化が生じていた。

獅子頭や面以外の用具類は、ほとんどが新しく作り直されている。その中で、従来使用していたものと比較的同じかたちで新調されているのは太鼓である。いずれの獅子舞においても胴の構造や色彩や皮面の模様など、外観は古いものとほぼ同じかたちで新調されている。しかし、大きさと重量の面では違いが生じていて、特に鳥屋と三増の新しい太鼓は何れも古いものよりも約一キロ重くなっている。

下九沢では新旧の水引が四組残されていた。それらは大きさや重量や材質に違いが認められたが、柄は基本的には同じモチーフで、色彩も共通する部分が多く、全体的に似た印象を与え、それ程変化は認められなかった。しかし、大島の場合は新調の度に色も柄もかなり変化が見られた。大島では水引の色や柄は特に決まっていなくて、その都度適当に選んだものを使用しているという［一九九五：一二三］。

外観は変わらないが、材質や構造が変化している場合があった。三増の天狗の大団扇は従来とほぼ同じ形状で新調されていたが、材質に変化が生じていた。以前のものは竹の骨に紙を張り、柿の渋を塗っていて、少々の雨は平気であったが、新調した団扇は紙を張っただけなので、演者たちは雨を非常に気にしていた。雨が降りそうな時は、見苦しいのを承知で透明なビニール袋を被せて使用していた。同じ三増のバンバ役の鬘は、形状は基本的には従来のものと変わっていないが、毛髪の材質とヘルメットを型に使用した構造の面で変化が認められた［一九九二：二一-二四］。

形状や材質や構造はほぼ同じであるが大きさが変化した場合もあった。下九沢の万燈は、昭和五五年（一九八〇）に新調した際に、持ち歩くのが大変という理由で従来のものよりも小さく軽く作られた［一九九四：一八］。一方、平成二年（一九九〇）に新調した大島の万燈は逆に従来よりも大きく作られている［一九九五：一二五］。

三増の太鼓の桴は、従来は自作していたが、現在は既製品を購入していて、従来よりも大きく形状の揃ったものとなった。同じ三増の歌師や笛師が現在被っている笠も、佐渡で購入してきたみやげ物風の華奢な作りで、従来使用していた笠とは異なる［一九九二：一八－一九］。これらは、新調に際して調達の方法が変ったために形状に変化が生じたといえる。

同じ種類の用具であるが、従来と異なる形状のものを使うようになった場合もあった。鳥屋の子獅子が被る笠は、従来は山仕事の時に被る檜玉と呼ばれる笠をそのまま使用していたが、現在は、笠に色紙の四手を付けるようになった［一九九一：二四］。三増の簓は男根型の棒から刻み目を付けた竹に変わった［一九九二：一八］。

獅子舞には消耗品的な用具類もあり、それらの多くが変化していた。[18] 鳥屋の獅子頭に装着する鶏の羽根は、かつては近隣で飼われている鶏から採取していたために、十分な数や形状のものを入手するのが困難であったが、現在は購入するようになり、形も大きさも揃った良質なものを必要な数だけ揃えられるようになった。鳥屋の獅

大島の万燈

獅子頭に羽根を取り付ける（鳥屋）

子の房についても同様の変化が見られる。かつては作り方が不正確で数量的にも十分ではなかったが、近年は正しい作り方で作った十分な数の房を使うようになった［一九九一：一七-二〇］。各地の笠や万燈に付ける造花の場合は、消耗品的な扱いから備品的な扱いへという変化が生じていた。

⑷衣装の変化

衣装は傷みやすく、どこの獅子舞でも頻繁に新調している。それにともない、様々な変化が見られた。新調しても従来と変わっていないのは鳥屋の獅子舞である。鳥屋の踊り手の衣装は、大きさは踊り手の体格に合わせて従来よりも大きくなったが、白い半纏と股引は以前と変わっていない［一九九一：五四］。

変化の度合いが比較的小さいものもあった。大島の岡崎の場合、現在使用中の裃は以前使用されていた裃と同じ青系統の色で、寄贈者の家紋が異なるものの、見た目はそれ程変わらない。頬被り[19]は形状や色彩はほとんど変わらず、新しいほうは猿がホック止めになるというわずかな変化である［一九九五：二四］。

色や柄は変わらないが形状が変化したのは、三増の踊り手の裁着袴である。色と柄は新旧ともに同じであるが[20]、形状は、腿の後ろに大きな遊びがある裁着袴が一時モンペ型に変わり、その後再び元の裁着袴に戻っている［一九九二：五五］。また、大島の獅子役の袴は、色は新旧共に焦げ茶色の無地で変わっていないが、形状が行燈型から通常のかたちに変化している［一九九五：七四-七五］。

新旧で形状は変わらないが、色や柄が変化したものもある。下九沢の獅子役の半纏は三組残されているが、色や柄に共通した特徴は認められない。大島の岡崎の半纏も三点あるが、色と柄に共通の特徴はやはり認められない。大島の鬼面と天狗の裁着袴はそれぞれ二点あり、派手ということでは共通するが、色や柄は全く異なる。大島の獅子役の衣装は、以前はそれぞれ自分の浴衣を着ていて色や柄が揃っていなかった。戦後、再開の記念にある人が青地に白く波に千鳥の柄が入った揃いの半纏を寄付してくれて、それを着て踊るようになった。その人は浅草方面の染め物屋まで足を運び、自分で柄を決めて注文してきたという［一九九五：七五］。

踊り手以外の演者の衣装にも変化が見られる。普段着姿が特別に拵えた揃いの衣装に変わった場合としては、鳥屋の世話人と子獅子［一九九一：四三］があった。個人持ちの衣装から保存会持ちの揃いの衣装への変化としては三増の歌師と笛師の場合があった［一九九二：二四］。下九沢の世話人は個人持ちの白絣の着物に夏羽織の正装から揃いの浴衣という軽装に変化した［一九九四］。

各地の演者たちの衣装の変化にはいくつか共通する特徴が見られる。一点目は、踊り手の衣装は下半身が比較的変化が少ないのに対して上半身は変化が大きいということである。二点目は、色や柄がまちまちであったものが、揃いの衣装に固定化する傾向にあることである。この傾向は歌うたいや笛吹きなど、踊り手以外の衣装に顕著であったが、踊り手においても大島で同様の傾向が見られた。三点目は、変化は戦前に比べて戦後、それも近年のほうが著しく、修理や新調が頻繁に行われるようになったことに対応しているということである。四点目は、具体的にどのようなかたちに変化するかは獅子舞によって様々ということである。部分的に共通する場合はあっても、全体的に同じということはなかった。

(5)変化の影響

こうして各地の獅子舞における用具類のあり様を整理してみると、それらが実に様々なかたちで変化してきたことがわかる。用具類にとって、変化は何ら珍しい現象ではなく、用具類の基本的なあり方、常態であったといえる。

用具類の変化は、形状や色彩といった外観の問題に止まらず、大島の鬼面のように演技の遂行に影響を与える場合もあった。下九沢の水引の変化も同様の性格のものであった。御大典の復活の際に新調した水引は、それ以前に使用していた麻製の水引に比べて重量が約半分であったが、ある演者は、以前の厚い水引を獅子頭に付けて踊っていた頃は、長時間踊っていると重さが次第にこたえてくるし、それに加えて、汗で水引が顔に張り付き、息がしにくくなって辛い思いをしたが、新しい水引になるとそういうことがなくなり楽になったと語っていた［一九九四：二八・三四］。踊り手にとっては、水引の重量や材質の変化が肉体的な苦痛の軽減という大きな意味を持ったのである。

三増の獅子頭の重量の変化も演技に影響をおよぼしていた。現役の女性の踊り手は、新しい獅子頭は古いものと比べて丈夫になったので、壊す心配はなくなったが、重くなって踊るのが大変になったと語り［一九九二：六六］、重量の変化を敏感に察知していた。獅子頭は重量が前方に掛かる不安定な状態で頭上に固定されていて座りが悪い。そのため、一〇〇～二五〇グラム程度の重量の変化でも影響が現れ、踊り手に掛かる身体的な負担が違ってきたものと思われる。

鳥屋の獅子頭の場合は新調して逆に軽くなった。ある演者は、踊り手の肉体的負担を少しでも緩和するために、新調に当たっては意識的に軽くなるように作ったと述べていた［一九九一：五四-五五］。鳥屋でも獅子頭の重量が踊り手の大きな関心事となっていたのである。この演者は太鼓の新調に伴う約一キロの重量の増加についても、従来の太鼓に劣らない良質の太鼓を使うことは確かに重要であるが、そのために、わざわざ重い太鼓を選んで踊り手の苦痛を増やす結果を招いたことを考えると、それが果たして妥当な選択であったか疑問を感じると語っていた［一九九一：五四-五五］。後に鳥屋では太鼓の胴の内側を削って軽くしている。

用具類の変化は単なる外観上の変化に止まらず、獅子舞の上演のあり方に影響を与え、踊り手にとって看過できない重大な問題を引き起こす場合があったことは、注意しておく必要があろう。

四　変化の原因

用具類の変化には共通した傾向が見られたものの、具体的な様相はそれぞれの獅子舞によって様々であった。そうした多様性は、様々な原因で変化が生じていることを示しているのではないだろうか。そこで次に、変化が生じる原因について考えてみたい。

用具類の変化が生じた契機としては、第一に修理や新調をあげることができる。修理や新調は何故に行われたかを考えてみると、用具類の長期間の使用によって傷みや破損が生じ、使用できなくなったので、そうした事態を収拾するという切実な事情からであった。

(1)切実な原因

太鼓の修理や新調は、ほとんどが材質的な劣化に対応した措置として行われている。太鼓は長期間使用していれば、どうしても傷んで使えなくなる。下九沢で巻獅子の太鼓の胴を昭和三六年（一九六一）に新調したのも、それまで使用していた胴が傷んで使えなくなったためであったし［一九九四：一七］、鳥屋の太鼓の新調の原因は、皮に傷が入ってしまったことであった［一九九一：一八］。全体的な傾向としては、胴よりも皮のほうが修理や新調の回数が多い。下九沢では昭和三八年（一九六三）に太鼓の皮を三個とも新調したが、昭和二四年（一九四九）にも張り替えていて［一九九四：一二］、戦後だけで二回張り替えている。しかし胴については、巻獅子は戦後新調したものの、剣獅子と雌獅子は江戸時代の墨書の入った胴をいまだに使用していた。大島の太鼓の皮は、戦後、雌獅子・剣獅子・巻獅子と傷みの激しい順に年を違えて新調している。雌獅子が一番早かったのは太鼓を叩く回数がほかの獅子よりも多く、皮の傷みが激しかったためと思われる。その後も大島では太鼓の皮を新調しているが、胴は同じものを使用している。

獅子頭や面も、長期間の使用による材質の劣化や破損が新調や修理の原因となっていた。鳥屋の獅子頭は、傷みがひどく使用に耐えられなくなって昭和六一年（一九八六）に新調したし［一九九一：一二］、三増の獅子頭も傷んで脆くなり、踊り手がぶつけて壊さないようにいつも気を使わなくてはならなくなったので、平成元年（一九八九）に新調している［一九九二：六六］。大島の鬼面の修理も同様の理由によるものであった［一九九五：四一］。

衣装の修理や新調も同様である。三増では、戦前は踊り手の衣装を使用後に踊り手自ら洗濯していたが、取り扱いが荒っぽいのでよく破れ、その度に婦人会や女子青年が繕ったり新調したりしていた。戦後は衣装が傷んで使えなくなると、女性の演者が新調するようになった［一九九二：三四・五四-五五］。三増の天狗の大団扇やバンバの鬘、下九沢の岡崎の烏帽子や花笠、大島の岡崎の鳥兜も、傷んで使えなくなると、演者たちが新しいものを自作していた。

長期間の放置が原因で修理や新調が行われる場合もあった。各地の獅子舞は明治以降ほとんどが中断と復活を経験してきたが、復活の際にしばしば用具類の修理や新調が行われている。田名の獅子舞が昭和四九年（一九七四）に復活した時には、用具類が神社の物置に四〇年間しまいっ放しになっていたので、獅子頭や面は虫に食われてボロボロで、塗りも剝げ、太鼓やそのほかの道具も傷んで使い物にならなかった。そこで、田名八幡宮で長年神楽の上演を請け負ってきた神代神楽の家元の紹介で、東京都荻窪の面作り師(21)に修理を依頼した。荻窪の面作り師には、太鼓の修理や足りない衣装や道具の入手など、用具類に関する必要なことを全部まとめて依頼した。面作り師は、浅草に太鼓や衣装などの道具類を商っている馴染みの店があり、獅子頭と面の修理以外はそこに話を持っていって済ませたようであった［一九九三：三五–三六］。下九沢でも、昭和二四年（一九四九）に戦時中の中断から復活した時に、獅子頭の修理と太鼓の皮の張り替えを行った［一九九四：六一］。

復活の際の用具類の修理や新調は、中断期間に生じた用具類の材質の劣化や損傷を使用可能な状態に戻す措置と見れば、長期間の使用後の修理や新調と変わらない。しかし、全く同じともいい切れない。田名の獅子舞の責任者は、復活の際には「その年のお祭には全部きれいにして踊らせるつもりで」修理を頼んだと述べている［一九九三：三五］。そこには、修理を行うことで復活や再開をより晴れがましいかたちで演出しようとする意図が窺える。そうなると、修理や新調は物理的な劣化損傷の回復という実用的な措置以上の意味を有することになり、長期間使用後の修理や新調とは異なってくる。下九沢と大島の場合も、復活の際の修理や新調は、再開に当たっての仕切り直しということで田名と同様の意図があったと思われる。

そのほかの切実な理由としては、用具類の寸法が演者の体格に合わなくなったためということがあった。鳥屋では踊り手の体が大きくなり、従来の衣装が着られなくなって新調していたし［一九九一：五四］、大島の踊り手の袴も、新調の直接のきっかけは、踊り手の体格に比べて従来の袴の丈が短くなってしまったことであった。最近の踊り手は昔に比べて体格が良くなったので、同様のことはどこでも生じている。三増では衣装を新調する度に寸法を大きくしてきたという［一九九二：五五］。

演者たちにとってやはり切実であった理由として、従来よりも楽に行うためということがあった。鳥屋の獅子役が腰に付ける大房の紙の枚数を半分に減らしたのは、世話人に高齢者が多くなったので、紙を切るのに力を入れなくても済むようにするためであった［一九九一：四八］。三増の踊り手が木綿の足袋を履くようになったのは、素足だと指の股が草鞋で擦れて痛いので、それを防ぐためであったし［一九九二：三四］、バンバの髪にヘルメットを型として使ったのは、なるべく楽に被れるように改良した結果であった。女性の踊り手が獅子頭の内側にゴムを貼ったのも同様の工夫である。彼女は痛みが我慢しきれなくなり、ヘルメットを被って獅子頭を付けてみたりいろいろ試してみたが、ゴムを貼るのが一番効果的であることを発見したと述べている［一九九二：六六］。三増で花笠の造花を毎年新しく作り替えなくなったことや［一九九二：一三］、下九沢で花笠や万燈の造花をビニール製に変えたことも［一九九四：一八］、準備を楽に済ますためであった。下九沢で万燈を軽くしたのも楽に持てるようにという理由からであった。

⑵切実ではない原因

用具類の変化には、それを行わないと獅子舞の遂行に物理的に支障を来すといった意味での切実さがあまり感じられない場合もあった。例えば、用具類が使えない程傷んでいるわけではないが、単に外見が見苦しいという理由で新調した結果、変化を来す場合である。三増では、歌師や笛師の衣装は個人持ちで、羽織の紋や浴衣の柄が不揃いであったが、それでは見た目が良くないということになり、保存会で揃いの衣装を作って着るようになった。また、三増の踊り手が袴の下に履いている唐草模様のパンツは、袴の横から褌をした裸の腰が見えてみっともないということで穿くようになった［一九九二：二四・四五］。田名の獅子舞が復活した時に踊り手が腰から垂らしていた水色の帯は、当時の世話人たちが、一所懸命練習した子供たちを少しでもきれいな格好で踊らせてあげようと考え、千葉方面に獅子舞を見に行った時に、獅子役が垂らしていた水色の帯が見栄えが良かったので、それを真似て始めたものである。また、復活の時には、笛吹きや歌うたいの頭の上が寂しい感じがするので、田名八幡宮の役員が佐渡へ旅行した時に笠を買ってきて被るようになった［一九九三：三六・六四］。田名では復活の時には、以前は使用していなかった用具類でもそれ程抵抗なく使用していたようである。(22)

外観上の問題ということでは共通するが、特別の機会のために新調や修理が行われる場合もあった。三増では、神奈川県民俗芸能大会に出演する際に、晴れの舞台に見すぼらしい衣装で出るのは見苦しいということになって、急遽衣装一式を新調したことがあった。その時は、女性の演者たちが全員で衣装を作ったが、大会までに間に合わせなくてはならなかったので、衣装関係の管理を任されていたある女性は全部縫い上がるまで気が気でなく、胃を壊してしまったという［一九九二：五五］。

下九沢では昭和三年（一九二八）の御大典を期に中断していた獅子舞が復活したが、その際には獅子頭を修理し、水引や衣装をすべて新調して「全部きれいな格好で踊った」［一九九四：三三］。新調した水引に大きく「御大典記念」と記されていて、この時の修理や新調は、当時官民一体となって全国的に進められた御大典の奉祝行事［中島　一九九〇：五四－一四〇］の文脈と無関係ではなかったことがわかる。

また、神奈川県の指定文化財であることを表示した幟が、指定を受けた鳥屋・三増・下九沢・大島、いずれにおいても掲げられるようになった。これらは文化財行政との関係という政治的な原因によって変化が生じたと考えることができる。下九沢では踊り手の半纏の衿に「御嶽神社」と「獅子舞保存会」の文字を記すようになり、大島でも踊り手の半纏の衿に「諏訪神社」の文字を記すようになった。これは、指定以後は「～神社の獅子舞」という指定文化財としての正式な名称が広く使われるようになったことと、保存会が組織されたことで生じた変化である。その意味では、これらも政治的な原因による変化といえる。

同様の変化としては、永田衡吉の指導による衣装の改変もあげられる。鳥屋の子獅子は、かつては不揃いの出立ちであったが、現在は揃いの出立ちをするようになった。これは、永田が子獅子の衣装を統一するように指導した結果である。当時の世話人がどんな衣装を子獅子に着せればいいか永田に相談したところ、現在の出立ちに決めてくれた。その頃は世話人の服装も不揃いであったが、それも統一するように永田にいわれたという。費用の関係ですぐにはできなかったが、その後、揃いの夏羽織を保存会で用意して着るようになった［一九九一：四三］。永田が演者たちに対してこうした影響力を発揮できたのは、県の文化財専門委員として文化財行政の一翼を担っていたことによる。また、当時彼が県内の民俗芸能研究の第一人者であったことを考えると、彼が引き起こした変化は政治的であると同時に学問的な性格のものであったといえる。

以上、各地の獅子舞における用具類の変化の原因について見てきたが、劣化損傷によって使用不能になった用具類の修理新調、使用は可能であるが外観を整えるため、文化財行政との関係といった原因が存在していたことが明らかになった。本節においては、用具類の使用が可能か不可能かは、第一義的には物理的な劣化損傷の程度によると考え、切実さを用具類の使用可能な状態が回復されなければならない必要性の度合いとして検討を進めてきた。しかし、こうして見てくると、そうしたかたちで切実さの基準を定めて変化の原因を整理することにも問題があることがわかってくる。外観上の美醜が使用の可能不可能の判断を左右する場合がないとはいえないし、文化財行政と無関係には存在し得ない現代の獅子舞にとっては、政治的な問題こそ最も切実かも知れない。切実さは、演者たちの獅子舞に対する認識や獅子舞を取り巻く周囲の状況に応じて、様々なかたちで存在し得ると考えるべきであろう。

また、前述の原因はそれぞれが単独で作用して変化を引き起こしているわけではなかった。下九沢の御大典の際の用具類の変化は、物理的損傷の回復、美的装飾性の向上、御大典の奉祝行事という政治的意図、復活に際しての晴れがましさの演出など、本節で便宜的に分けて考えてきた様々な原因が複合的に作用した結果生じていた。これは下九沢に限ったことではない。変化は複数の原因が絡んでいる場合が多いといえる。

五　変化の要件

前述のような変化の原因は、変化が生じる契機にはなり得ても、それだけでは十分ではない。変化が生じるには更に状況が整う必要がある。

用具類の変化に欠かせない要件としては、第一に経済的な充実があげられる。変化の最大の原因となっていた用具類の修理や新調には必ず資金が必要となる。したがって、用具類の変化と演者集団の経済的充実は密接に関わっている。

⑴経済的充実

用具類の修理や新調には多額の費用が必要となる場合が多い。獅子頭や面に関しては、三増で平成元年（一九八九）に獅子頭三体とバンバ面と天狗面を作った時は一八〇万円掛かったという。この金額から類推すると、ほかの獅子頭や面の修理も相当額の費用を必要としたと思われる。太鼓に関しては、鳥屋で昭和四五年（一九七〇）に購入した太鼓は太鼓屋の最高級品という触れ込みのもので、一個四万円であった［一九九一：二二］。これは、今から三十年以上前であることを考えると安価とはいえない。衣装類に関しては、踊り手ばかりではなくて世話人の分まで一緒に新調すると二〇～三〇着にもなり、一着の単価はそれほどでなくても全体では相当の金額になる。三増で平成元年に衣装を全部新調した時は一〇〇万円近く掛かったという。下九沢で最近水引を作った時は近所の呉服屋を通して京都に注文したが、特別の柄なので染めの型紙から起こさなくてはならず、数十万円掛かっている［一九九四：六二］。

用具類の新調や修理には相当の費用が掛かるので、どこの獅子舞でもなかなか思い通りにはできなかった。鳥屋では昭和六一年（一九八六）に獅子頭を新調することになり、浅草の太鼓屋に見積もって貰ったら、一体の彫り代が二〇万円で塗り代が三〇万円、それが三体で合計一五〇万円となり、当時の保存会は負担できなかった。獅子頭を演者自らが彫ったのはそれが原因であった。また、鳥屋で戦後間もない頃に衣装を新調した時は、お金がなくて呉服屋に一着ずつしか注文できず、後回しにされてなかなか出来上がってこなかった。最近は頻繁に注文するので、呉服屋も心得て、用意してある型紙を使ってすぐに作ってくれるようになったという［一九九一：一二］。三増でも戦後復活した頃はお金がなくて、布地を一度にたくさん買うことができず、初めは獅子役の袴しか作れなかった。それから徐々にほかの役の衣装も作っていって、すべての衣装が新しくなるには何年も掛かった［一九九二：五五］。大島では、戦後すぐに太鼓の皮を新調した時にはお金がなくて、一年に一個ずつしか作れなかった［一九九五：七三］。各地の獅子舞は、かつては資金不足で、修理や新調を必要性の高いものから部分的に行うことを余儀なくされていたのである。

かつてはどこの獅子舞も経済的に苦しかった。鳥屋では以前は収入が神社から貰うわずかなお金だけであった。それを年配の演者たちが飲食に使ってしまい、房を作る紙などの消耗品の購入にも事欠く始末であった。文化財に指定されてからは県から補助金が交付されるようになったので、用具類の修理や新調にようやくお金が回せるようになったという［一九九一：四七］。三増でも、文化財指定後は補助金がくるので経済的に余裕ができて、一部を積立てて衣装の支度に充てるようになった［一九九二：三七］。

しかし、補助金の額は決して充分とはいえなかったので、それですべて問題が解決したわけではなかった。三増で平成元年に獅子頭や面を新調した時は、補助金とは別に全額愛川町が費用を負担したし［一九九二：一九］、同時に衣装を新調した費用は、三増全戸から徴収している獅子舞保存費[23]に臨時に上乗せして集めた[24]。下九沢でも衣装の新調の際には御嶽神社から相当額の金銭的な援助を受けて行っている。御嶽神社の記録には、昭和四三年（一九六八）に「獅子連揃いの衣装（着物）注文、補助承認」、昭和五六年（一九八一）に「獅子舞、袴六着（獅子三着、岡崎一着、花笠二着）新調。会長小川順作氏により布地を購入して作る」、昭和六〇年（一九八五）に「獅子舞保存会、袴新調」というように、補助を行ったことが記されている。近年新調した水引の製作費もほとんどを神社側が負担した。補助金だけでは獅子舞はとても維持できないと下九沢のある演者は語っていた［一九九四：一七–一九］。

それでは、文化財の指定はあまり経済的に意味がなかったかというと、そうではない。指定の経済的効果は直接的な補助金の交付に止まらなかった。文化財に指定されて獅子舞の重要性が周知された結果、行政当局や地域社会や神社側が獅子舞に対して経済的な援助を行うことへの了解が容易に得られるようになり、援助が以前よりも盛んに行われるようになった。その意味で、文化財指定の経済的な意味は小さくはなかった。

また、これらの獅子舞が首都圏の一角に位置していたことも見逃せない。相模原市域の神社では、高度経済成長期以降、急激な住宅地化の進行にともなう住民の急増で崇敬者が増加したことに加え、地価の高騰の結果、神社の氏子の多くが多額の資産を所有するようになり、神社の経済力が従来よりも向上した。また、相模原市や愛川町は大規模な内陸工業団地が建設されて多額の税収があり、財政的に恵まれた自治体であった。こうした地域社会の経済力の向上が、獅子舞に対する経済的援助の充実を可能にした面があった。

このように、近年各地の獅子舞の経済的基盤が充実してきたことが、前述のような用具類の変化を可能にしていたといえる。以前よりも近年のほうが変化が著しいことも、こうした経済的基盤の変化と合致する。経済的な充実があってこそ、まだ使える用具類の新調や衣装箱に入りきらない程の衣装の所有も可能となったのではないだろうか。

こうした獅子舞の経済的基盤の重要性は、下九沢や三増の獅子舞とかつての上層農民層との結び付きを考える際にも参考になる。獅子舞の維持伝承には、そうした家々の潤沢な経済力が大きな役割を果たしていたはずである。獅子舞と上層農民層との結び付きは多摩地方をはじめ各地で見られるが、そうした家々の卓越した経済力が相体的に低下してきたことと、近年各地の獅子舞が直面している伝承の困難さは恐らく無関係ではないであろう。

⑵その他の要件

変化が現れるための要件にはほかにもいくつか考えられる。そのひとつは進取の気質や創造的な志向に富む人物の存在である。鳥屋の笛吹きはそうした人物であった。彼は自ら獅子頭を彫ったり、房を切るための型板や歌本や解説パンフレットを作成していた［一九九一：一二・一八］。三増の保存会の副会長も同様の人物である。彼は愛川町の文化財保護委員を務めていて町当局に顔が利く。彼は、佐渡の民謡踊の笠の使用、バンバ役の鬘へのヘルメットの使用、男根型の簓から竹製の簓への変更など、用具類について様々な革新を行ってきたが、用具類以外でも、花笠役の増員、女性の演者の登用、祭の次第の簡略化など、従来のやり方を様々な面で革新してきた［愛川町教育委員会　一九九七：四八-四九］。三増では、衣装の管理を任され、修理や新調を一手に引き受けてきた女性の演者もそうした人物としてあげられる。モンペ型の袴から裁着袴への変更、獅子役の踊り手の唐草模様のパンツの着用は彼女の発案である［一九九二：五三‐六〇］。副会長と彼女は夫婦なので、二人で相談しながら様々な革新を行ってきたとも考えられる。大島では、現在獅子舞の代表を務める演者がそうした人物に当たる。彼は、獅子舞関係者の揃いの半纏を作ったり、獅子宿で儀礼に使用する膳腕を信州の木曽まで行って新調したりしている［一九九五：三一‐五一］。

演者に関わることでは女性の参加もあげることができる。三増では多くの女性が獅子舞に参加していて、彼女たちが衣装の新調や修理を行っていた［一九九二：五五］。自分たちで修理や新調を行えば少ない費用で済むので、修理や新調が容易になり、その分変化が生じる機会が増える。大島では近年子供たちの獅子舞を始めたが、それにともない子供の母親が獅子舞に関わるようになった。子供たちの衣装は業者に製作を依頼せず彼女たちが製作し、大人とは色や柄の異なる衣装になっている［一九九五：二一〇］。この場合も女性の参加がもたらした用具類の変化といえる。

もう一点指摘しておきたいのは、太鼓職人・曲げ物職人・面作り師・獅子頭の彫り師といった専門業者の関与による変化の可能性である。獅子舞の用具類には演者たちが自作可能なものと自作が困難なものとがある。自作が困難な獅子頭(25)・面・太鼓は獅子舞の上演にとって欠かせない重要な用具類であり、その維持管理や調達を通じて専門業者と関係を持つことが避けられない。こうした業者はほとんどが遠方にあった。用具類の維持管理や調達は地域社会内で完結するのではなくて、外部と関係しつつ行われてきた(26)。

その場合目に付くのが浅草との関わりである。演者たちは、用具類の修理や新調を浅草で行う場合が多かったと述べている。浅草との関係は昭和初期には見られ、現在まで続いている。注目されるのは、その際に、彼らは必ずしも以前と同じような用具類を調達しようとしていたわけではなかったことである。業者に勧められて以前とは異なる形状の用具類を新調したり、どのようなかたちで修理や新調を行うかの判断を全面的に業者に任せたりする場合もあった。したがって、こうした業者を通じて、その時代の流行の形状や色や柄といった新しい要素が用具類に付与され、変化が生じたことも十分考えられる。また、彼らの話からは、浅草に行くことを非常に楽しみにしていたことが窺える。彼らが当時東京でも有数の盛り場であった浅草の雰囲気に呑まれて、それが用具類の注文に反映する場合もあったのではないだろうか。各地の獅子舞と浅草の関係は、様々な形で用具類の変化に影響を与えていたといえる。(27)

(3)変化が生じる素地

鳥屋の獅子舞の房の製作は、かつては決められた切り方や数量が守られず、いい加減に行われていた。その頃フサキリに用いられた刃物が残されているが、実際に使った経験のある演者によれば、切れ味が鈍く、研いでもすぐに切れなくなってしまったという。このことは、フサキリを、決められたやり方を毎回厳密に守って行うのが技術的に難しかったことを示している。また、かつて鳥屋の世話人は、毎年祭の前に獅子頭に付ける鶏の羽根を手に入れるのが重要な仕事になっていた。当時は現在のように羽根を購入できず、十分な長さの羽根を持つ鶏を探して採ってこなくてはいけなかった。しかし、鶏はなかなか見付からず、短い羽根で間に合わせることもしばしばであった。羽根を採るために鶏を飼ってみたこともあったが、鳥屋の冬の寒さが鶏には厳しすぎたか、みんな死んでしまってうまくいかなかったという［一九九一：二〇］。毎年同じように獅子頭に十分な長さの羽根を付けて上演に臨むことは、実際はほとんど不可能であった。

各地の踊り手の衣装についても類似の状況が見られる。下九沢には獅子役の踊り手の半纏が三組残されているが、それぞれの色や柄には共通性が認められない。ある演者は、柄は特に決まっていなくて、新調の際に適当に選んでいたと述べていた［一九九四：一六］。こうした従来と同じ色や柄を保つことに固執しない衣装類の誂え方は、大島における岡崎や天狗の衣装や獅子の水引、鳥屋における世話人や子獅子の衣装など、各地で見られた。それも考えてみれば、それ程不自然なことではない。衣装が傷んできて新調する際は、前回製作した時点から大分時間が経過しているので、同じ色や柄の布地が手に入る確率は小さく、その時点で入手できる布地で作ることになる。その結果、当然従来の衣装とは違ってくるというわけである。あくまでも同じ色や柄にこだわるならば特別に注文するしかないが、多額の費用が掛かり、経済力のないかつての演者たちには困難であった。そう考えると、浅草へ出掛けて行って、店先に並んでいる布地の中から適当なものを買ってきて衣装を作るというやり方は、衣装の新調の方法としてはむしろ合理的であったといえる。色や柄は決まっていないのではなくて、決められなかったのではないだろうか。

獅子頭や太鼓は、新調された際には形状は以前とほとんど変わらなくても、すべての場合重量に変化が認められた。これは、用具類を重量を変えずに新調することが現実的には困難なことを示している。

獅子舞の用具類の伝承は、仮に理念的には一定のかたちを保つべきものと考えられていたとしても、実態は違っていた。用具類が厳密に同じであり続けることは不可能であり、程度の差こそあれ、状況に応じた変化を許容するかたちで存在するしかなかったのである。各地の獅子舞には、多様な用具類の変化を出現させる素地が元々備わっていたといえる。

六　古さと新しさの対立

以上本章では、神奈川県北部の獅子舞で使用されている用具類は実に多様な変化を来していて、それは変化が生じる素地、変化の契機となる様々な原因、変化を可能にする要件が相俟って生じていたことを明らかにすることができた。それでは、変化はどのようなかたちでも起こり得るのであろうか。それとも何らかの方向性が見られるのであろうか。

そこで注目したいのは、田名の復活の際の用具類の修理の様相である。当時、復活を中心となって進めていた責任者は、荻窪の面作り師のところに獅子頭を修理に持っていった時に、せっかく四〇年ぶりに獅子舞が復活するのだから用具類をきれいにして演者たちに使わせたいという希望を伝えた。それに対して面作り師は、獅子舞は昔から伝わるものなので、用具類を新品のようにきれいにせず、汚れや割れ目を少し残すぐらいに止めたほうが値打ちがあるのではないかと答えた。そこで、責任者は、面作り師の意見に従うことにした。後日、修理を終えた獅子頭を永田衡吉に見せたところ、永田もあまりきれいにしてしまうよりもそのほうが良かったと、彼の判断を誉めてくれたという［一九九三：三五］。興味深いのは、責任者は修理に際し、用具類を新品同様にすることを考えていたのに対して、面作り師や永田は古びていること、あるいは昔と変えないことを重視していたというように、用具類のあるべき姿に対する両者の認識に違いが見られたことである。

同様の認識の違いは、田名の獅子舞が平成四年（一九九二）に相模原市で開催された全国都市緑化フェアーに出演した時にも見られた。演者たちは演出家から、腕時計を外し、以前使用していた古い衣装を着て舞台に上がるように指示された。しかし、彼らはそれに従わず、いつも祭の時に着ている衣装で出演した［一九九三：七六-

七七］。演出家は、獅子舞は古来伝わる伝統的なものである点にこそ価値があり、それを強調するためにそうした指示を行ったと考えられる。一方演者たちにとって、その出演は、全国的なイベントの大舞台で、大勢の観客を前に獅子舞を演じるという晴れがましい機会である。そんな時に、古くて見すぼらしい衣装を着て舞台に上がることに抵抗を感じたのではないだろうか。それが、彼らが指示に従わなかった理由であったように思われる。(28)

　演者たちにとって、用具類の修理や新調によって実現すべきなのは新しさや鮮やかさであって、古さや変わらないことではなかった。獅子舞の用具類はいかに新しくきれいで見栄えがするかということが最大の関心事であった。演者たちの用具類に対するこうした認識は民俗芸能において広く見られることが従来から指摘されてきた。三隅治雄は、民俗芸能の演者には、彼らの感覚に訴えるものが眼前に現れればたちまちなびき、それを模倣してしまう「美へのあこがれ」と、それに基づく実践が広く見られると述べている［三隅　一九七六：一八―二〇］。獅子舞の演者たちが用具類の新しさや変化を志向し、それを実現する姿勢も、そうした民俗芸能に見られる一般的な装飾性への執着［小笠原　一九七二：一二］として理解することも可能であろう。

　また、三匹獅子舞が観衆の耳目を驚かす趣向を凝らす装飾性を重要な眼目としている風流系統に属することを考えると、そうした傾向は風流系の芸能の系譜において理解することもできる［笹原　一九九六：八五―八六］。古代末から中世にかけて、風流系の芸能では華美で新奇な趣向の装飾的効果を維持するために、衣装や装置の更新や変化が欠かせないものとされた。そうした性格が獅子舞にも脈々と受け継がれているとすれば、用具類の変化もそれで説明が付くのかも知れない。山路興造は、風流には「その時代に生きる一般の人々の美の意識がストレートに表現」されていると述べている［山路　一九九〇：六］。それに従えば、獅子舞の用具類にも演者たちの美の意識が反映されているということになる。折口信夫は、戦前に東京の日本青年館で開催された「郷土舞踊と民謡の会」に出演した民俗芸能について、「土地では存外田舎らしくない姿をとつて居るのかも知れない」が、それは研究者の近代的審美眼に適うようなものでもなければ、地方色のエキゾチシズムを感じさせるようなものとも異なり、「民俗藝術と言うものは、都會式な、我々の欲しないでかだんすをも滋養分として常に取り込んで行つて居るので、それが同時に發達の動力にもなつて行く」［折口　一九五六b：四〇一］と述べている。獅子舞に現れている美の意識もこれに類するものではないだろうか。それは、容易に手に入る安価な量産品を使用したり、自分たちの手で修復や新調を行ったり、都市の盛り場の猥雑な気分を反映させたりして生成してくるような身近な「美」の意識である。

七　「古さ」という趣向

変化が常態であった獅子舞の用具類のあり方も、近年は様子が変わってきた。下九沢では多額の費用を掛けて従来と同じ色柄の水引を新調したし［一九九四：二〇-二一］、大島でも従来と同じ色柄の獅子役の半纏を新調している［一九九五：二〇-二一］。用具類を変化させないことが志向されるようになったのである。

近年趣向の固定化が見られるようになった理由としては、各地の獅子舞が文化財に指定されたことがあげられる。指定された結果、獅子舞を文化財と見なす認識が演者たちに普及浸透し、獅子舞は昔から伝わる古い形態が貴重であり、それを変えずに保存継承していくことが重要と考えられるようになってきた。鳥屋の長老は、獅子舞は昔からやってきたことを崩してしまったら文化財としての価値がなくなると述べていた［一九九一：四一・四四］。また、神奈川県北部で唯一文化財の指定を受けていない田名の獅子舞のある演者は文化財に指定されることを渇望していたが、田名には古いことがわかる資料が火事で焼けて残っていないので、指定を受けられないのもしょうがないと語っていた[一九九四：七八]。演者たちは獅子舞を文化財と見なし、古さや変わらないことが価値があると考えるようになった。用具類もこうした演者たちの考え方の変化にともない、変化しないようになってきたのではないだろうか。

しかしそれは、用具のあり方が大きく変化したとばかり考える必要はない。郡司正勝は、民俗芸能の衣装は上演に際して「多くは、服装を改めるのが常」であり、日常的ではない晴れがましい服装に改める傾向があると指摘している[郡司　一九五八：二八]。郡司の考えに従えば、獅子舞の用具類の変化から不変へという推移も、演者たちの一貫した姿勢の現れとして把握することが可能となる。獅子舞は、以前は変化して目新しかったり見栄えがするほうが上演時の晴れがましい姿としては相応しかった。それが、文化財に指定されると、古さや変わらないことこそが晴れがましい姿と考えられるようになった。つまり、上演にあたって晴れがましい姿を実現するという演者たちの姿勢は変わらないが、演者たちの獅子舞に対する認識が変化したために、実際の様相が変わってきたというわけである。文化財と見なされるようになった獅子舞では、古さや変わっていないことをきちんと示すことが上演の際の最も重要な眼目となった。山路興造に習っていえば、演者たちの「美」の意識の変化である。いかにも古風で昔から変わらないような姿が文化財としての獅子舞の「美」とされるようになったのである。

八　文脈の中のかたち

平成一一年(一九九九)、和歌山県で第七回地域伝統芸能全国フェスティバルが開催された。(29)この催し物は、文化庁や各地の教育委員会が行ってきた民俗芸能大会と異なり、民俗芸能を地域の観光や商工業の振興に活用することを目的として行われてきた[地域伝統芸能活用センター　一九九九：二]。司会者の話やパンフレットでは、出演する民俗芸能が地域に伝わる伝統的なもので文化財として貴重であることが盛んに強調されていた。しかし、大会に出演した民俗芸能には古めかしい衣装や道具類を使用しているものはほとんど見られず、どの民俗芸能も潤沢にお金を掛けた豪華な用具類を使用していたように見受けられた。晴れの舞台への出演のためにそうした準備が行われたとしても、何ら不思議ではない。

古さや変わらないことと豪華さの共存という一見矛盾するようなあり方は、この催し物の趣旨を考えると納得できる。舞台に登場する民俗芸能は、見物に来た観光客に見すぼらしい姿を曝して不快感を与えることのないようにということが上演の眼目とされ、用具類もそのために豪華に誂えられることになったのではないだろうか。上演に際して演者たちに実現が要請されたのは、古さと昔から変わらない伝統に加えて、観光客を魅了する鮮やかさや豪華さであり、それを達成することで、演者たちは観光客の好意的な評価を受けて充足するという構図がそこにはできあがっていた。そんなふうに考えるのは穿ち過ぎであろうか。

今後、民俗芸能に対する一般的な認識が文化財から観光の対象に変化していくとしたら、それに連れて演者たちが上演の際に体現する晴れがましさの内容も変化し、その結果、用具類のあり方も文化財の時代とは異なるかたちに変化していくことも十分あり得る。用具類に限らず、民俗芸能のあり方はその時代の人々や社会の民俗芸能に対する認識のあり方と密接に関わっていることを思えば、そうした変化が生じるのはむしろ自然なことであろう。民俗芸能の造形は、伝承されていく間に「行為者の広い意味での解釈によって変化していく」［小林　一九九五：二五七］ものであることを、獅子舞の用具類の変化は如実に示していたといえる。

（1）　展示会は昭和六一年（一九八六）一〇月二八日から一一月二三日まで開催された［町田市立博物館　一九八六］。
（2）　獅子頭の大きさは、角や宝珠、踊り手がそれを被る際に頭を入れる竈を除いた部分の計測値を示している。以下、各地の獅子頭に関しても同様である。

(3) 太鼓の大きさは皮面の直径と全体の幅を示している。以下、各地の太鼓に関しても同様である。

(4) 新しい太鼓の胴の内側には「東京都台東区浅草六丁目　御太鼓司　宮本卯之助商店　昭和四十五年八月」と記されている。

(5) 鳥屋の用具類に関しては『鳥屋の獅子舞』[一九九一]に拠る。

(6) 新しい太鼓の胴の内側には「太鼓一式　製造元　御太鼓師八大目　廣崎賢太郎　海老名市重要文化財指定　神奈川県海老名市本郷六三〇七　電話〇四六二（三八）二七八三」と記されている。

(7) 三増の用具類に関しては『三増の獅子舞』[一九九二]に拠る。

(8) 神代神楽は家元によって受け持つ領域が定められていて、相模原市域は上溝の亀山家の活動領域となっている[笹原　一九八七]。

(9) 田名の用具類に関しては『田名の獅子舞』[一九九三]に拠る。

(10) 皮の裏側に「太鼓諸楽器製造元　東京都台東区浅草聖天町　宮本卯之助　38・10・2」という印が押してある。

(11) 下九沢の用具類に関しては『下九沢の獅子舞』[一九九四]に拠る。

(12) 大島では平成九年（一九九七）に獅子頭を新調している[中里　一九九七]。

(13) 皮の裏側に「太鼓製造元　東京浅草田原町　特別撰製　岡田屋」という印が押してある。

(14) 皮の裏側に「太鼓諸楽器製造元　東京都台東区聖天町　特別撰製　宮本卯之助」という印が押してある。

(15) 皮の内側に「太鼓一式製造元　海老名市重要文化財指定　御太鼓八大目周延　廣崎賢太郎商店　神奈川県海老名市本郷六三〇七　電話〇四六二（三八）二七八三」という印が押してある。

(16) 大島の用具類に関しては『大島の獅子舞』[一九九五]に拠る。

(17) こうした場合、「変化」をどのように定義するかは微妙な問題である。外部の者から見れば物理的な変化が明らかに認められるにも関わらず、演者たちは変化と認識していない場合もある。ここでは取り敢えず、「変化」を時間の経過による材質の劣化以外の原因で形状や色彩や構造に変更が生じることと考えておきたい。

(18) ここでは、新たに作られたものが、前回使用されたものと素材・外観・数量が概ね変わらない場合以外は、変化したと見なしている。
(19) この袢は演者の一人が以前義太夫を語る際に使用していたもので、厳密にいえば新調とはいえない。
(20) 永田衡吉は、踊り手は「麻の葉模様の袴をはく」と報告していて［永田　一九八七：三〇七］、かつてとは変わっている可能性もある。
(21) 神楽面を彫る職人のことと思われるが、田名の獅子舞の責任者は「面作り師」と呼んでいた。
(22) 田名の復活の際に中断以前の状況を正確に覚えている人がいなかったことも、こうしたことが生じ易かった原因と考えられる。
(23) 三増では、現在、獅子舞は三増の文化財として地区全体で保存していくという主旨で、地区内の全戸から自治会費と一緒に獅子舞保存費を徴収し、それを保存会の活動資金に充てている［一九九二：一三］。
(24) 三増獅子舞保存会の予算の状況を紹介すると、平成一二年（二〇〇〇）度は収入総額六一六、三三四円中、県補助金五五、〇〇〇円・町補助金一〇〇、〇〇〇円・区助成金二二〇、〇〇〇円、残りが雑収入となっている。県と町の補助金と区の助成金は翌年度も同額であった。
(25) 鳥屋の獅子頭は演者が自作したものであるが、作った本人も語っているように、形状が比較的単純なために可能であった。しかし、塗りは専門の業者に依頼していて、すべて自作というわけではない。獅子頭は基本的には自作が困難な用具といえる。
(26) こうした傾向は近年に限らない。下九沢の道具箱には文政五年（一八二二）に獅子頭と面を江戸人形町の工人が作ったと記されていて［一九九四：九二］、早い時期から地域外との関係が見られた。
(27) 演者たちの話からは、浅草が当時の民俗芸能の用具類を供給する一大センターであったような印象を受ける。現在浅草には太鼓屋や舞踊の道具屋、歌舞伎の小道具屋が何軒かあるが、一大センターというほどではない。単に、当時の東京の最も賑やかな商業地、盛り場ということで演者たちが赴いたのであろうか。さらに検討が必要である。
(28) 演者たちが普段使用していない以前の衣装をわざわざ用意する手間を嫌ったということも、演出家の指示に従わなかった理由となっていたようである。
(29) 同年五月二一日から二三日まで、和歌山県田辺市を会場に開催された。

第七章　伝承と現在

一　演じられる制度

(1)民俗芸能の現在

現在、全国各地の民俗芸能で、教育委員会などの行政当局やそれらによって施行されている様々な制度と全く関わりを持たないものが果たしてどれだけ存在しているであろう。国や県や市町村の文化財に指定されているものはいうまでもない。それ以外のものでも、演者たちが自らを保存会と名乗ったり、行政当局が行う文化財調査の対象となったりしていることを考えると、相当数の民俗芸能が「地域・伝統文化・文化財・文化財保護法」といった文脈において存在している姿が浮かび上がってくる。こうした文脈と全く無関係には存在できないのが現代の民俗芸能なのである。そして、そうした状況の代表的な局面として民俗芸能大会をあげることができる。本節では、神奈川県北部の獅子舞の演者たちが、民俗芸能の同時代的な状況をどのようなかたちで認識し、対処してきたかを、彼らと民俗芸能大会との関係を手がかりに考えてみたい。

⑵いわゆる「民俗芸能大会」について

民俗芸能大会とは何かというのは、改めて考えてみるとなかなか難問である。一般的な理解としては、「祖先の素朴な生活と信仰の中から生まれた貴重な文化遺産であり、先人によって愛護され代々継承されて今日に及ん」でいる、各地の「郷土の香り豊かな勝れた民俗芸能の数々が一同に集まり、一般の鑑賞に供される」［高橋一九六二］催し物といったところであろう。(1) しかし、こうした理解も、大会の形式に関しては問題はないが、(2) そこで述べられている民俗芸能の価値については検討の余地がある。

橋本裕之は、素朴や伝統や信仰といった言葉を用いて語られる民俗芸能の一般的な理解は、各地の民俗芸能の実態から導き出されたものというより、民俗芸能がそうした価値を有することを自明とする一種のイデオロギーに基づいて形成されたと指摘している［橋本　一九八九ａ］。前述の民俗芸能大会の理解においても同様の指摘が可能である。そこで述べられている民俗芸能の価値は、大会に出演する民俗芸能の実態から導き出されたものではない。したがって、その理解も実際の大会を的確に表現したものとはいえないことになる。

そこで本節では、民俗芸能大会の定義を形式的な側面に限っておきたい。即ち、民俗芸能大会を、各地で行われている民俗芸能を現地での上演とは異なる時と場所において上演し、観客の鑑賞に供する催し物と定義しておく。厳密にいえば、民俗芸能大会という形式は、民俗芸能の上演のみが行われる催し物に限られよう。しかし、現地での上演と時や場所を違えて上演されるという意味では、地方博や物産展などの催し物のアトラクションとして民俗芸能が上演される場合も、大会と同様の上演形態と考えることができる。特に、大会を形式の面から定義する本節においては、そのようなかたちで認識することの妥当性は高い。したがって、本節ではこうしたかたちの上演も含めて考えていきたい。

(3)「民俗芸能大会」的な現在

現在、民俗芸能大会は盛行しているといっていいであろう。各地では規模や目的が様々に異なる民俗芸能大会が盛んに開催されている。首都圏を例に取ると、全国民俗芸能大会・地方ブロック民俗芸能大会(3)・都県民俗芸能大会・市町村民俗芸能大会といった毎年恒例で開催されているもののほかに、地方博などのイベントにちなんだ民俗芸能大会や民俗芸能公演も行われる。こうした大会にすべて足を運べば、年間百を越える民俗芸能に接することが可能となる。民俗芸能大会は現在、人々が民俗芸能に接することができる主要な機会のひとつとなっている。

それにもかかわらず、民俗芸能大会で民俗芸能を見ることに何か違和感を感じる人も少なくない。その理由を考えてみると、おそらくそれは、大会で上演された民俗芸能があくまでも仮の姿に過ぎないという認識を抱いてしまうことに起因する。

大会において上演される民俗芸能の実態は、当然のことながら現地で行われる上演と同じではない。大会での上演は、現地で上演される場合とは日時や場所が異なる。方々から集まってきた演者たちが、行政当局などの主催者のもとで不特定多数の観客を相手に演じるという上演の形態は、演者と主催者と観客がいずれも同じ地域社会の成員の場合が多い現地とは異なる。また大会では、会場の舞台の構造や割り当てられた時間に合わせて、内容を省略したり変更したりして上演している場合がほとんどである。こうした違いの存在が、大会で見る民俗芸能が本物ではなく仮の姿と見なされる原因となってきた。

しかし近年は、現地と大会の関係が変化してきている。民俗芸能は上演の季節や次第、演者の資格などに関して様々な制約があり、それを遵守して行われることが大きな特徴とされてきた［池田　一九六八：七–八］。しかし、大会ではそうした制約が解除された状態で行われる。ところが近年は、民俗芸能が現地で行われる際にもそうした制約が解除されるようになってきた。奥三河一帯でかつて真冬の厳寒の時期に行われていた花祭は、一〇月後半の祝日や休日に上演日を変更して行うようになったところが何ヵ所かある。また、伊那谷の各地で行われている遠山の霜月祭は、以前は夜を徹して行われていたが、近年は次第を変更して夜半に終わってしまうところが少なくない。演者の資格に関しても問わなくなったところが多い。中にはそれまで禁じていた女性や子供の参加を認めたり、むしろそれを目玉として観光客相手に売り込む民俗芸能も現れている。こうした制約の解除は全国的に進行していて［戸板　一九八七：七］、その意味では、現地と大会の実態の違いは以前ほど明確には認められなくなっている。

大会出演のための上演時間の短縮や所作の変更が現地でも行われ、慣例化してしまったところもあるし、多くのところで大会の舞台と同じようにPAを使用している。廃絶した民俗芸能が大会出演のために復活したり、(4)仕事歌のように現在では現地での上演の機会がなくなり、大会でしか接することができない民俗芸能も現れてきた。(5)現地と大会の関係が、前者から後者へという一方向的なものではなくなってきている。

大会を仮の姿とする認識は、現地に赴いて民俗芸能に接する機会が多い民俗学者や民俗芸能研究者においても認められるが、その一方で、彼らは民俗芸能大会には欠かせない存在である。彼らが舞台で上演されている民俗芸能を見て、現地での調査さながらに写真を撮ったり、メモを取ったり、ロビーで議論を交わしている姿はほとんどの大会で見掛けることができる。主催者側に研究者が参画している場合も珍しくない。大会における彼らの言動は、本人には自覚はないかも知れないが、彼らが大会で民俗芸能そのものに接しているという意識を抱いていることを示している。それと同時に、彼らは大会に出演しているのが紛れもない民俗芸能そのものであることの証明となっている。大会に出演する民俗芸能の真正性は、民俗芸能に深く通じた彼らの存在によって保証されているのである［笹原　一九九〇］。

こうした状況の変化を考えると、民俗芸能を巡る同時代的な状況を把握するには、大会での上演を現在の民俗芸能の上演形態のひとつとして認識し、検討を加える必要があるのではないだろうか。現地が本物で大会は仮の姿とする理解ではもはや十分ではないことは明らかである。そこで本節では、民俗芸能大会を獅子舞の演者たちがどのように認識し、どのように対処してきたかを見ていくことにしたい。

(4)民俗芸能大会を演じる人々

①民俗芸能大会の政治的側面

獅子舞の演者たちからは、民俗芸能大会について様々な話を聞くことができる。彼らの話から窺える大会との関わりには、いくつか共通する特徴を見出すことが可能である。そのひとつは、大会を通じて各地の獅子舞は主催者側、特に地方自治体の教育委員会と密接な関係を持つようになったことである。

民俗芸能を見に行くと、幟や衣装に「～指定文化財」と記されているのをしばしば目にする。現在それは当り前のこととして受け取られている。しかし、民俗芸能が文化財として認識されるようになったのはそれ程古いことではない[6]。そしてそれは、民俗芸能大会とも浅からぬ関係を有している。

三増の獅子舞は、昭和三六年（一九六一）に神奈川県の無形文化財の指定を受け、昭和五一年（一九七六）、文化財保護法の改正にともない県の条例が改正され、無形民俗文化財に指定が変更されて現在に至っている。文化財の指定は三増の獅子舞にいくつかの変化をもたらした。文化財に指定されたことで、地元の人々ですらほとんど関心を持たなくなっていたその存在が内外から注目を集めるようになった。また、県の民俗芸能大会への出演要請がしばしば来るようになった。指定を受けている手前、無下に断るわけにもいかず大会に出演したので、指定前よりも上演の機会が増加した［一九九二：三八］。

しかし、演者たちが指定後に獅子舞の上演を現地外で頻繁に行うようになったのは、文化財の一般公開の責務の履行といった受動的な立場からのみではなかった。鳥屋の獅子舞保存会の副会長によれば、文化財に指定されて間もない頃は、方々で開催される民俗芸能大会に頻繁に出演したが、当時、鳥屋の獅子舞は文化財として名前が売れていなかったので、そういった機会には可能な限り出演するようにしたと述べている。彼が獅子舞に加わったのは文化財に指定される前のことで、その頃は地元の獅子舞に対する関心は非常に低く、演者たちの志気もあがらず獅子舞を続けていくのは苦労の連続であったという。そうした状況を打開するために、大会への出演を、獅子舞を文化財として地元や世間に売り込む絶好の機会と考え、積極的に活用したのである［一九九一：五六］。

鳥屋の演者たちが積極的に大会に出演を図ったのは、獅子舞の経済的な基盤の充実とも密接に関わっていた。鳥屋では指定前は、獅子舞の費用は全面的に神社が負担していた。祭での上演にかかる経費は神社側が出していた。しかし、そのお金を演者たちはほとんど酒肴代に遣ってしまい、道具や衣装が痛んでも新調せずにみすぼらしい格好で演じていたので、神社側ではお金を出しても意味がないと、次第に出すのを渋るようになってきた。獅子舞は花が掛かるということもなく、収入は神社側からのお金だけなので、それが減額されたりなくなったりすると窮地に追い込まれる。そんな時、獅子舞が文化財に指定されて、行政当局から補助金が毎年交付されるようになった。それ程大金ではなかったにしても、それが獅子舞の経済基盤を安定させる上で果たした役割は小さくはなかったと、当時の状況を保存会の副会長は語っていた［一九九一：四七-四八］。このことは、演者たちの積極的な大会への出演は、それを通じて行政当局との関係を良好に保ち、当局からの経済的な援助を確実なものにするという意味があったことを示している。同時にそれは、神社側のお金の出し渋りを解消するという効果も狙っていたと思われる。指定文化財としての評判や知名度の高まりは、獅子舞の価値に関する説明として、神社側に対して相当説得力を持ったはずである。

鳥屋では近年も相変わらず方々から出演の要請が来るが、大分名前も売れてきたのであまり引き受けないようにしているという。頼む方は、指定文化財だから出てくれるであろうと気軽に考えて依頼してくるが、いざ出演となれば練習や準備が必要となるし、交通費などの経費も掛かる。しかし、それらを依頼側が十分にみてくれる場合は少なく、保存会で負担することになる。補助金をもらっているといってもそれでは割に合わないので、出演を控えるようになったという［一九九一：五六］。

田名の場合はさらに密接な行政当局との関係を見ることができる。田名の獅子舞は昭和四九年（一九七四）に復活し、昭和五一年（一九七六）に第一三回神奈川県民俗芸能大会に出演した。田名では中断以前の踊り方を正確に覚えている人が見付からなかった。そこで、かつて交流があったとされる三増の獅子舞の演者を招き、踊り方の教授を受けた［一九九三：二一八-二一九］。大会で上演された獅子舞をある元踊り手が見て、自分が踊った獅子舞とあまりにも違うので、途中で見るのをやめてしまったというから、復活した舞と中断以前の舞は相当違っていたようである。

田名では復活に当り、県の教育委員会員や当時県の文化財専門委員を務めていた永田衡吉に協力を仰いだ。三増の獅子舞の教授を受けたのも永田の指示によるものであった。復活した獅子舞を県の民俗芸能大会に出演させたのも永田の指示で、折角復活した獅子舞が再び中断することのないように、演者たちを激励する意味で大会という晴れ舞台に出演させたのである［一九九三：三七―三八］。

田名の獅子舞の復活は、行政当局との密接な関係の中で進められた。そうして復活した獅子舞は民俗芸能大会に出演させられた。内容のいかんに関わらず、行政当局が主催する権威ある大会に出演することで、田名の獅子舞の復活事業は最終的に完了したと見ることができる。復活した獅子舞がその元踊り手の目に留まらなかったら、三増の踊り方で演じられている獅子舞が、大会に出演したことで田名の獅子舞として世間に認められていたかも知れない。

獅子舞を文化財とみなす理解は演者や観客の間で自然に生まれてきたものではなく、行政当局によってもたらされたものであった。そして、それが人々に受容され、定着するにあたっては、大会という行政当局が用意した制度が一役買っていた。大会は獅子舞に文化財という価値を付与し、それをより権威あるものにして、より広く世間に周知させる制度としての役割を果していた。さらに大会は、経済的な基盤を確かなものにするという面においても一定の役割を果たしていた。大会における獅子舞と行政当局の密接な関係は、今や演者たちや観客に意識されることがほとんどない程自明のものになっているが、そうした状態こそが、逆説的に両者の関係の密接さを物語っている。

②民俗芸能大会の組織論的側面

近年は、各地の獅子舞の演者集団のあり方が従来とは大分様変わりしてきた。その顕著な例として、三増の獅子舞における女性の参加をあげることができる。そして、ここでも民俗芸能大会との関係が認められる。

三増の獅子舞を初めて見た時に最も印象に残ったのは、女性が獅子役の踊り手を務めていたことであった［笹原　一九九二c］。三増ではかつて踊り手が男性に限られていた。女性は道具に触れたり跨いだりすることも禁じられていた。しかし、戦時中の中断の後、昭和三〇年（一九五五）に復活する際には、中断前の様相を詳しく記憶している男性の演者が見当たらなかったために、一人の老女に歌や舞の指導を受けた。それ以後女性が獅子舞に参加するようになった。歌師として参加したのを手始めに、男性の演者の不足もあって女性の演者が次第に増加してきたのである。

女性の参加は、当初はやむを得ず採られた苦肉の策であったが、民俗芸能大会の出演には却ってプラスにはたらいた。大会への出演が平日だったりすると、仕事を持っている男性は休みをとらなければならず大変である。しかし、女性は家にいて時間が比較的自由になる人が多かったので、演者に女性がいたほうが必要な人員を揃えるのに楽であった。また、大会出演の際は、当日だけではなくて、事前の準備や後片付けがある。当日でさえ参加が容易でない男性たちが、準備や後片付けに出られる確立はさらに低くなる。その点でも女性が加わっているほうが好都合であった。大会出演という晴れ舞台のために急遽衣装を新調することになった時も、女性の演者たちが手分けして縫って間に合わせることができた。そのほか、大会出演に関係したこと以外にも、衣装の洗濯や繕いなど、女性のほうが上手な仕事がいろいろとあり、女性がいたほうが男性のみの時よりもうまくいくので、積極的に勧誘を行って女性の演者を増やした［一九九二：四五-六二］。現在は、獅子役の一人と笛吹きに加えて歌師の大部分は女性で、簓摺りも女性たちが務める場合も出てきた。(7) こうした演者組織の変化は、大会への出演がもたらした上演機会の増加によって促進された面があった。

しかし、女性の参加がすんなりと進んだわけではない。県の民俗芸能大会に出演した際には、永田衡吉から女性が踊り手を務めるのは感心しないといわれたこともあった。それに対して当時世話役であった地元の寺の住職は、男性ばかりでは雰囲気が殺伐としてしまって、折角復活したのに続かなくなると困るし、女性がいたほうが捗る作業もあると答えて女性の参加を擁護したという［一九九二：四五-五七］。

大会において女性の参加を巡り、肯定的な演者たちの姿勢と否定的な永田の姿勢と対立が認められたことは注目される。永田にとっては、民俗芸能の文化財としての保存振興を目的としている大会において、獅子舞が、文化財に指定した状態とは異なるかたちで上演されるのは問題であろう。しかし、演者たちにしてみれば、それまでのやり方に不都合が生じたならば、状況の変化に応じてやり方を変えていくのは自然の成り行きである。女性の忌避という旧来のやり方にこだわっていては獅子舞の上演の継続が困難とみるや、即座に女性の参加を仰ぐ。それが、大会出演による上演の機会の増加という新たに生じた状況に適していることがわかると、今度は積極的に女性の導入を図って演者の組織を変化させる。当局側からの批判も上演の実現を優先して受け流す。とはいうものの、彼らは当局側と敵対しているわけではなく、大会への出演はきちんと行っていた。

そこには、理念に厳格にしたがうのではなくて、獅子舞の上演の達成に向けて、その時々の状況に柔軟に対応していく演者たちの姿勢を見ることができる。演者たちがとった行為は、獅子舞の実態に即した極めて現実対応的なものであった。彼らにとって重要なのは、文化財保護といった理念の護持ではなくて、獅子舞を演じ続けていくことなのである。それに向けて、現実的に最も適したかたちで演者集団を維持していこうとする実践的な演者たちの組織論を、大会と彼らの関係に見ることができる。

③民俗芸能大会の芸能的側面

近年の民俗芸能大会においては、演者たちの民俗芸能を「演じる」ことに対する意識の高まりを見ることができるが［笹原 一九九三］、神奈川県北部の獅子舞の演者たちも例外ではない。彼らは獅子舞を「演じる」ことに対して高い関心を示していた。

大会出演のために施された演出の現地への流入や定着にも「演じる」演者たちの姿勢を見ることができる。三増の獅子舞では、かつては上演に四〇分から四五分掛かっていたが、現在は一五分程で演じている。現在の上演形態は、以前、ある民俗芸能大会に出演した際に、持ち時間に合わせて作成した短縮版が基になっている。その時は、繰り返し動作が多いと見ている人が飽きてしまうので、繰り返しをなるべく減らして上演した。その短縮版は、見物人にとってはなかなか具合が良いということで、それ以降、現地でもその短縮版で演じるようになった。また、踊り手の動き方にも大会用の演出が取り入れられた。以前は三匹の獅子が全員内側を向き、正三角形の陣形を基本として踊っていた。ところが、舞台で踊ると観客席に尻を向ける獅子が出てくる。方々の大会に出演して舞台で演じることが多くなると、それでは観客に失礼ではないかと演者たちが考えるようになった。そこで、観客席に対して獅子が常に正対するように踊り手の陣形を横一列に変更した。それ以降、現地でも三匹が横一列になる演出で演じられるようになった［一九九二：四八-四九］。田名の獅子舞でも県の民俗芸能大会への出演の際に作成した短縮版を現地でも行うようになっている［一九九三：三七-三八］。

こうした省略や変更は、大会での上演のために一時的に施された演出であった。しかし、実際にやってみたところ、単調さを排除して見物人を飽きさせず、見物人の観覧の便に配慮した優れた演出であることが判明した。その結果、それが現地でも行われるようになった。大会という不特定多数の観客相手に演じる場への出演が契機となって、演者たちが獅子舞を見る者にいかにアピールするかを考えて演じるようになったというわけである。

演者たちは、民俗芸能大会での上演と現地での上演との差をしばしば技術的な問題として語っていた。このことも、演者たちが獅子舞を「演じる」芸能として意識するようになったことの現れといえる。田名の獅子舞は、復活してからしばらくは、上演の機会が田名八幡宮の例大祭と相模原市民俗芸能大会の年二回に限られていた。

しかし、次第に地元の公民館や学校の文化祭など、様々な催し物に呼ばれるようになり、上演の機会が増えた。それについて現役の踊り手の一人は、大会で踊るよりも祭の際に神社の境内で踊るほうがいいと語っていた。理由を尋ねると、即座に返ってきた答は、ホールや劇場の舞台は床が滑りやすくて踊り難い上に、固くて膝を付く度に痛い思いをするからと述べていた。

田名では笛吹きが不在の時期があり、その間は笛の演奏を録音したテープにあわせて行われていた。そのことについて、前述の踊り手は、テープを使った上演では動作のタイミングの微調整ができず、思わぬ失敗が起きてしまうので困ると語っていた。ある大会に出演した時、踊り手の準備が整わないうちに進行係がテープを回してしまい、あわてて踊り始めた。しかし、最初の動作がずれてしまったので、最後までずれたままで踊る羽目になり、散々の出来であったという。現地ではテープを最初から最後まで回して行うのでこうした失敗は起きにくいが、大会では割り当てられた時間の分だけテープを部分的に流し、それに合わせて行うので、結構難しい。大会でやる場合は笛吹きがいないと苦労すると語っていた［一九九三：六三―六四・七二］。この話も、演者が現地と大会の違いを技術的な問題として認識していることを示している。

ほかの獅子舞の演者においても同様の認識を見ることができる。鳥屋の元踊り手は、大会の舞台ではスポットライトを当てられると、幕を通して外の様子が見えなくなるので、神社の境内で踊るほうがいいと語っていた［一九九一］。三増の女性の踊り手は、以前は踊り終えた後に非常に疲れるので、大会に出るのが気が重かったが、近年は体の使い方のこつが飲み込めて以前程疲れを感じなくなったので、大会への出演を嫌と思わなくなったと述べている［一九九二：六五］。彼女が大会への出演をためらっていたのは、獅子舞への習熟が不十分で踊ると疲れるからといった技術的な問題からであった。

このように、演者たちが大会と現地を区別する際の基準は、現地が本物で大会は仮の姿ということでは必ずしもなかったことがわかる。大会では、足場の違い、照明の影響、笛吹きの欠如や演者の習熟の度合いからくる不都合などが原因で、現地よりも踊りにくいと演者たちは語っていた。このことは、大会と現地を巡る彼らの関心が、獅子舞をきちんと演じ得るかどうかといった上演の技術的な次元に集中していたことを示している。

民俗芸能大会への出演に対して演者たちが積極的な姿勢を示す場合も見られた。鳥屋の保存会の副会長は、最近の演者たちは、たまに他所で催される大会に連れていかないと満足しなくなったと語っていた。大会に出演すると、保存会の幹部は主催者側とのやり取りもあるし、会場では用具類の管理に気を使ったりいろいろ大変であるが、一般の演者たちは、自分たちの出番がきて舞台を勤めればあとは自由なので、ちょっとした旅行気分が味わえる。大会への出演は、演者たちにとって一種の気分転換、楽しみとなっているという［一九九一：五六］。

平成四年（一九九二）、相模原市で全国都市緑化フェア神奈川大会が開催された。その際に、市がスポンサーとなって、相模原の歴史や伝説を題材にした『相州おんながたり』という出し物が行われたが、そこに田名の獅子舞が市内のほかの民俗芸能と共に出演した。その舞台は、有名な歌手のコンサートの制作を手掛けている人物がプロデューサーを務め、自ら演出し、プロの女優を主役に配し、舞台監督や照明や音響にもプロのスタッフを使った本格的なものであった。本番に向けて練習が何度も行われたが、その時の様子を、田名の獅子舞の現役の踊り手は次のように語っていた。

まず、台本にしたがって主役の女優が演技を行い、ストーリーを進めていく。そして、市内の民俗芸能が演じられる場面が来ると、演者たちに対し、舞台への出入りのタイミングや舞台上での動きについて演出家から詳細な指示が行われ、彼らがそれに従って実際に動いて指導を受ける。それを繰り返しながら全体を作り上げていった。その時は、まるで映画の撮影現場にいるようで、自分が芸能人になったような気がしたという。そうした気分になったのは彼だけではなかったらしく、田名の演者たちは、一時は本番に向けて自分たちだけで練習しようという話が出る程盛り上がったという［一九九三：七六-七七］。プロが手掛けた本格的な舞台に出演し、大勢の観客の前で獅子舞を演じることに、田名の演者たちは非常に魅力を感じていたことが窺える。

田名以外でも同様の思いを抱く演者がいた。三増の女性の踊り手は、自分が保存会に加わってからは、以前のように遠方から呼ばれることがなくなったのが残念で、近くの獅子舞が海外に公演に行ったのがうらやましく、自分も機会があれば是非海外で演じてみたいと［一九九二：六八-六九］、獅子舞を演じることに対して並々ならぬ意欲と関心を表明していた。

このように演者たちは、現地以外の上演に対して違和感を覚えるどころか、大会への出演をレジャー感覚で務めたり、より大きな舞台への出演を渇望するようになっていた。彼らは大会との関係を通じて、獅子舞を純粋に「演じる」ことへの興味や関心、いわば芸能的側面を拡張させてきたといえる。

(5)民俗芸能大会も演じている人々

①民俗芸能の政治的側面

以上、民俗芸能大会と各地の獅子舞の関わりを、政治的、組織論的、そして芸能的側面から考えてみた。しかし、獅子舞は現在、民俗芸能大会で演じられているだけではなく、現地においても相変わらず演じられている。そうなると、現在の獅子舞を理解する場合、現地の様相を全く排除してしまっては十分ではない。そこで次に、現地における獅子舞の様相についても、政治的、組織論的、芸能的側面から考えてみたい。

民俗芸能大会を巡っては、演者たちと行政当局との間には密接な関係が認められたが、同様の関係は現地においても認められる。現在の獅子舞において行政当局との関係としてまずあげられるのは文化財の指定である。鳥屋の獅子舞が神奈川県の無形文化財に指定された時のことを、ある演者は次のように語っている。

当時彼は世話人として獅子舞に関わっていて、後継者難で存続が危ぶまれる厳しい状況の中で何とか続けていこうと孤軍奮闘していた。文化財に指定された時、最初はそれがどういうことかわからなかった。それから程なくして、永田衡吉が鳥屋に獅子舞を見に来た時に、一緒に来た新聞記者から、無形のものが文化財に指定されたのは大変なことであるという話を聞き、これはえらいことになった、文化財になるというのは大変なんだ、重大なことを引き受けたということに初めて気が付いた。その後は方々から出演依頼が来るようになった。

文化財の指定を契機に鳥屋獅子舞保存会が結成された。それ以前、演者集団は獅子連、獅子舞連中と呼ばれ、何となく寄り集っているといった感じであった。ところが、文化財の指定や補助金の交付を受けるにはきちんとした組織でないとまずいと県にいわれ、急遽保存会を結成したのである。当初は名前が変わっただけで組織の内実は変わらなかったが、しばらくすると、副会長や会計が置かれてきちんとした運営が行われるようになった。

獅子舞は文化財に指定されるまでは、神社からもらうお金以外は一切収入がなく、経済的に苦しかった。したがって、指定後県から交付されるようになった補助金は非常に助かった。

永田衡吉と親密な付き合いが始まったのは指定を受ける前後のことであった。鳥屋の獅子舞が文化財に指定されたこと自体、永田の力によるところが少なくなかった。永田は何度も鳥屋を訪れて、獅子舞を見学したり関係資料の調査を行ったり、演者たちに獅子舞の学問的重要性を説いて、伝承を絶やさないように励ましたり、衣装の新調や舞場の設営を指導したり、踊り方の崩れを注意したりした。演者たちから獅子舞の目的や歌詞の意味を尋ねられると、それに対して懇切丁寧に答えていた。獅子舞は踊り方が崩れてしまうと文化財としての価値がなくなる。永田の指導助言があったので現在まで崩さずに演じてくることができたという［一九九一：四二―四四］。彼の話は、文化財の指定が演者たちと獅子舞との関係に変化をもたらしたことを示している。演者たちは自分たちが演じてきた獅子舞が文化財という価値を持つことを、指定されたことで自覚するようになった。しかし、文化財という価値の受容はスムーズに進んだわけではなかった。彼は文化財の指定が、最初はどういうことかわからなかったと述べていた。こうした戸惑いは彼に限ったことではなかった。下九沢の元踊り手も、文化財に指定された時はそれが何を意味するのかわからず、演者たちの多くも昔からやっていたから続けているだけで、それを文化財に指定してほしいという考えはなかったと述べている［一九九四：六二］。こうした演者たちの当惑は、文化財という概念が当時の彼らの知識の範疇には存在していなかったことによる。それが演者たちに突然もたらされたので、当惑するしかなかったのである。

それでは、文化財という価値が演者たちに受容されていったのはなぜか。理由のひとつは、指定したのが行政当局であったからである。獅子舞が寂れて演者たちが心細くなっていた時に、行政当局が味方に付くことが演者たちにとってどれほど心強かったかは想像に難くない。同時にそれは、補助金の交付によって経済的基盤が充実するという効果をともなっていた。その結果、演者たちの当局に対する信頼感は一層強まったと思われる。

また、文化財に指定された結果、獅子舞に対する世間の関心が高まり、それを演者たちが明確に意識することができたことも理由としてあげられる。鳥屋では獅子舞が文化財に指定されると新聞記者が取材に来るようになった。民俗芸能大会への出演要請も頻繁に来るようになり、それに応えて現地外で大勢の観客を前に獅子舞を演じるようになった。それは、獅子舞に対する注目の高まりを演者たちが自覚する機会となったはずである。こうしたことは鳥屋以外でも同様に見られた。三増の元踊り手は、獅子舞が文化財に指定されると、役場のほうでも何かと目を掛けてくれるようになったと述べている［一九九二：三七］。下九沢では、それまで獅子舞にほとんど無関心であった地元選出の県会議員が、文化財に指定された途端に関心を示すようになり、祭の際に神社に桟敷を作って議員仲間や県の関係者を招待して、盛大に上演が行われたことがあったという［一九九四：四二］。

文化財という価値の受容を巡っては、永田衡吉の関与も見逃せない。永田は神奈川県の文化財専門委員として、文化財行政の立場から県内の民俗芸能に深く関わっていた。鳥屋の演者たちが永田と親しく交流していたのは前述の通りであるが、同様のことは鳥屋以外でも見られた。三増のある元踊り手は次のように語っている。永田には文化財に指定される時に世話になったが、それ以外にもいろいろと親身になって相談に乗ったり励ましたりしてくれた。永田がいなかったら今頃獅子舞は続いていなかった。永田は獅子舞のことは何でも知っていて、歌詞を見ただけでその獅子舞の歌い方や踊り方がみんなわかってしまった。踊り方に疑義が生じて永田に尋ねたことがあったが、その時は、いい加減に済ましてごまかさないように厳しく指導された。永田は祭以外の時にやって来ることもあり、そういう時は演者たちがわざわざ集まり、獅子舞を上演して見せた。そうした訪問が、文化財に指定される前に何回かあった。県の民俗芸能大会に出演した際も、永田はよく声を掛けてくれたという［一九九二：三七‐四四］。

下九沢でも文化財に指定される前に永田の訪問を受けている。その時は御嶽神社の宮世話人が自分の家に泊めて相手をしたという。指定後も祭の時に何度かやって来たが、その時には、ほかのところの獅子舞の話をしてくれたり、獅子舞について自分が書いた著作を置いていってくれたりした。保存会で湯河原に旅行した時に、永田の自宅が近所なので招待したら、旅館まで来てくれた。とにかく、永田には随分世話になったとある演者は語っていた［一九九四：六二―七六］。

田名の場合は前述のように、獅子舞を復活する際に永田に非常に世話になっている。復活を中心となって進めた責任者は、その時のことを次のように語っている。田名では中断前の踊り方や歌を正確に覚ている人がほとんどいなかった。そこで、永田に相談したところ、かつて田名の獅子舞と交流があったといわれていた三増の獅子舞を参考にして不明なところを補うように指示された。永田は、正確な形態で復活させるよりも取りあえず復活させるのが重要と考えて、そうした指示を行ったらしい。そこで、三増から演者を招いて教授を受けた。永田自身、動作のおかしいところを直してくれたこともあった。踊り手の子供たちに指導してくれたこともあったが、教え方が非常にうまかった。永田の来訪の際は、車での送迎はもちろん、時には料亭で一席設けたり、接待が大変で気を使った。その後も民俗芸能大会用の短縮版の作成を手伝って貰ったり、歌詞の意味を教えて貰ったり、いろいろ世話になったという［一九九三：三三一―三三八］。

こうした演者たちの話からは、彼らが永田の言動から少なからず影響を受けていたことが理解されてくる。文化財に指定される前後は地域社会の紐帯が弱まり、獅子舞は物好きがやるものぐらいにしか考えない人が増えていた。それに加えて獅子舞の娯楽としての意味合いも薄れ、演者たちは獅子舞を演じることに価値を見出せなくなり、自信を無くしかけていた［一九九二：五三―五四］。そんな時に、県内の民俗芸能研究の第一人者であり、県の文化財専門委員である永田が味方に付いてくれたのである。学問的な権威と行政的な権威を兼ね備えた永田の関与は、演者たちが獅子舞に文化財という新たな価値を見出し、演じていく自信を回復するための大きな支えとなったはずである。

しかしその一方で、演者たちが文化財という価値を受容したことで、彼らが獅子舞を行政当局との関係抜きでは考えられなくなる結果を招いたことには注意しておく必要があろう。田名の獅子舞の復活の際に指導を要請された三増の演者は、愛川町の文化財をよそに教えるとなると自分の一存では決められないので、町の教育委員会で承認を得るように要求した。そこで、田名側では町当局の許可を取り付け、ようやくその演者から教授を受けることができたという［一九九二：五一］。また、田名の現役の踊り手は、相模原市内では自分たちの獅子舞だけが指定されていないので、市の教育委員会の職員にことあるごとに指定されない理由を尋ねて、文化財に指定されたいという強い願望を表明していた［一九九三：七一－七二］。こうしたことは、獅子舞を文化財と見なす姿勢が、演者たちの間に深く浸透したことを示している。

獅子舞が文化財であるという認識は、戦後、行政当局によってもたらされ、演者たちに受容されて定着した新しい考え方であった。行政当局が意図した文化財としての民俗芸能の理解が正確に演者たちに伝わったかというとやや心許ないが(8)、その後それは自明のことと見なされるまでになった。今や演者たちは、幟の「～指定文化財」の表示を自慢に思いこそすれ、違和感を感じることはない。しかしそれは、現在の獅子舞が文化財として政治的に再編成された存在であることの証である。現代の民俗芸能は、行政当局による権威付けのシステムによって規定されている存在［岩本　一九九八b：二二一九］でもあるといえる。

鳥屋の獅子舞の「指定文化財」と染め抜いた幟

②民俗芸能の組織論的側面

各地の獅子舞では、文化財の指定を契機に従来とは異なるかたちの演者組織の運営が行われるようになったのは前述の通りである。鳥屋の獅子舞では、保存会が組織された以外にも様々な変化が生じた。そのひとつが演者資格の制限の撤廃や緩和である。鳥屋では、従来踊り手が鳥屋の中でも中開戸地区と渡戸地区の家の長男に限られていたが、文化財に指定されてからは、鳥屋地区内ならどこでも構わず、長男か否かも問われなくなった［一九九一：一一］。同様のことは鳥屋以外でも見ることができる。いずれの獅子舞も限られた地域や家系の人々が演者を務めるものとされていたが、現在はそうした条件はほとんど問われなくなった。前述の三増の獅子舞における女性の参加はその最たるものといえる。(9)

演者たちが従来見られなかった新たなかたちの活動を行うところも現れた。三増では、近年、祭や民俗芸能大会での上演のための練習とは別に、毎月一回演者たちが集まり、定例的に練習を行うようになった。正月に新年会を行うほか、年に一回町役場のバスで泊まり掛けの研修旅行を行っている。保存会の副会長によれば、保存会の活動を年間通じて恒常的に行うことで演者たちの親睦を深め、組織としての結束を高めるねらいがあるという［一九九二：一七］。こうした活動を行うようになったのは三増だけではない。田名でも定例の練習を行っているし［一九九三：七二］、下九沢でも保存会の旅行が恒例となっている［一九九四：七三］。

演者集団以外の地域の人々との連携によって獅子舞が行われるようになってきたことも、組織面での変化のひとつである。三増では、演者たちとは別に各区ごとに二人ずつ二年交代で保存会の役員が出て、祭の時に舞場の設営や宿での演者たちの世話、幟や旗持ちの役を受け持っている。獅子舞に掛かる費用も三増全戸から徴収している。また、簓摺り役の子供を三増のボーイスカウト団から出して貰ったり、交通安全母の会を通じて女性の演者の勧誘を行っている［一九九二：一三―一四・五六］。(10) 三増では、演者たちだけではなく、三増地区の住民全体で獅子舞を維持継承していく体制がとられている。

田名でも地域との連携が見られた。獅子舞の復活は地元の中学校の協力を得て行われた。中断前は踊り手は童貞の男子に限るという制限があったということで、復活の際には踊り手を中学生にやらせることになり、先生に生徒の中から適当な者を選んで貰った。練習も中学校の講堂を借りて行われた［一九九三：二六・三〇］。

鳥屋の保存会の会長人事も同様の変化といえる。保存会が組織されると代表として会長を選ぶ必要が出てきた。それまでも、演者たちの代表が年齢の上下や先輩後輩の関係に基づいて何となく選ばれていた。しかし、保存会の会長となるとそうした選び方ではまずいということになった。県の文化財に指定されたのだから、その代表となる会長は、社会的な地位が高く、指導力があって、対外的にも恥ずかしくない人にすべきであるというわけである。その結果、演者の経験はなかったが、地区の様々な役職を務めてきたある有力者に会長に就任してもらうことにしたのである。

演者の資格制限の撤廃や地域社会との広範な連携は、従来限られた一部の人々によって占有されてきた獅子舞を地域社会全体に開放したことを意味する。地域の獅子舞というあり方は、「国民共有の財産」という文化財の理念に一脈通じる。演者組織の変化は獅子舞を文化財と見なす考え方と無関係ではない。

各地の獅子舞では、演者組織を変化させるのとは逆に、組織の実状に合わせて従来の獅子舞のやり方を変更してしまう場合も見られた。鳥屋では戦後しばらく経った頃、後継者が見付からず踊り手が高齢化し、そのうちの一人が腰を痛めてしまった。彼の肉体的な負担を軽減するために一部省略して行うようになった［一九九一：五二］。三増では、祭当日、宿から諏訪神社に向かう際に、カミノクラと呼ばれる旧家を経由して行くことになっていた。しかし、毎年その家に立ち寄って酒食のもてなしの負担を掛けるのは忍びないということで、宿から直接神社へ向かうように変更した［一九九二：二三］。下九沢では、以前は、祭の際に花笠や万燈に取り付ける造花を一晩掛かりで全部新調していた。しかし、多忙なところをやりくりして準備に出てきている演者たちに負担になるということで、ビニール製の造花に変えて造花作りをやめてしまった［一九九四：五八］。

獅子舞は、それが行われている現地の地域社会と無関係では存在し得ない。地域社会が変化する中で獅子舞が演じ続けられていくとすれば、獅子舞のあり方も当然影響を受けることになる。実際の様相は、周囲の変化にあわせて組織を変化させる場合もあれば、組織の実態にあわせて上演のやり方を変化させるというように、状況に応じて様々である。しかし、いずれの場合も、獅子舞を続けていくために従来のやり方を実状に合うかたちに変化させたと考えれば、共通した演者たちの姿勢の現れと理解することができる。こうした彼らの姿勢は、民俗芸能大会を巡って見ることができた彼らの実践的な組織論に通じる。(11)

③民俗芸能の芸能的側面

獅子舞が文化財に指定されたことで生じた変化のひとつに、現地以外での上演の増加があった。指定された以降に獅子舞に加わった演者たちにおいては、現地での上演と現地以外での上演の区別が明確ではない。鳥屋の戦後生まれの元踊り手は、十数年間の自らの踊り手の経験において一番自慢できるのは、祭や民俗芸能大会などで数多く上演を行ってきたが、その際に三人の踊り手の一人も欠けたことがなく、全員皆勤したことであると語っていた［一九九一：五八・六二］。田名の現役の踊り手も、踊り始めた子供の頃は、田名八幡宮の例大祭と相模原市の民俗芸能大会が獅子舞を演じる毎年恒例の機会であったと述べていた［一九九三：七一-七八］。こうした話からは、彼らが祭以外の様々な機会に獅子舞を演じることを違和感なく受け取っていることが窺える。

また、各地の演者たちにおいては、獅子舞を慣習や義務として務めるのではなく、それを演じることを楽しむ姿勢が見られた。鳥屋の元踊り手は、元々自分は人前で太鼓を叩いたり舞ったりすることが好きなたちであったが、方々に獅子舞の踊り手として出演を続けているうちに、鳥屋の獅子舞が文化財として注目されるようになったこともあって、獅子舞を演じることに自分なりの満足感を感じるようになっていったと語っている［一九九一：六三］。三増の女性の踊り手の場合は、歌師で保存会に加わったが、どうせやるのなら踊り手の方が面白いと考えて踊り手に転向したという。彼女は、保存会の練習日以外にも個人練習を受けて踊り方を習得したが、舞の技量は未だに満足できる状態ではないので、もっと練習してうまくなりたいと考えていた。また彼女は、自分が目立ちたがり屋なので、獅子舞を演じることに積極的になれるのではないかと述べていた［一九九二：六七－七二］。田名の現役の踊り手が、プロの演出家が制作した舞台への出演に非常に興味を示していたのは前述の通りである。彼は機会があれば海外で獅子舞を上演してみたいとも語っていた［一九九三：七六－七七］。

このように、近年獅子舞を始めた演者たちには、獅子舞を演じること自体に強い興味や関心を抱き、実際に演じることでそうした思いを充足させている姿勢が共通に見られた。それが顕著になったことには、近年現地以外で獅子舞を演じる機会が増加したことが影響している。不特定多数の観客を相手に演者たちが獅子舞を演じる大会においては、演じる行為自体に彼らの興味や関心が集中しがちであったのは前述の通りである。大会に頻繁に出演することでそうした傾向が演者たちの間で強まったとも考えられる。大会の盛行が現地の変化を招いたのか、現地での変化が大会の盛行を招いたのか、判断は微妙である。両者が互いに影響を与え合って獅子舞の芸能化が進行したというのが実際のところかも知れない。

(6) 以前から演じられていた獅子舞

しかし、演者たちが演じることに強い関心を抱く傾向は、近年に至って初めて現れてきたわけではない。三増では、かつて獅子舞は門外不出とされていた。戦後、文化財に指定される前のことであるが、外部から獅子舞出演の依頼が来た。その時、獅子舞を外に出して以前のように祟りが起きたら困るということで反対する者が多かった。しかし、当時笛吹きを務めていたある演者が中心となって反対派を押し切り、結局出演することにした。それ以降、三増では地区外でも獅子舞を上演するようになったという。その笛吹きは若い頃は旅役者になろうとした程の芸能好きで、その夢は親の反対にあって潰えたものの、義太夫・端唄・手踊などを踊の師匠や芸者衆から習い、旅役者の一行に加わって近隣の祭で演じていた。獅子舞への参加もそうした芸能好きの延長上にあった［一九九二：三二―三五］。そうした彼の性向が、門外不出の獅子舞の封印を解いたともいえる。

同じような芸能好きの演者は下九沢にもいた。戦後すぐに踊り手を務めた笛吹きは、戦時中に青年会が催した娯楽会では花形役者として鳴らすとともに、踊の師匠として近隣の青年会に教えて歩く程の芸能好きであった。近年は民謡の笛を習いに行ったり、祭囃子で笛を吹いたり、田名の獅子舞で笛を吹いたりしている。彼は、獅子舞に勧誘された時にためらうことなく参加したり、踊や笛を別段苦労を感じず習得して演じてこれたのは、自分が芸能好きだからであり、獅子舞を演じる時は観客がいたほうが張り合いがあると語っていた［一九九四：六二―六六］。

こうしたかつての芸能好きの演者たちの獅子舞との関わりは、文化財に指定される以前も獅子舞を「演じる」ことに並々ならぬ関心を抱いていた演者たちがいたことを示している。そうなると、近年の獅子舞の芸能化という傾向は、従来いわれてきた信仰や神事に密着して伝承されてきた民俗芸能本来のあり方［本田　一九七九：一］が変化したものというよりは、もともと演者たちに存在していた演じることに対する興味や関心が、近年、現地以外の上演の機会が増加したことで増幅された結果生じたものと理解すべきかも知れない。

(7)制度を演じる演者たち

本節では、初めに現地と民俗芸能大会が明確に区別できなくなってきた現状を確認した上で、大会と各地の獅子舞の演者たちとの関係について検討を行った。そこでは、大会において、彼らが行政当局との密接な関係において獅子舞を演じているという政治的側面が認められると同時に、演者たちの組織のあり方が大会での上演に適合する形態に変化してきているという組織論的側面、さらに、彼らの興味や関心が獅子舞を「演じる」ことに集中しているという芸能的側面が認められることを指摘した。続いて、現地における獅子舞の様相に検討を加え、大会で見られた側面が現地においていずれも認められることを確認した。その結果、そうした側面が大会、現地を問わず、現代の獅子舞の把握のための有効な視角となり得る見通しを得ることができた。民俗芸能大会の舞台はまさに「それがどんな風に息づいているかの諸相を報告してくれる」[小寺　一九二八：八九]というわけである。

これらの各側面の中で最も根本的な位置を占めているのは政治的側面であろう。そもそも民俗芸能大会は、民俗芸能を文化財とみなす理解の確立や周知を基本的な目的とした行政当局主催の催し物であった。したがって、大会と獅子舞の関係において政治的側面が濃厚に認められたのは当然である。現地の獅子舞も基本的には大会と同様の状況にあり、各地では、行政当局によって付与された文化財という意味に依拠するかたちで獅子舞に対する演者たちの認識が再編され、上演が行われるようになった。また、演者たちの組織の改変や演じることへの関心の高まりも、獅子舞の文化財化が契機となって進行していた。民俗芸能を巡って行政当局により構築された文化財という理解の枠組みが、各地の獅子舞においていかに大きな意味を持ったかが理解されてくる。

これまで筆者は何度か民俗芸能大会について論じてきたが[12]、そこでの筆者の立場は、大会は、それぞれの民俗芸能の現地の事情とは無関係に、行政当局によって作られた一元的な制度と見なすものであった。したがって、各地の民俗芸能が大会に出演することは、そうした制度に従属させられること、行政当局の管理下に入ることを意味する。つまり、大会と現地は制度と演者たち、行政当局と地域社会、文化財と芸能、あるいは政治と民俗という関係に置き換えが可能であり、しかも、後者は前者に基本的には従属的であるというかたちで考えてきたのである。

恒常的に後継者難に悩まされ、高齢化した演者たちが、指定文化財という御墨付きや補助金という経済的な援助によって支えられることで、辛うじて演じ続けている民俗芸能が少なくない近年の状況からすれば、そうした認識も全く見当外れとはいえない。しかし、実際に獅子舞の演者たちと接してみると、彼らは意外に上演を楽しんでいた［笹原　一九九八b］。また、近年の大会や現地では、獅子舞を演じることに高い興味と関心を示し、上演に興じる芸能的側面が演者たちに顕著に認められた。そうなると、演者たちを、行政当局が定めた制度に一方的に従属させられている存在とみなすだけでは不十分に思えてくる。

それでは両者の関係を一体どのように考えればいいのか。それに関しては、本節で明らかにしてきた演者たちの姿が回答の手掛かりを与えてくれる。つまり、制度と演者は対立する存在ではなくて、一体のものとして理解すべきではないかということである。文化財の指定や民俗芸能大会といった制度的環境における獅子舞の上演の様相を演者の側から改めて見直すと、そこには、上演の実現に向けて収斂していくということで一貫している演者たちの姿勢が浮かび上がってくる。政治的側面においては、行政当局による文化財という価値付けを、獅子舞の維持継承の基盤を心理的あるいは経済的に確実にするために受容していた。民俗芸能大会への出演も同様の見地から積極的に行われていた。組織論的側面においては、その時々の事情に合わせて演者組織のあり方を変化させたり、あるいは組織の形態に合わせて上演のやり方を変更したりすることで、獅子舞の上演を実現していた。そして、芸能的側面では、民俗芸能大会という純粋な演者と観客の関係を媒介にして、演者たちは演じることに対する興味や関心を増大させ、演じることを楽しんでいた。

演者たちにとっては実際に獅子舞を演じることが最重要の関心事であり、文化財の指定や民俗芸能大会といった制度に従ったり、制度を活用したり、制度を演じたり、様々なかたちで制度と関係を取り結ぶことで、彼らは獅子舞の上演を結果的に実現してきたのである。(13) そう考えるならば、制度と演者たちを対立関係に置くことなく、獅子舞を巡る現代的状況を理解することが可能になるように思われる。各地の演者たちは、伝統の継承や文化財の保護といった抽象的な理念を大切に奉じ、それに基づいて上演を実践してきたわけではない。それぞれの獅子舞を実際に上演するためには何が適切かといった、実践的な判断が彼らの行動原理となっていた。そこでは、制度的状況を乗り切っていくどころか、享受していた演者たちの姿さえ見ることができたのである。

関一敏は、「いっぽうで出来事の細部にわけいる視線と、他方で時代と社会を大きくつかむ視角をどのように身体化できるかという課題」は、「民俗調査の現場で未来にむけて動きつつある現在と過去を目の当たりにするときにも、いつも心をはなれない問いである」[関　一九九三：二五]と述べているが、本章で見てきた獅子舞を巡っても同じことがいえるのではないだろうか。獅子舞はその時々の社会のありようと全く無交渉では存在し得ない。個々の獅子舞の実際の上演の現場を精密に見ていくと同時に、文化財行政や観光といったその時々の社会的状況に目配せを怠らないことは、獅子舞を十分に理解するためには不可欠といえる。

二　ある民俗芸能家の肖像

(1)テキストとしての仕事

永田衡吉は、平成二年（一九九〇）二月に九四歳でこの世を去った。民俗芸能研究に関わっている者にとっては、神奈川県内の民俗芸能研究の第一人者として、あるいは人形芝居の専門家として馴染みのある人物であった。

彼の代表的な仕事としては、『神奈川県民俗芸能誌』［永田　一九六六］と『日本の人形芝居』［永田　一九六九］をあげることができる。しかし、数百ページを越えるこれらの著書を始めから終わりまで目を通すということは、あまり考えられない。神奈川県内の民俗芸能、あるいは人形芝居系統の民俗芸能について実際に見に行ったり研究したりする際に、手引きや資料として関係のある部分に目を通す。そんなかたちが彼の著書と付き合う場合の普通のやり方である。それは彼に限らず、膨大な量の採訪記録を残した彼と同世代の民俗芸能研究者に接する際の、我々の通常の姿勢ともいえる。

確かに永田の著書は民俗芸能に関する膨大なデータの集成としての価値を認めることができる。そうした接し方も彼の仕事の活用のひとつの方法として、当然認められていい。しかし、それだけで果たして十分なのであろうか。彼の仕事から得られるものがそれだけだとしたら、いささか貧しい気がする。

それではほかにどのような接し方があるかというと、例えば、永田衡吉の仕事の総体をテキストと見なし、そこから彼の民俗芸能に対する姿勢や意識を読み取り、それが現在の民俗芸能研究に対してどのような実効性を有するかというかたちで検討してみるということが考えられる。永田衡吉が民俗芸能と対峙して行った様々な仕事を「批判的な読みの水準に連れ出」して検討を加えることで、「民俗芸能研究を豊かに開いていくための手がかりを獲得する」[橋本　一九八九c]ことを試みるというわけである。それによって、彼とは問題意識や対象が直接的には重ならない多くの民俗芸能研究者とも彼の業績を共有することが可能となるならば、単に資料集として活用するよりも遥かに実りが多い。

また彼は、民俗芸能の研究に関する著作を著したに止まらず、行政調査の実施、文化財の指定、民俗芸能大会の開催など、実に様々な民俗芸能に関する事業に関わってきた[神奈川県民俗芸能保存協会　一九七〇～九二]。このことは、行政当局との蜜月関係の中で演じられている場合が少なくない現在の民俗芸能と、現地調査を通して研究者がどのように関わっていくべきかを考える際に、彼の業績が手掛かりとなる可能性があることを示している。その意味でも、彼の業績は多くの研究者の間で、広く共有しておくことが重要であろう。

そこで本節では、永田衡吉が行った民俗芸能に関する仕事の全体像を明らかにし、そこから現代の民俗芸能研究を巡る問題点の抽出を試みてみたい。

(2)プロフィール

彼は明治二六年(一八九三)に和歌山県新宮市に生まれた。永田家は代々紀州水野藩の代官職を務める二五〇石取りの家であった。父親永田源泉は、後藤新平の下で台湾総督府通信局長・台湾電力株式会社副社長を歴任し、大阪市電気局長を経て昭和八年(一九三三)に初代新宮市長に就任、昭和一一年(一九三六)には衆議院に当選した[渡邊　一九八八：七八]。

明治四〇年(一九〇七)に彼は新宮中学に入学し、翌年親の仕事の関係で札幌中学に転校した。しかし、生来病弱であった彼は、札幌の寒冷な気候に馴染めずに健康を損ない、明治四二年(一九〇九)に上京して開成中学に入学した。

開成中学卒業後、坪内逍遥を慕って早稲田大学英文科に入学し、開成中学時代に知り合った小寺融吉とともに逍遥の早大時代の最後の講義を受講した。大正六年（一九一八）に早大を卒業すると、東京帝国大学美学美術史選科に入学した。東大在学中の大正七年（一九一九）に、大杉栄らと『民衆の芸術』という雑誌を刊行した。この前年に大杉はロマン・ロランの『民衆芸術論』を翻訳出版していて、当時文芸界では民衆芸術ブームが起きていた。この雑誌もそうした風潮に乗ったもので、三号まで発行したものの、すべて発禁処分を受けた。

大正九年（一九二〇）に東大を卒業すると、警視庁において脚本検閲官を九ヶ月務めた。当時左翼演劇が盛んになってきたために、警視庁ではそれに対応できる教養を持った大学出の検閲官を配置する必要に迫られていた。その話が父親の縁故で彼に回ってきたのである。彼は給料をもらいながら演劇の勉強ができるということで、その話を受けることにした。実際の業務は、午前中は翌月上演予定の脚本に目を通し、午後からは方々の劇場や寄席を見て回るという優雅なものであった［永田　一九七八：二二］。

大正一一年（一九二二）、彼は文部省が実施した民衆娯楽の調査に参加した。この調査は権田保之助らが中心となり、当時興行界を席巻していた映画を中心とした民衆娯楽の実態を明らかにしようというものであった。彼はそこで巷間芸能を受け持ったので、角兵衛獅子や猿回しなどの大道芸人と接する機会が多かった。それが民俗芸能に対して愛着を持つきっかけとなったと後日語っている［永田　一九七八：二二］。

大正一四年（一九二五）、早大時代の恩師中村吉蔵らと同人誌『演劇研究』を創刊した。彼はすでに「寂光の道」や「厩戸の皇子」などの劇作を行っていたが、本格的な劇作活動はこの頃からである。以後、史劇や現代劇約七〇篇、ラジオドラマ約二〇〇篇の作品を発表した［民史研究資料館　一九八八：六四］。この頃から劇評や評論活動を盛んに行うようになった。

同年一二月には、中村吉蔵・日高只一・小寺融吉とともに秩父夜祭に神楽見物に出かけている。これが彼が民俗芸能研究に関わるきっかけになり、昭和二年（一九二七）の民俗芸術の会の発足、翌昭和三年（一九二八）の機関誌『民俗芸術』の創刊に参加した。この頃の『民俗芸術』には、彼の民俗芸能に関する著作がいくつか掲載されている［永田　一九二八a・一九二八b］。しかし、彼としては「郷土芸能の研究家になろうなどとは毛頭思っていたわけではな」く、「既にいっぱしの劇作家であると自負していた」［永田　一九八二：一七〇］。

この頃彼は、日本青年館が機関誌として発行していた『青年』誌上に、四回に渡ってページェント論を寄稿している［永田　一九二五］。そこでは、各地で行われている郷土芸能や祭礼はまさにページェント的なものなので、それらを基にページェントを創作して上演すれば、当時深刻となっていた農村の荒廃をくいとめるための娯楽の充実の問題［日本青年館　一九二三］の解決に大いに有効であるとして、坪内逍遥が熱海や東京芝の増上寺で行ったページェントを紹介している。

彼のページェント論は、昭和二八年（一九五三）に横須賀の久里浜で行われたページェント「ペリー来航」となって実を結んだ。これは、横須賀市と米海軍が協力して行った開国四〇〇周年記念事業の一環として行われ、米軍の艦船や米兵まで参加した大がかりなものであった。その際彼は、制作から演出まで一切を行っている［河竹　一九八八：六四］。

彼は昭和二六年（一九五一）に神奈川県文化財専門委員に就任した。以後県内の民俗芸能の調査を精力的に進め、昭和四一年（一九六六）には県下の民俗芸能を網羅した『神奈川県民俗芸能誌』［永田　一九六六］を著した。昭和四四年（一九六九）には『日本の人形芝居』［永田　一九六九］を著して学位を取得した。また彼はこの頃、民俗芸能に関して、調査研究とともに民俗芸能大会の開催、民俗芸能の復活、新民俗芸能の創作など、多彩な活動を展開した。

これが永田衡吉の生涯の概略である。(14) 彼の仕事についてはすでに何人かの研究者が取り上げて論じているので、それらを次に見てみたい。

(3)評価

『芸能』第三一巻第一一号において、「特集〈人物史・芸能研究の昭和〉(二)」という企画が組まれ、そこで林京平が永田衡吉について論じている［林　一九八九］。林はそこで、永田が中村吉蔵に連れられて熱海の坪内逍遥邸を訪ねた際に、逍遥から近くの神社で行われている鹿島踊の話を聞かされたエピソードを紹介している。永田は逍遥の話を聞いて、鹿島踊に寄せる逍遥の関心を知ると同時に、彼自身も鹿島踊という民俗芸能への関心を喚起されたという。そして、「この話は永田衡吉の歩いた二つの大きな道——劇作家と民俗芸能研究のかかわりを語ってくれている」［林　一九八九：二七］と林は指摘する。永田衡吉の民俗芸能に関する原初的な体験において、当時民衆芸術としてのページェント運動を展開していた坪内逍遥が関与していた事実は注目される。

『民俗芸能研究』第一二号には、永田衡吉の追悼ということで彼に関する論考が二つ掲載されている。ひとつは後藤淑によるものである［後藤　一九九〇］(15)。後藤は永田の業績について、「二つのことがただちに思い浮かぶ。一つは劇作家としての業績であり、次は民俗芸能研究者としての業績、次は民俗芸能指導者としての業績である」と述べている［後藤　一九九〇：三四］。そして彼の業績全体を眺めると「永田氏の考えには民衆芸術的志向がうかがわれ」るが、「芸能は庶民の中に溺れてはならず、庶民を底辺にすえて、芸術的芸能を目指すべき」である、つまり大衆に迎合したのでは芸能に発展はないと永田は考えていたとしている。また、永田が民俗芸能研究に揺籃期から関わってきたことに注目し、その「足跡を振り返ると、それはまさに生きた民俗芸能研究史であった」と述べている［後藤　一九九〇：三九］。民衆芸術への彼の志向や民俗芸能研究における勃興期特有の熱い雰囲気が、その後の彼の活動に影響を与えたとする後藤の指摘に注意しておきたい。

永田の劇作を扱ったものとしては、志村有弘の論考がある［志村　一九七〇］。志村は『源平盛衰記』などの古典文学や『日本書紀』などの史書を原典とした永田の史劇八編を、原典と比較しながら検討し、それらは「素材を年代を追って忠実に利用するのではなく、大胆な創造力を加えて成立」させたもので、「何れの作品もどことなく物悲しさが漂っている」と指摘する［志村　一九七〇：四九］。そして、永田の劇作は日本の古典文学と坪内逍遥の劇作の強い影響のもとに行われてきたもので、「もし日本に古典が存在しなかったら、永田は史劇を書かなかったろうし、又、坪内逍遥の史劇がなかったら、永田は史劇を書かなかった」とする。つまり、「逍遥の作品に近代性と大衆性を取り入れた」のが永田の劇作であって、永田自身も劇作を通じて純文学から大衆文学へと転じていったと結論付けている［志村　一九七〇：五〇］。

彼のプロフィールや評価を見てくると、彼の多彩な業績を把握するためには、劇作と民俗芸能研究と民俗芸能の実践活動という三本の柱を設定することが効果的であることがわかる。それらは彼の活動の時代的な変化として理解することも可能である。あるいは、大杉栄や坪内逍遥との交流や、早い時期からの民俗芸能との接触によって培われた、芸能空間を民衆的なものへ開放していくことへの志向性が、三本の柱の土台として存在していたと考えることもできる。いずれにしても、彼の業績を理解するには、それぞれの柱の実態を細かく見ておく必要がある。劇作に関しては前述の志村有弘の論考があるので、以下においては特に民俗芸能に関する研究と実践について見ていくことにする。

(4)民俗芸能の研究

①『民俗芸能　明治大正昭和』

永田衡吉の民俗芸能研究について、彼の著書を通して考えてみたい。最初に『民俗芸能　明治大正昭和』［永田　一九八二］である。これは、彼が明治・大正・昭和と民俗芸能に関わってきた間に書いた文章を一冊にまとめたもので、それによって彼が民俗芸能をどのように考えてきたかを知ることができる。また、民俗芸能研究の勃興期を知る人物として、当時の状況を回顧した論述は、民俗芸能の研究史として非常に興味深い。

この著作に見られる彼の民俗芸能に対する認識の特徴をいくつかあげてみたい。この中で彼は、戦後「民俗芸能」という用語が使われるようになった状況に疑義を呈している。「民俗芸能や祭祀芸能は民俗学の範疇に包括されるべきではない」［永田　一九八二：一九二－一九三］として、「民俗芸能」という用語とその概念の再検討の必要性を説いている。それは「民俗」という語が使われるようになった経緯に問題があるということが理由であった。昭和二年、小寺融吉らが民俗芸術の会を結成する時に、会の名称をどうするか問題になった。「芸術」というのは早々と決まったが、その前に付す言葉がなかなか決まらない。しびれを切らした永田が、新聞の広告か何かで見た「民俗」を付けたらどうかと提案して決まったもので、特に「民俗」でなければいけない積極的な意味はなかった［永田　一九八二：一六六－一六四］。したがって、ことさらに「民俗」を強調するようになった戦後の状況には抵抗があったのである。

それでは、彼は民俗芸能をどのように考えていたのか。まず第一に「呪芸（magical art）」が原点ということである。「呪芸」というのは呪術と芸術が未分化な状態を指す彼の造語である。「呪芸」が風流化し、年中行事化した結果、現在の民俗芸能となった。したがって、「呪芸」が理解できないと、民俗芸能の発生や価値は理解できないというのである［永田 一九八二：一七‐一八］。

第二に、民俗芸能は呪術と未分化な状態から芸術としての芸能へ変化していく中間的な段階にあるということである。民俗芸能は昔から現在のようなかたちをしていたわけではない。長い時間を経るうちに様々な影響を受けて変化していて、この先も今のまま変わらないわけではない。常に変化の途上にあるのが民俗芸能であり、変化という属性を備えているのが庶民芸能の本性であるとする［永田 一九八二：四〇］。したがって、明治以降の変化についても目配りが利いていて、明治政府の神仏分離策によって民俗芸能から仏教的要素が払拭されたために、現在の民俗芸能が明治以前とは大きく変化していることを指摘している。民俗芸能の変化が政治的な圧力によって生じる場合があることを述べている点は注目される［永田 一九八二：七二］。

第三は、民俗芸能はその土地で自然発生的に成立したものではなくて、ほとんどが他の土地から伝来して定着したと見ていることである。ほとんどの芸能は海外に源を発している。それが日本に伝わってアレンジされたりショーアップされたりして全国に流通し、定着した。その際に、芸能を各地に持ち伝えたのは専業の芸能者たちで、一般の人々が行うようになったのは定着して以降である。民俗芸能は流通し、受容されて定着した歴史を有しているというわけである［永田 一九八二：四五‐四七］。各地に定着した民俗芸能は、前述のように呪術から芸能へと至る様々な発展段階の芸能の様相を今に伝えていて、演劇史や芸能史の生きた資料という意味でも貴重であるとしている。

永田は民俗芸能を、根本的には呪術的な性格を有し、外来のものが専業者によって持ち伝えられて各地に定着した歴史を持ち、変化の真っ直中にあるものとして認識していたということができる。
論述の進め方にも幾つか特徴を指摘することができる。例えば、"initiation celemony"や"pagent"といった西洋演劇史的な概念の多用や、海外の類似の事例を引いて論を進める比較演劇学的な視角［永田　一九八二：八三-八六］である。

こうした永田の姿勢は民俗学系統の研究者とは明らかに異なる。ハブマイアの『未開民族の演劇』で示されている視点を自分の民俗芸能に対する基本的な見方としていたことや［永田　一九八二：一六〇-一六三］、欧米の演劇学の分析法を用いて民俗芸能研究を行った小寺融吉を高く評価していること［永田　一九八二：一八一］も併せて考えると、彼はあくまでも演劇人としての立場に立って民俗芸能に接していたといえそうである。

②『神奈川県民俗芸能誌』

『民俗芸能　明治大正昭和』が永田衡吉の民俗芸能に対する基本的な姿勢を明らかにするものとすれば、そうした姿勢が各地の民俗芸能に対して実際どのように適用されたかを具体的に示すのが『神奈川県民俗芸能誌』［永田　一九六六］である。それは、序文において信仰・歴史・変化の三点に注目して民俗芸能研究に取り組む姿勢が表明されていることからも窺える。

この著書では、神奈川県内各地の民俗芸能に関する論述が、彼独自の民俗芸能の分類に沿って進められている。その中で特に注目されるのが、最初に「呪芸」という一章を設けていることである［永田　一九六六：一-八六］。この章に収められているのは、道祖神の火祭りや射的による年占など、通常民俗学では年中行事や民俗儀礼とされる神事や祭礼である。彼の考えでは、民俗芸能は宗教呪術の祈禱・持斎・除魔法・降神術・護身法などから発生したものなので、根底には呪術性を抱えている。したがって、民俗芸能を理解するには「呪芸」の検討が欠かせない。そこで、最初に「呪芸」の章が配されるのである。

以下、獅子舞・風流・念仏芸など各種類ごとに各地の民俗芸能に関する記述が行われる。その際の特徴としてはその種類に関する歴史的な一般論の提示ということがあげられる。どの種類の民俗芸能に対しても、最初に古書や古記録によってその系統の原初形態や起源、信仰的性格などの全体的な特徴を解説し、その民俗芸能の理念型を提示した上で各地の事例に関する記述を行っている。一般論の中に個々の事例を位置づける構成をとっているといえる。

個々の事例に関しては、実際の上演の様相の観察記録的な記述が目に付く。その際には、観察の結果を淡々と述べるのではなくて、呪術性や信仰的特徴を執拗に指摘しながら記述を進めている。さらに、古記録類に見られる同類の事例や全国各地の類例を引いて解説を加えたり、西洋演劇史的概念を使って説明したり［永田　一九六六：四八二-四八三］、文学的、耽美的な表現を使って叙情的な雰囲気を醸し出したりしている。

それぞれの民俗芸能が被った変化への言及が多いことも特徴としてあげられる。例えば、明治維新にともなう変化［永田　一九六六：七一九］や明治の風俗改良の取り締まりによる変化［永田　一九六六：六〇四-六二二］、新しいところでは太鼓ブームにのった太鼓芸や祭囃子［永田　一九六六：六三二］の創作も取り上げられている。

このように、『神奈川県民俗芸能誌』という永田の研究の実践においても、『民俗芸能　明治大正昭和』で見られた彼の姿勢が貫かれているといえる。

③『日本の人形芝居』

永田衡吉の人形芝居に関する業績は『日本の人形芝居』［永田　一九六九］と『生きている人形芝居』［永田　一九八三］にまとめられている。内容は両者とも基本的には変わらないが、刊行時期が早く多くの事例が取り上げられている『日本の人形芝居』によって、彼の人形芝居研究を見ておきたい。

この著作では、最初に人形芝居に関する概説が述べられている。そこでは、人形芝居が根本に「人形呪」という呪術的性格を有していること、「人形呪」から「人形戯」を経て人形芝居が生まれたという、信仰的な儀礼から芸能へと変化してきた歴史を有すること、元来は「傀儡子族」という専業者によって行われていたものが各地に定着して民俗芸能化していることが指摘されている。彼は人形芝居に関しても、呪術・歴史・変化という三つの要素からなる枠組みによって理解を試みていることがわかる。

次に、全国各地に分布する人形芝居の特徴を、操法や頭の形態などの事項別に分けて解説し、それに続いて個々の事例を地域別に紹介している。論述の進め方においては、海外の事例を併記する比較演劇学的視角、西洋演劇史的概念を使った分析、文学的表現による描写といった特徴がここでも見られる。また、人形芝居は明治維新後の娯楽開放に伴って始められたところが少なくないということで、近代以降の変化に関する記述も頻繁に行われている［永田　一九六九：六四三］。『神奈川県民俗芸能誌』で見ることができた記述の特徴をここでも同様に見ることができる。

この著作で特に目を引くのは、かつて人形芝居を担った演者集団とされる傀儡子に関する論述である。「ここに傀儡子族という語を設定する。史籍文献を捜見して得られる語ではない。一重に人形戯考察の便宜のためである」として大きく取り上げている［永田　一九六九：一四二―一八七］。そこでは傀儡子の名称・傀儡子の生態・傀儡子の芸術といった内容について論じ、傀儡子の種族としての実在説を提起する結論に至っている。各地の人形芝居に関する記述でも傀儡子的な要素の残存に注意が払われ、それが指摘されている。

永田は、民俗芸能全般が元来専業芸能者によって行われていたと考えていたことは前述した。ここで傀儡子という人形芝居の専業者集団を詳しく論じたのも、そうした考えに基づくものであろう。同時に、彼らを介在させることで「人形戯」という「呪芸」から人形芝居に変化してきた歴史的推移を明確に跡付けるという目的があったと考えられる。確かに「傀儡子族」のイメージは、人形を遣う芸能の根底に流れるとされる呪術性や漂泊性を読む者に強く印象付ける。

(5)民俗芸能の実践

永田衡吉には民俗芸能研究者とは別に、民俗芸能の実践家としての側面があったことは前述の通りである。彼は昭和二六年に神奈川県の文化財専門委員に就任し、昭和四四年（一九六九）に神奈川県民俗芸能保存協会が発足すると副会長に就任、昭和五三年（一九七八）には会長となって、県内の民俗芸能に対して絶大な指導力を発揮してきた。神奈川県教育委員会や神奈川県民俗芸能保存協会の事業は、実質的には彼の仕事と考えることが可能である。そこで、それらを通して彼の実践家としての側面を見ていくことにする。

彼の実践としてまず第一にあげることができるのが、神奈川県による無形文化財の指定である。その中でもユニークなのが、沖縄民俗芸能の指定であろう。戦時中に難を逃れて沖縄から川崎に移住した人々が行っていた歌や踊を昭和二九年（一九五四）に神奈川県無形文化財に指定した［東恩納　一九五六］。県の文化財指定は昭和二八年（一九五三）が最初なので、早い時期の指定である。指定の理由は、沖縄の芸能の東洋における意義、沖縄出身者が川崎に強固な生活基盤を持っていること、そして神奈川県が国際県であることの三点であった［永田　一九六六：七五〇］。足柄のささら踊の場合は、復活した民俗芸能を文化財に指定している。彼はささら踊を昭和二八年（一九五三）に五〇年ぶりに復活させ、一七年後の昭和四五年（一九七〇）に文化財に指定した。この場合は「無から有を生んでもらって、さらにそれを見た上で判断」［永田　一九八二：一二六］して指定している。彼は県の文化財指定制度をかなり柔軟に運用していたといえる。

二点目は民俗芸能の復活事業である。足柄のささら踊は、かつて踊ったことがある経験者が何人かいるものの、ほとんど踊られなくなっていた。そこで、多少でも踊った経験がある人を集めて取り合えず踊らせてみた。それを続けて、人によって異なるばらばらな踊り方が段々と一つの型に統一されてくるのを待ったのである。復活してからは前述のように文化財に指定したり、足柄ささら踊連合会を組織したり、各地からささら踊の団体を集めてささら踊大会を開催したりして興隆を図った［神奈川県民俗芸能保存協会　一九七七］。『神奈川県民俗芸能誌』には、ささら踊の復活の経緯に加えて復活の目的や理念、使用する道具の是非、歌詞の整え方が詳細に記されていて、あたかも復活のための手引き書のようである［永田　一九六六：一四〇－一五二］。こうした復活事業は平塚の人形芝居［永田　一九六六：八六二］、相模原市田名の獅子舞など、ほかの民俗芸能に関しても行われた。彼は民俗芸能の復活を積極的に推進したといえる。

三点目は民俗芸能の命名である。「ささら踊」という名称はもとからあったものではなく、永田の命名であった。これは、復活した際に当時の足柄町教育長の依頼を受けて行ったものである。彼はなぜ地元で呼ばれていた名称を使わずに新しい名称を付けたかというと、新しく復活した芸能には新しい名称が相応しいし、復活を成功させるには社会の注目を集める必要があり、それを喚起するためにそうしたと述べている。彼は、自らが命名した「箱根湯立獅子舞」や「相模人形芝居」が国の指定文化財や選択文化財になったことをあげて、新しく命名することの効果を強調している［永田　一九六六：一四〇－一四一］。

永田は復活や新たな命名に止まらず、新たに民俗芸能を創作した。これが五点目である。彼は昭和三五年（一九六〇）頃に、湯河原町長の依頼を受けて「湯河原町ヤッサ踊」を創作した。これは、同名の広島県の民謡に新たに踊の振り付けをしたものである。湯河原町で踊り始めて一〇年程で町民誰もが踊れる庶民性を得るに至ったと自ら評価を下している［永田　一九七六b］。そして、こうした芸能を新郷土芸能行事と呼び、『かながわの民俗芸能』誌上でシリーズで取り上げて紹介した［神奈川県民俗芸能保存協会　一九七六～七七］。また彼は、大正期に始まった箱根の大文字焼きや昭和になってから行われるようになった箱根の大名行列も、新民俗行事として『神奈川県民俗芸能誌』に収録している［永田　一九六六：八二一］。こうしたことは、新しく生み出された芸能や行事を従来の民俗芸能や民俗行事と区別せずに認識する姿勢が彼にあったことを示している。

永田の実践としてもう一点触れておかなくてはならないのが民俗芸能大会の開催である。神奈川県民俗芸能大会は、昭和三九年（一九六四）に第一回が開催されて以来［神奈川県民俗芸能保存協会　一九七九］毎年開催されてきた。この大会は県内各地の民俗芸能を紹介するだけでなく、様々な趣向を凝らして行われてきた。沖縄民俗芸能［東恩納　一九五六］や相模人形芝居など(16)の単独の民俗芸能の公演、「道の芸能」(17)や「研修と保存」(18)といったテーマを設定した大会、神奈川県内だけではなくて中華民国・大韓民国・イギリス・カナダから芸能を招いたり(19)、近年復活した民俗芸能だけを集めた大会も行われた。また、この大会は県内各地の市町村を回って開催されてきた。開催された先々では出演した民俗芸能の保存会ができたり、その市町村の民俗芸能保存協会ができたり、市町村の民俗芸能大会が始まったりといった波及効果が認められた。

永田衡吉の民俗芸能に関わる実践は、ほとんどが行政当局がらみの事業である。彼の実践は文化財行政と不可分であった。これらの事業全体を眺めると、文化財の指定や民俗芸能の復活などの様々な実践を総括する役割を果たしたのが民俗芸能大会であったことがわかる。様々な実践は、いわば現実から「民俗芸能」を立ち上がらせる仕掛けであった。滅びかけていたり、忘れ去られていたり、あるいは何もないところから、文化財の指定・命名・復活・創造によって地域の芸能を立ち上げる。そして、それらを民俗芸能大会に出演させることで、文化財としての価値を保証し、「民俗芸能」という明確な輪郭を与えて完成させる仕組みになっていた。民俗芸能大会は、各地の芸能が永田の考える「民俗芸能」になるための最終的な通過儀礼であったといえる。

それでは、彼のこうした実践と彼の劇作や研究とはどのような関係にあったのであろうか。

⑹芸能の古典

永田衡吉の民俗芸能研究は前述のように、基本的には信仰・歴史・変化という三つの要素からなる枠組みに、現実に行われている各地の民俗芸能を当てはめて記述する作業であった。対象が神楽であろうと獅子舞であろうとそれは変わらない。個々の民俗芸能の複雑多様な実態を、いかにその枠組みに当てはめて提示するかということに眼目があったのである。

その枠組み自体は民俗芸能が行われている現在を鋭く捕捉し、豊かに記述する可能性を含んでいた。芸能が不断に変化する存在であるという認識は、変化を風流化のみに限定しない政治的な視角を備えていたことによって、明治以降現代に至るまでの間に各地の民俗芸能が経てきた紆余曲折を捉えることが可能であった。あるいは、民俗芸能は基本的に他所から伝来して定着したものとする理解は、「民俗」というと遠い昔からそこにあったかのように思いがちな我々の意識を覚醒して、その民俗芸能やそれが定着した地域が巻き込まれてきた歴史の大きな流れの存在を気付かせてくれた。また、論述の随所に見られた文学的な表現は、民俗芸能を演じることで喚起される身体的・精神的な快感や昂揚を、すくい上げることができるのではないかという期待を抱かせるものであった。

しかし、実際は違った。その枠組みは、そうした可能性をむしろ抑制する方向に働いた。どんな場所のどんな民俗芸能も、信仰・歴史・変化の三つの要素からなる枠組みに一様に収められてしまった。『神奈川県民俗芸能誌』以降、永田には新たな研究上の業績はほとんど見られない。その時点で彼の各地の民俗芸能の理解はほぼ固定したといえる。その結果、彼の研究が描き出す民俗芸能の様相は、非常にわかりやすいものとなった。彼の提示する民俗芸能の様相は、彼の考え方を一旦受け入れてしまえば、これほどわかりやすいものはない。

永田の研究にはこうしたわかりやすさが重要だったのではないだろうか。彼にとって民俗芸能は、林京平が指摘したように民衆芸術としてのページェントと極めて近いところに現れた。それは『青年』誌上で主張したページェント論を見ても明らかである。彼のページェントとしての民俗芸能という考え方が、大杉栄の民衆芸術論の影響や劇作に見られた大衆化の傾向と撚り合わされていったとすれば、戦後の様々な民俗芸能の実践が出現したことも不思議ではなくなる。彼にとって民俗芸能はページェントであり、民衆芸術運動でもあった。第一義的には実践されるもの、即ち「素人の郷土人自身が演出し、出演する」[永田　一九七六a：二二] ものであったのである。

永田の戦前の史劇の劇作について、志村有弘は古典に依拠しつつ、上演されることを前提とした戯曲家として大衆化路線の劇作を行っていったと指摘した [志村　一九七〇：五〇]。これを、伝統的な世界に依拠しながら、大衆的な創造行為を行っていったと読み替えれば、彼の民俗芸能の実践にも当てはまる。彼は伝統的な民俗芸能の世界に依拠しつつ、民俗芸能大会の開催や民俗芸能の復活や創作といったかたちで「素人の郷土人」の創造行為を進めたのである。そうなると、史劇の劇作における古典作品と同じ役割を果たすものとして、民俗芸能を定位することが必要となってくる。そこで、各地の民俗芸能の実態に対して自らの信仰・歴史・変化の三つの要素からなる理解の枠組みを適用することによって、「民俗芸能」の世界を伝統的かつ価値あるものとして提示しようとした。それが彼の民俗芸能研究であったのではないだろうか。

永田にとって、民俗芸能を巡る創造的行為の主体は永田だけではない。「素人の郷土人」即ち演者たちもまたその主体であった。そうなると、「民俗芸能」の世界は彼らも依拠できるように、理解が容易である必要があったはずである。つまり、「此を読むことによって何となく、背景のあるわかりやすい生活が求められる」［折口一九七六：四八三］、演者たちがそんな気になる「芸能の古典」としての見解を産み出すことが、彼の民俗芸能研究の目的であったのではないだろうか。そう考えれば、永田が『神奈川県民俗芸能誌』以降、研究の面ではほとんど深化が認められず、同じ見解を専ら繰り返すのみであった［永田　一九七七］ことも理解できる。継続的な検証によって仮説を絶えず更新し、次第に緻密で複雑なかたちへと認識を深化させていくような研究のあり方は、演者たちの実践のためにわかりやすい理解モデルを提示しようとした永田の研究には相応しくなかったのである。

(7)民俗芸能家としての永田衡吉

永田衡吉の民俗芸能に関する見解は、神奈川県内の民俗芸能の演者にかなりの度合いで浸透している。各地に民俗芸能を見に行って演者たちと話をすると、彼が記している内容を演者たちが語るのを聞くのは珍しくない。演者たちが永田の見解に依拠することで、自分たちが演じる民俗芸能に自信を持ち、楽しみながら演じられるようになったとすれば、彼が残した業績はそれなりに意味があったということになるのかも知れない。

ともあれ、永田衡吉を単に民俗芸能研究者と見なしたのでは、彼を適正に評価したことにはならないのではないだろうか。民俗芸能を巡る様々な実践といった研究以外の活動を視野に入れれば、彼の評価は研究のみの場合とは当然違ってくる。その道に優れた人ということで「〜家」という呼び方がある。それにならい、少々語呂が悪いが最大限の敬意を払って「民俗芸能家」永田衡吉と呼んでおきたい。

(1)『民俗芸能』誌上に全国民俗芸能大会との関連で掲載された定義。昭和二七年（一九五二）、西角井正慶らによって、戦前の『民俗芸術』の復活を目指して『芸能復興』という雑誌が刊行され、後に改題されて、『民俗芸能』となった。当初は年に数回発行され、そのうちの一冊が全国民俗芸能大会特集として、大会に出場する民俗芸能の解説や資料を掲載していたが、現在は年一回、大会にあわせての発行となり、ほとんど大会のパンフレットと化した観がある。

(2) 以下、本節では、大会と表記した場合、民俗芸能大会を表すものとする。

(3) 文化庁では、日本全国を東北北海道・関東甲信越・東海北陸・近畿・中国四国・九州の六ブロックにわけて、各県持ち回りで毎年ブロック大会を開催している。

(4) 例えば、神奈川県横浜市港北区鳥山の行道獅子［金子　一九七六］など。

(5) 例えば、相模原市上溝のぼうち歌を初めとした、神奈川県内の麦打ち歌［永田　一九六七］など。

(6) 国による民俗芸能の文化財指定制度の成立とその後の変遷の経緯については、才津祐美子「「民俗文化財」創出のディスクール」［才津　一九九六］・菊地暁「民俗文化財の誕生」［菊地　一九九九］において詳細に論じられている。また、岩本通弥「民俗学と「民俗文化財」とのあいだ――文化財保護法における「民俗」をめぐる問題点――」［岩本　一九九八b］では民俗芸能の文化財指定と民俗学との関係が論じられていて参考になる。

(7) 平成六年（一九九四）の三増の諏訪神社の例祭では、簓摺り役を女性が務めていた［愛川町教育委員会　一九九七：一五］。翌年は以前のように、少年たちが務めている。

(8) 才津祐美子は、民俗芸能が文化財に指定されることによって「国民文化」に再編されていったと指摘する［才津　一九九六：五三-五八］。しかし、文化財保護制度を創設した側と演者たちの認識には、本節で見てきたようにかなり温度差があった。創設した側の理念や認識の次元では才津の指摘は妥当かも知れないが、それが「国民文化」への再編にどの程度実効性を発揮したかは、実態に即した検証が必要であろう。菊地暁は、そうした制度を国家と地域社会の二項対立的な図式で捉えるのではなくて、国家行政から地域社会の個々人まで様々なレベルでの相互作用を媒介にして運用されているものと想定し、その相互作用の重層性の質自体を問うべきであると述べているが［菊地　一九九九：九－一〇］同感である。

(9)　参加資格の制限の緩和や撤廃は、後継者不足が深刻化したために文化財指定とは無関係に進行した可能性もある。とはいうものの、保存会という新しいかたちの演者組織形態への移行は、制限の緩和や解除への追い風になったことは否定できない。ちなみに、三匹獅子舞の演者がある地域や家筋の長男に限られるという制限は、この地域に限らず広く見られる傾向である［笹原　二〇〇一］。特定の区域の家々の長男という演者の限定は、地域の神社の祭祀組織と獅子舞の上演組織との間に密接な関わりがあったことによると思われる［萩原　一九七九：一三二］。また、踊り手となるのが若い男性であったことは、青少年が地域社会の成員となるための鍛錬の場として機能していたことを示している［三隅　一九六八：一四二－一七二］。但し、現在の演者たちは資格の制限の存在についてはほとんど知識を有さず、従ってその意味を語ることは少ないのは第五章二で述べた通りである。

(10)　三増地区は全体が九区に分かれている。

(11)　そこで問題になってくるのが、獅子舞を文化財に指定することとの整合性である。変化は獅子舞が時代を超えて続けられていく限り避けられない。そうした実態と、「指定された段階での形式・形態が規範化し」て、「変化を阻止し継続を強要する」文化財の指定［岩本　一九九八b：一二三］とは齟齬を来す。両者の折り合いをつけることは可能なのであろうか。

(12)　笹原「引き剝がされた現実――「郷土舞踊と民謡の会」を巡る諸相――」［笹原　一九九二］、同「芸能を巡るもう一つの近代――郷土舞踊と民謡の会の時代――」［笹原　一九九二d］。

(13)　俵木悟は、備中神楽の現代における伝承の実践と文化財保護政策との関係ついて検討を加え、両者の関係を、演者側においては「まず実践ありきで、それを後から説明するために「民俗文化財」という与えられた権威を流用すると考えられ」、「「文化財保護」という制度は、ある人々が自らの担うものの価値を説明し、権威づけるために用いるリソースのひとつに過ぎない」と指摘している［俵木　一九九七：五九-六〇］。この地域の獅子舞もそれと類似の状況にあり、俵木に習っていえば、獅子舞の演者たちにとっては、彼らの主体的な上演の実現が問題なのであって、文化財の指定や民俗芸能大会といった様々な制度は、それを達成するために用いられるリソースのひとつに過ぎないということになる。しかし実際の状況は、演者たちの主体性が常に制度に対して優位にあったとは限らなかった。制度に全面的に依存せざるをえない場合もあったし、制度の管理下に入った場合もあった。また、制度を受容し、制度を自らの主体性と不可分なまでに同化させてしまう場合もあったし、制度を亨受している場合もあった。そうなると、制度は「単なるリソースのひとつ」と見なすだけでは十分ではないように思われる。

(14) 以上、プロフィールに関して特に断りのない部分は志村有弘「永田衡吉研究——古典と近代作家——」［志村　一九七〇］に拠った。

(15) もう一編は中藤政文「民俗芸能誌の刊行と永田衡吉先生」［中藤　一九九〇］である。

(16) 第一回神奈川県民俗芸能大会（昭和四〇・一九九五年）と第三回（昭和四二・一九六七年）の相模人形芝居大会。

(17) 第八回神奈川県民俗芸能大会（昭和四七・一九七二年）。

(18) 第一二回神奈川県民俗芸能大会（昭和五一・一九七六年）。

(19) 第一三回神奈川県民俗芸能会（昭和四三・一九七八年）。

結

本書は、神奈川県北部の相模原市域とその周辺に所在する五ヶ所の三匹獅子舞に関する研究である。ある場所で実際に伝えられ、演じられてきた獅子舞について、何をどのように理解したらそれを理解したことになるのか、何をどのように記述したらそれを記述したことになるのか。冒頭で述べたように、これが本書における基本的な問いであった。

筆者は、各地で実際に上演されている様々な民俗芸能に接していくうちに、従来の民俗芸能研究や民俗学が呈示してきた「古来変わらず続けられてきた素朴で信仰的で地方的な芸能」といった理解［笹原　一九九二e：五六-六〇］とそれぞれの民俗芸能の実態が齟齬を来していることに、次第に違和感を抱くようになっていった。そうした違和感は、神奈川県北部の五ヵ所の獅子舞に対して調査を開始すると、ついに無視できないほど決定的なものとなった。そして、従来の枠組みとは異なる新たなかたちで対象の理解を構築すると同時に、そのための調査や記述の方法の確立を目指すことが、筆者の獅子舞の研究の課題として浮かび上がってきたのであった。その課題について、各地の獅子舞に対する現地調査に基づき検討と分析を進めた成果が本書であった。本書で論じた内容は以下の通りである。

第一章「三匹獅子舞の研究史」では、三匹獅子舞の従来の研究の成果を概観した。従来は、中世末期に流行した風流踊が関東地方に伝わって三匹獅子舞の原型が成立した経緯や、原型成立後、急速に各地に広まった伝播の様相を明らかにした歴史に関する研究、東日本の一、四〇〇ヵ所以上で行われている現況から地域的な特徴の把握を目指した分布に関する研究が行われてきたが、近年は、個々の三匹獅子舞が実際に行われている現場に注目した新しいかたちの研究が見られるようになった。そうした研究では、演者たちが三匹獅子舞を習得して上演する実践の様相を詳細に検討し、伝承の仕組みの解明が試みられていた。こうした研究は、本書における筆者の議論と軌を一にするものである。

第二章「獅子舞の現地」では、鳥屋の獅子舞に対する調査の開始とその後の経過を通じて、以下に続く獅子舞の伝承の各側面を検討するための視角を定めるに至った経緯を示した。鳥屋の獅子舞では、老若取り混ぜた大勢の演者たちによって見事な上演が実現されていたが、それは、従来定められたやり方を遵守して行うだけでなく、ある部分では従来のやり方を変更したり、ある部分ではやり方自体決まっていなかったり、全体としてはかなり融通を利かせた実践の結果として達成されていた。こうした様相から浮かび上がってきたのは、演者たちにとって重要なのは、従来のやり方を厳密に守っていくことよりも上演を実現することであり、そのために、実際の状況に対して柔軟に対処してきた演者たちの姿勢であった。こうした演者たちの実践的なあり方に十分配慮しつつ獅子舞の理解を試みるとすれば、それをその時々の状況の中で演者たちが上演の実現を目指して行う一連の過程と考え、演者たちの言説や行為、現地で生起する様々な出来事を通じてその過程を詳細に辿り、実現に至るまでに現地で何が起きていたのかを明らかにする取り組みが必要となってきたのであった。

第三章「舞の伝承」では、各地の獅子舞の芸態の特徴と、その教授と習得の様相について論じた。各地の芸態を比較した結果、それらが最も基本となる舞の構成や音楽構造の面では三区分され、それ以外の面はその区分と微妙に重なったりずれたりしているという、この地域への伝来時に既に備わっていた要素と、定着以降に近隣との交流で受容された後補的と考えられる要素が、重層的に組み合わされた構造になっていることが明らかになった。芸態について演者たちが語る言説を見てみると、各地に共通するものと共通しないものがあり、共通する言説は芸態そのもの、即ち舞の動作や全体の構成に関するものなのに対して、共通しない言説は芸態に対する評価や意味付けに関するものが多く、共通しない言説はそれぞれの獅子舞の事情や特定の演者の考え方が強く影響していた。芸態の教授と習得に関しては、かつては部分的な動作の型の完成を重視し、言葉による指示が主体の集団的な教授によって演技の習得が行われていたが、近年は全体の構成の完成を優先し、言葉に加えて手本となる動作の実演を取り入れた、一対一の個人的な教授によって習得の効率化が図られるようになってきた。こうした部分から全体への教授法の変化は芸態自体の変化を引き起こしていたが、それに止まらず、芸態に対する演者たちの考え方や獅子舞の芸能としての構成原理の変化とも密接に関わっていた。

第四章「歌の伝承」では、歌が獅子舞の上演においてどのような役割を果たしているか、そして、演者たちが歌に対してどのような認識を抱いているかを検討した。歌は第一義的には踊り手が舞を十全に遂行するための合図として機能的な役割を負わされていたが、それに止まらず、演者たちが意味不明になった古い詞章の再解釈によって新たな意味を語るようになっていた。その場合は、詞章の指示する意味が正確に語られるのではなく、ごく一部の詞章の意味に基づいた断片的で部分的な内容が語られていた。また、意味が語られるには、詞章が実際に歌われて実践の場に引き出されること、詞章を吟味しようとする進取の気質に富む人々の存在、演者たちが意味について話を交わす機会が用意されていることなど、いくつかの条件が必要なことが明らかになった。各地では詞章の文字テキストが早い時期から使われていて、その使用が、歌うという行為実践の場から歌を引き離して、詞章として対象化することを容易にし、演者たちの意味の獲得を促す場合が見られた。このことは、歌の伝承について、民俗知識の流通における文字伝承の働きに注目する民俗書誌論的な見地からの検討の必要性を示していた。

第五章「歴史の伝承」では、獅子舞の由緒や過去に関する現地の人々の知識のあり方について検討した。各地には由来書を初め獅子舞の由緒や過去に関する様々な文字で記された記録類が伝来しているが、それらに対する現地の人々の認識には、存在自体は知っているが内容は必ずしも正確に知っているわけではないという共通したあり方が見られた。こうした状況は、彼らがそれらに関する知識や情報を、文字記録との直接的な接触ではなくて、文字記録に接触した一部の人々の話を聞くという、口頭伝承の回路によって獲得しているために生じたと考えられた。そこで、由緒や歴史に関する口頭伝承を見てみると、内容が具体的で断片的なこと、歴史に興味を抱く限られた人々とそれ以外の人々で、知識や情報の保有状況に質的・量的な不均衡が見られることといった特徴が認められ、演者たちのこうした知識や情報の形成が、全体として文字記録よりも口頭表現が優越するかたちで行われてきたことが確認できた。また、過去に関する知識や情報は、踊り手の教授の際に語られて先例として参照されたり、獅子舞の価値を文化財として再認識し、演じ続ける自信を回復する際の根拠とされたり、上演や伝承の実現を円滑に遂行するために行使される実践的な性格を帯びていたことも明らかになった。

第六章「用具の伝承」では、獅子頭を初めとした用具類について、どのように維持伝承が行われてきたかを検討した。用具類が継続的に使用されると早晩修理や新調は避けられず、そのために、厳密にいえば形状・色彩・

意匠・構造の面で、ほとんどのものが変化を来していた。その場合、用具類が著しく変化したり元のかたちを比較的保ったり、どのような変化を示すかは、地域社会の獅子舞への関心、行政当局の文化財関係の施策、時代の風潮など、獅子舞を取り巻く周囲の事情が深く関わっていたが、それに加えて演者たちの経済力や、演者たちが抱く獅子舞に対する認識や美意識も大きく影響していた。また、用具類の維持管理は獅子舞が行われている地域社会内で完結するのではなく、獅子頭や太鼓といった自作不可能の用具類の修理や新調を通じて地域外の専門業者と深く結び付き、用具類の広域的な流通のネットワークを介して用具類の変化が生じる場合もあった。

第七章「伝承と現代」では、獅子舞の伝承の今日的な様相を、民俗芸能大会や研究者との関係を通じて考察した。現在演者たちは、民俗芸能大会や文化財保護制度に代表される行政当局が設けた制度的状況の中で獅子舞を演じているが、演者たちはそうした制度に一方的に従属し、管理されるのではなく、それらに順応し、時には利用して、自らの獅子舞を世間に売り出したり、行政当局からの援助を獲得したり、上演の実現のためのより有利な環境を作り上げていた。また、演者たちは、大会のような現地以外の上演を数多く経験することを通じて、大勢の観客の前でいかに見事に演じて喝采を浴びるかという、獅子舞の純粋な芸能としての上演に高い関心を示すようになった。現代の民俗芸能においては、行政当局との関係とともに研究者との関係を無視するわけにはいかない。本書で取り上げた獅子舞を初め、神奈川県内の民俗芸能に対しては、永田衡吉が深く関与していた。永田は調査を実施するに止まらず、文化財指定、中断した民俗芸能の復活、新たな民俗芸能の創作、民俗芸能大会の開催といった民俗芸能に関わる諸事業を行政当局とともに積極的に実施し、各地の演者たちに大きな影響を与えた。研究よりも実践を優先させた彼の姿勢は、研究者の現地との関わり方のひとつの方向性を示している。

こうした検討と分析の結果、本書では民俗芸能における「伝承」の内実を、この数十年間の神奈川県北部の獅子舞の場合という限定付きではあるが、ある程度明らかにすることができた。それは、前例を単純に繰り返すのではなく、現地における様々な出来事の発生や様々な人々の関与の中で、芸態や造形といった形式面、次第や演者組織や地域社会との関係といった実務面、演者たちの知識や意味付けや認識といった心意面など、様々な側面において内容に変化を来しつつ再創造されて、結果として上演が実現され、それが繰り返されていくことであった。その場合、変化を引き起す要因は、上演の実現への意志、芸能好きや進取の気質に富む人々の存在、演じることの快感の希求といったかたちで、演者たちの側にのみ存在していたのではなく、地域社会の変化、民俗芸能の社会的な意味付けの変化、行政当局や研究者の関与など外部にも存在し、両者は密接に関係しつつ作用していた。つまり、民俗芸能の伝承とは、ある形式や次第が変わらずに繰り返されていくことではなくて、人々が演じることによって、その人々と周囲との関係の中で形式や次第が様々に変化しつつ続けられていくことであった。そこでは、前例の形式や次第は尊守すべき規範であると同時に、実践の際に参照し、活用する最も手近で重要ではあるが、あくまで選択の対象となる素材として存在していた。したがって、その参照や活用の度合に応じて変化の様相は変わり、少なければ劇的に変化し、多ければ前例と連続性が高い小幅な変化にとどまることになった。そのことを獅子舞の実態は明確に示していたのである。こうした伝承の過程への注目は、対象をひとつの堅固な形式として静的に把握し、記述しがちであった従来の民俗芸能の研究に、変化や歴史を取り込んだ動的で柔らかな把握や記述による民俗誌の作成の可能性をもたらすことになると思われる。

また、こうした伝承に対する理解は、三匹獅子舞の歴史についても従来とは異なる理解のモデルを提供することになろう。折口信夫は日本の芸能の歴史を、過去の様々な時期に成立した芸能が現在でも全国各地で行われていることを考えると、「或時代にかういふ藝能が、かういふことになつてをつた」というような「時代區分的な見方」で理解することは困難であり、今日行われている状態に「その藝能自身が、どういふ形で進退したか、といふことをみる」かたちで「民俗学風に扱っていくよりほかに方法はない」とし［折口　一九三四：一一一－一一二］、「歌舞伎でも能でも田楽でも、何れも何でもかでも取り入れた一つの藝能の大寄せみたいなもの」になっていて、「何が藝能であるかは簡単に言われません」と述べている［折口　一九四四：一一八－一一九］。時代の変化とともに雑多な要素を吸収して変化していく過程にこそ芸能の芸能たる所以があり、そうしたかたちの変化が芸能の歴史であるとする折口の見解と、本書で筆者が提示した獅子舞の伝承のあり方には通じるものがある。そして、そうした伝承のあり方を、折口の見解を援用することで、この地域の獅子舞の歴史の理解モデルに組み替えることが可能となる。即ち、獅子舞はある時期にひとつの様式から一斉に別の様式へと移り変わるかたちで変化してきたのではなくて、各地域ごと、あるいは個々の獅子舞ごとに、前の時代の要素を引き継いだり、ほかの芸能の影響を取り込んだり、同時代的な流行に左右されたり、演者たちの趣味嗜好に影響されたり、様々な要素を取り込み、様々なかたちで変化してきた結果、多様性に富んだ内容を備えた形態が各地に同時に存在する状況に至ったというわけである。こうした理解は、一人立の獅子が三匹一組という以外は芸態や上演形態に地域ごとの顕著な違いが見られ、全体として実に多様性に富む様相を見せていた三匹獅子舞の現況［笹原　二〇〇二］とも合致することを考えると、三匹獅子舞全体の歴史を理解するためのひとつのモデルとなる可能性は高い。

最後に、本書での検討を通じて新たに浮かび上がってきた問題点をいくつか述べて終わりたい。第一点目は、獅子舞演者たちの獅子舞の実践の原動力は何かということである。前述のような獅子舞の伝承に対する理解は、獅子舞が実践されていく仕組みをある程度明らかにしたことにはなっても、演者たちが何故そうしたかたちで獅子舞の実践を行おうとするのか、彼らが何故獅子舞の実践に駆り立てられるのかという点に関しては、必ずしも十分な説明にはなっていない。つまり、現在、獅子舞が演者たちによって伝承されていく目的や動因が明らかになっていないのである。こうした場合、従来の民俗芸能研究では、しばしば「信仰」に依拠して説明が試みられてきた。民俗芸能が毎年繰り返し行われてきたのは、人々の神仏に対する信仰の力に基づいているというわけである。確かに三匹獅子舞においても信仰儀礼として行われているところが少なくなく、そうした説明が当てはまる場合もあろう。しかし、本書で見た神奈川県北部の獅子舞の場合は信仰的な性格は希薄であり、それで説明してしまうのは適当ではない。前述したように、演者たちの演じることへの興味や関心の高まりや演じることの快感の希求は、そうした動因としてかなり強力に作用していた。しかし、彼らのそうした思いを充足するためには、獅子舞以外の芸能でも原理的には可能である。そうなると、それのみを目的や動因と見なすだけでは十分ではないとも考えられる。

二点目は、演者たちに獅子舞を変化させないで伝承していくことへの強い執着が見られたことをどのように理解するかということである。鳥屋の演者たちが獅子舞を変化させないことの重要性を語っていたのは前述の通りである。こうした民俗芸能を変えずに保存伝承していくことを強調する演者たちの言説は、民俗芸能の現場においてしばしば耳にする。以前、あるパネルディスカッションで、(1)筆者は、民俗芸能は変化してしまうことが不可避なので、変化することを前提に保存や継承を考えていくことが必要ではないかという意見を述べたところ、フロアにいたある民俗芸能の演者から、「変化してもよいと簡単にいうが、我々は先祖から伝わったものを変えずに正確に伝えることが使命と思って必死にやっているのだ」と厳しく叱責されたことがあった［文化庁・神奈川県教育委員会　一九九五：一九一二〇］。現在の民俗芸能の演者たちに、こうした変化を禁じる強固な「保存命令」［藤田　一九九五］が存在している場合が多いことは、演者たちに変化を厭わず状況に応じて現実的に対応して上演を続けていく柔軟な姿勢が備わっているとする本書の見解と齟齬を来す。これは、民俗芸能の文化財としての保存という考え方が演者たちの間に浸透し、定着したことを示しているのかもしれないが、そうであるならば、今後看過できない問題が生じることになる。文化財の指定は、その民俗芸能を指定時点の状態に次第や形式を固定させたまま伝承させる仕組みを有している。しかし、民俗芸能は伝承されていく限り変化は避けられない。そうなると、指定文化財が伝承されていくことには根本的な矛盾が生じることになる。時が経つに連れてその矛盾が大きくなり、亀裂となって表に現れてきたとしたら、その場合、どのように事態を収拾したらいいのであろうか。

またそれは、さらにもうひとつの問題を提起する。筆者が前述のような発言をしたのは、演者たちが文化財として変化させせないことにこだわるあまり、実際の上演に手間暇がかかりすぎて演者たちに負担となっている場合があることをしばしば見聞きしてきたからである。演者たちの民俗芸能を変えずに保存しなければならないという強迫観念が少しでも軽くなればいいと考えて、演者が大勢集まっていた席で敢えてそういう発言をしたのであった。しかし、演者たちが期待していた言説はそれとは異なっていた。このことは、外部から関与する研究者は、演者たちに対し、何を目的としてどういう発言するのか、その姿勢が常に厳しく問われていることを改めて気付かせてくれる。研究者がよかれと思って発言したとしても、それが演者たちにとって好ましい結果を招くとは限らないのである。現地調査に基づいて調査研究を進める限り、調査地の人々との接触は不可避であり、こうした問題は常に存在していると考えなくてはならない。

三点目は、民俗芸能と観光の関わりである。橋本裕之は、国指定の重要無形民俗文化財に指定されている広島の壬生の花田植の演者たちが、文化財保護の文脈と共に観光の文脈も活用しながら自分たちの民俗芸能の存在理由を獲得し、実践を確かなものにしていくという、「保存と観光という二つのコンテクストにたいして、二つの方法を使い分ける戦略を編み出していた」と指摘し、現代の民俗芸能と観光の関係について注意を喚起している［橋本　一九九六］。本書では、各地の獅子舞と観光の関係に関しては触れることなく議論を進めてきた。それは、この地域の獅子舞は外部から多くの観光客が来訪するということもなく、観光的側面がそれ程顕著に認められなかったからであった。しかし、各地の獅子舞の現地以外での上演には、文化財保護を目的とするものではない場合がしばしば見られたことや、現地での上演に地域外から少数ではあるがアマチュア写真家が訪れていたことは、それらの獅子舞についても観光的側面が全く認められないわけではないことを示している。また、平成四年（一九九二）の「地域伝統芸能等を活用した行事の実施による観光及び特定地域商工業の振興に関する法律」(2)の施行により、今後、民俗芸能の価値として観光資源が文化財に取って代わることも考えられる。それを考えると、観光という観点からの検討は、本書で取り上げた獅子舞に対しても必要なのかも知れない。

そして、さらにもうひとつ、大きな問題が残っている。それは、人々が演じ、変化する過程としての伝承というあり方が、本書で取り上げた以外の地域の三匹獅子舞、あるいはほかの系統の民俗芸能についても同様に成り立つか否かということである。その点については別途検討を経なくては判断は難しい。しかし、少なくとも、これまで民俗学や民俗芸能研究において考えられてきた「伝承」の理解が十分なものではなく、再検討が必要であることだけは示し得たのではないだろうか。

これらの問題に関する検討は今後の課題としたい。

（1）　平成七年（一九九五）に神奈川県横浜市において、文化庁と神奈川県教育委員会主催の平成七年度東部地区文化振興会議において「身近な文化財を生かした文化のまちづくり――地域社会と民俗芸能――」と題したパネルディスカッションが開催された。

（2）通称「おまつり法案」。この法律に関しては、民俗芸能学会がシンポジウムを開催して問題点などを検討している［民俗芸能学会　一九九三］。

参考文献

愛川町教育委員会　一九九七　『三増の獅子舞』

会津若松市教育委員会　一九九五　『会津若松市文化財調査報告書第三九号　会津若松市三匹獅子舞調査報告書』

青盛　透　一九八五　「風流踊の構造——囃子の位置をめぐって——」『民俗芸能研究』一　五九-七六頁

秋田県教育委員会　一九九三　『秋田県の民俗芸能——秋田県文化財調査報告書第二二七集——』

朝倉喬司　一九九一　「革命せよ！と音頭は響いた」全関東河内音頭振興隊編『日本一あぶない音楽——河内音頭の世界』ＪＩＣＣ出版　五〇-六九頁

浅野健二　一九七二　『日本歌謡の発生と展開』明治書院

厚沢部町　一九八一　『櫻鳥——厚沢部町の歩み——　第二巻』

網野善彦　一九九六　『日本中世史料学の課題』弘文堂

荒井俊明　一九九三　『鳥屋の獅子舞——一人立三匹獅子舞——』

新井恒易　一九九二　「日本民俗協会と民俗芸能研究」『民俗芸能研究』一四　一五-一九頁

有賀喜左衛門　一九七一　「『花祭』に関する一つの解説」『早川孝太郎全集　第一巻』未来社　四七九-四九九頁

生田久美子　一九八七　『「わざ」から知る』東京大学出版会

生田久美子他　一九九五　「『わざから知る』その後　レクチャーと討論（一）」福島真人編『身体の構築学』ひつじ書房　四一五-五一一頁

池田弥三郎　一九六八　『日本の伝統八　民俗芸能』淡交新社

岩崎真幸・鈴木通大・松田精一郎・山本質素　一九七七　「〈民俗誌〉の系譜」『日本民俗学』一一三　一-二一頁

岩本通弥　一九九八ａ　「「民俗」を対象とするから民俗学なのか——なぜ民俗学は「近代」を扱えなくなってしまっ

たのか——」『日本民俗学』二一五　一七-三三頁
岩本通弥　一九九八b　「民俗学と「民俗文化財」とのあいだ——文化財保護法における「民俗」を巡る問題点——」『國學院雜誌』九九-一一　二一九-二三一頁
上野晴朗　一九七三　『山梨の民俗——祭と芸能——下巻』光風社書店
上野誠　一九九〇　「民俗芸能における見立てと再解釈——静岡県引佐町川名のヒヨンドリを事例として——」『日本民俗学』一八四　三四-五七頁
上野誠　一九九一　「折口信夫のフィールドワーク——『古典』と『生活の古典』を結ぶもの——」『国立歴史民俗博物館研究報告』三四　六九-八五頁
上野誠　一九九三　「早川孝太郎『花祭』の方法——「民俗芸能誌」の記述を巡って——」『課題としての民俗芸能研究』ひつじ書房　二一-三八頁
上野誠　一九九四　「稽古とその場——「伝承」を考える——」松戸市立博物館編『千葉県松戸市の三匹獅子舞』一七三-一八六頁
上野誠・西瀬英紀　一九九二　「民俗芸能研究の現在」『日本民俗学』一九〇　一四二-一六〇頁
大石泰夫　一九九四　「若者の民俗としての獅子舞」松戸市立博物館編『千葉県松戸市の三匹獅子舞』一五一-一五八頁
大石泰夫　一九九八　「民俗芸能と民俗芸能研究」『日本民俗学』二一三　八二-九七頁
大友務　一九九〇　「獅子舞の起源説話(一)」『埼玉県立民俗文化センター研究紀要』六　四五-五四頁
大村達郎　一九九七　「三匹獅子舞主要研究文献目録」『民俗芸能研究』二五　九〇-一一二頁
小笠原恭子　一九七二　『かぶきの誕生』明治書院
奥多摩町教育委員会　一九八二　『奥多摩町の民俗——民俗芸能——』
尾島利雄　一九七三　『栃木県民俗芸能誌』錦正社
折口信夫　一九四四　『日本芸能史六講』三教書院
折口信夫　一九七一　『折口信夫全集　ノート編第五巻』中央公論社

折口信夫　一九五六a　『折口信夫全集　第十六巻』中央公論社
折口信夫　一九五六b　『折口信夫全集　第十七巻』中央公論社
懸田弘訓　一九九一　「鞨鼓を失った鞨鼓獅子舞」『福島県立博物館紀要』五　一二三-一三二頁
樫尾直樹　一九九三　「つぶろさし伝説考――ムラの記憶と上演の場から――」民俗芸能研究の会／第一民俗芸能学会『課題としての民俗芸能研究』ひつじ書房　二二一-二三八頁
神奈川県教育委員会　一九七三　『神奈川県文化財図鑑　無形文化財・民俗資料編』
神奈川県教育庁　一九六三　『神奈川の社会教育(昭和三十七年版)』
神奈川県民俗芸能保存協会　一九六九~九一　『かながわの民俗芸能』一~五四
神奈川県民俗芸能保存協会　一九七六~七七　「新郷土芸能行事(一)~(四)」『かながわの民俗芸能』一九~二二
神奈川県民俗芸能保存協会　一九七七　『かながわの民俗芸能』二二
神奈川県民俗芸能保存協会　一九七九　『かながわの民俗芸能』二八
金子一郎　一九七六　「県の民俗芸能大会に出場して」『かながわの民俗芸能』一八　七-八頁
河竹登志夫　一九八八　「永田先生と久里浜ページェント」『永田衡吉文庫一　永田衡吉資料目録』民史研究資料館　六七-六八頁
河野弘　一九九〇　「いばらきの三匹獅子舞」『常総の歴史』六　六四-七四頁
川場村役場　一九六一　『川場村の歴史と文化』
神田より子　一九八〇　「関東の獅子舞」『まつり』四二　四七-六八頁
神田より子　一九八八　「東京都多摩川上・中流域の獅子舞」『文化財の保護』二〇　一二三-一八五頁
菊地暁　一九九九　「民俗文化財の誕生」『歴史学研究』七二六　一-一四頁
金田一春彦　一九八九　「日本のウタとコトバ」『岩波講座　日本の音楽・アジアの音楽　第七巻　研究の方法』岩波書店　二八三-三〇四頁
倉林正次　一九七〇　『埼玉県民俗芸能誌』錦正社
郡司正勝　一九五八　『郷土芸能』東京創元社

群馬県　一九八二『群馬県史　資料編二六　民俗二』
小池淳一　一九九五「由来書のフォークロア」弘前大学教育研究学内特別経費事務局『通路的景観と交流の文化論――さまざまな道を素材として』一九一-二三八頁
小池淳一　一九九六「民俗書誌論」須藤健一編『フィールドワークを歩く――文科系研究者の知識と経験――』嵯峨野書院　一二五-一三三頁
小海町　一九七三『小海町誌（社会編一）』
国立歴史民俗博物館　一九九一『国立歴史民俗博物館研究報告』三四
国立歴史民俗博物館　一九九三『国立歴史民俗博物館研究報告』五一
小島美子・小柴はるみ・半谷宣子　一九六九「利根川流域の三匹シシ舞の音楽的系譜――楽器の分布を中心に――」『人類科学』二一　一八九-二一一頁
小島美子　一九七七「三匹獅子舞のしくみと成り立ち」吉田智一編『獅子の平野』国書刊行会　一〇五-一一〇頁
小島美子　一九八二『日本音楽の古層』春秋社
小寺融吉　一九二八「八重山の舞踊の印象」『民俗芸術』一-六　五七-七二頁
小寺融吉　一九三〇「固有の獅子と輸入の獅子」『民俗芸術』三-一　二三三-二四二頁
小寺融吉　一九七四『近代舞踊史論（復刊）』国書刊行会
後藤　淑　一九九〇「永田衡吉の足跡」『民俗芸能研究』一二　三四-三九頁
小林香代　一九九七「東京エイサーシンカにおけるエイサーの「経験」」『民俗芸能研究』二四　二七-五〇頁
小林昌人　一九七三「菅薬師の獅子舞」『川崎市文化財調査集録』第八集　一七-四二頁
小林康正　一九九四「伝承論の革新――獅子舞を伝えるとはどういうことか――」松戸市立博物館編『千葉県松戸市の三匹獅子舞』一五九-一七二頁
小林康正　一九九五「伝承の解剖学――その二重性をめぐって――」福島真人編『身体の構築学――社会的学習課程としての身体技法』ひつじ書房　二〇七-二六〇頁
小林康正　一九九七「民俗芸能における〈内閉した美意識〉について（二）」『相模原市立博物館研究報告』六　七四

-八九頁
西郷由布子　一九九三　「人はどうして「踊りおどり」になるのか」民俗芸能研究の会/第一民俗芸能学会編『課題としての民俗芸能研究』ひつじ書房　二八一-三〇三頁
西郷由布子　一九九五　「芸能を〈身につける〉――山伏神楽の習得過程」福島真人編『身体の構築学――社会的学習課程としての身体技法』ひつじ書房　一〇一-一四一頁
才津祐美子　一九九六　「「民俗文化財」創出のディスクール」『待兼山論叢』三〇　四七-六二頁
才津祐美子　一九九七　「そして民俗芸能は文化財になった」『たいころじい』一五　二〇-三二頁
埼　玉　県　一九八六　『新編埼玉県史　別編二　民俗二』
埼玉県神職会　一九四〇　『埼玉県下特殊神事第二集　埼玉の獅子舞　一名ささら獅子』
埼玉県立民俗文化センター　一九八二　『埼玉県民俗芸能調査報告書第一集　下間久里の獅子舞』
相模原市　一九六八　『相模原市史　第六巻』
相模原市教育委員会　一九八九　『神楽師と芸能――相模原及び周辺地域の神楽師と芸能――』
相模原市教育委員会　一九九一　『鳥屋の獅子舞』
相模原市教育委員会　一九九二　『三増の獅子舞』
相模原市教育委員会　一九九三　『田名の獅子舞』
相模原市教育委員会　一九九四　『下九沢の獅子舞』
相模原市教育委員会　一九九五　『大島の獅子舞』
相模原市立博物館　一九九六　『三匹獅子舞の諸相』
笹野邦一　一九八二　『大沢風土記第二集(第一集併載)』おおさわ風土記協力会
笹原亮二　一九八七　「神楽師の芸能(一)――相模市及び周辺地域における神代神楽を中心に――」『民俗』一二八　一-三頁
笹原亮二　一九九〇　「奇妙な舞台・微妙な舞台――民俗芸能大会と民俗芸能研究者――」『民俗芸能研究』一一　一三-一七頁

笹原亮二 一九九一 「引き剝がされた現実――「郷土舞踊と民謡の会の時代」を巡る諸相――」『共同生活と人間形成』三・四 九九-一三四頁
笹原亮二 一九九二a 「ある民俗芸能家の肖像――永田衡吉の仕事を巡って――」『藤沢市史研究』二五 八〇-九七頁
笹原亮二 一九九二b 「獅子舞を見に行くこと――現在と民俗芸能研究を巡って――」『民俗芸能研究』一六 二三-三九頁
笹原亮二 一九九二c 「獅子の女――獅子舞調査の現場から――」『博物館建設準備便り』一二五 一-二頁
笹原亮二 一九九二d 「芸能を巡るもうひとつの「近代」――郷土舞踊と民謡の会の時代――」『芸能史研究』一一九 四七-六二頁
笹原亮二 一九九二e 「民俗芸能の伝統――神代神楽を巡る小さな歴史――」『研究報告』一 五六-七七頁
笹原亮二 一九九三 「民俗芸能大会というもの――演じる人々・観る人々――」民俗芸能研究の会/第一民俗芸能学会編『課題としての民俗芸能研究』ひつじ書房 三九五-四二二頁
笹原亮二 一九九六 「三匹獅子舞と風流」『三匹獅子舞の諸相』相模原市立博物館 八二-九一頁
笹原亮二 一九九八a 「演じられる詞――三匹獅子舞と歌の詞章を巡って――」関一敏編『現代民俗学の視点二 民俗のことば』朝倉書店 一一四-一三五頁
笹原亮二 一九九八b 「誌の欲望――なんとなく確かな三匹獅子舞の現実――」『歴史民俗資料学研究』三 一八-四八頁
笹原亮二 一九九八c 「三匹獅子舞研究の自分史――三匹獅子舞の現地と調査研究の実践を巡って――」『神奈川地域史研究』一六 五三-七二頁
笹原亮二 一九九八d 「民俗学あるいは日本民俗学と民俗芸能研究」『日本民俗学』二一六 五六-七六頁
笹原亮二 一九九九 「文字に記された過去と演者――三匹獅子舞に関する文字記録を巡って――」『歴史民俗資料学研究』四 一七〇-二一三頁
笹原亮二 二〇〇一 「三匹獅子舞の分布」『国立民族学博物館研究報告』二六-二 一七一-二三六頁

志田延義　一九五九「解説」西角井正慶他編『日本古典鑑賞講座第一四巻　日本の歌謡』角川書店　三一一三頁
篠崎和輔　一九八〇「田名八幡宮の獅子舞について」『神奈川の民俗芸能』五一　六-七頁
篠崎和輔　一九八二「獅子舞復活――田名八幡宮獅子舞復活事情――」『さがみはらの民俗芸能』三　四-一〇頁
志村有弘　一九七〇「永田衡吉研究――古典と近代作家――」『立教高等学校研究紀要』一　一-五〇頁
下野民俗研究会　一九八〇『栃木の祭りと芸能』栃の葉書房
清　水　利　一九五八「沢井丹波山獅子舞交流記」『多摩郷土研究』二四　一-一一頁
関　一　敏　一九九三『聖母の出現　近代フォーク・カトリシズム考』日本エディタースクール出版部
第一法規　一九七六『文化財用語辞典』
高橋誠一郎　一九六二「ごあいさつ」『民俗芸能』二　一頁
田口光一　一九八五「東信濃の風流獅子舞」『まつり』四四　六九-九一頁
竹本宏夫　一九八二『田植歌の基礎的研究――大山節系田植え歌を主軸として――』風間書房
田中　進　一九八三「檜原村の民俗芸能」『多摩のあゆみ』三三　七一-八二頁
田辺　悟　一九八三『ふるさとの文化財(民俗文化財篇)』神奈川県教育委員会
多摩民俗芸能研究会　一九九七『立川の伝統芸能』立川市教育委員会
段木一行　一九八八「西多摩に見る獅子舞伝承の一経路」『文化財の保護』二〇　一八七-二二〇頁
地域伝統芸能活用センター　一九九九『第七回地域伝統芸能全国フェスティバル和歌山プログラム』
津久井郡郷土誌編集委員会　一九八二『津久井郡郷土誌第三集　鳥屋編』
筑波大学歴史人類学系民族学研究室　一九八九『族』一〇
堤ヶ岡村役場　一九五六『堤ヶ岡村誌』
戸板康二　一九八七「国立劇場の民俗芸能」『芸能』二九-二　七頁
東京市役所　一九三八『小河内貯水池郷土小史』
都市とフォークロアの会　一九八七『らく』一
豊島区教育委員会　一九九一『豊島区長崎獅子舞調査報告　第三分冊』

中里正楽　一九九七　『獅子頭新調への軌跡』
中島三千男　一九九〇　『天皇の代替りと国民』青木書店
永田衡吉　一九二五　「ページェント(一)～(四)」『青年』一〇-二～五
永田衡吉　一九二八a　「十二座神楽の源流に就て――小国神社の舞楽と鷲宮の神楽――」『民俗芸術』一　六七-七二頁
永田衡吉　一九二八b　「十二座神楽の源流に就て(承前完結)――小国神社の舞楽と鷲宮の神楽――」『民俗芸術』二　四九-五六頁
永田衡吉　一九五七　『無形文化財収録(二)』『神奈川県文化財調査報告書』二三　二二五-三二二頁
永田衡吉　一九六六　『神奈川県民俗芸能誌』神奈川県教育委員会
永田衡吉　一九六七　『神奈川県民俗芸能誌　民謡編』神奈川県教育委員会
永田衡吉　一九六九　『日本の人形芝居』錦正社
永田衡吉　一九七六a　「郷土祭りはページェントで」『かながわの民俗芸能』一八　二頁
永田衡吉　一九七六b　「ヤッサ踊の由来」『かながわの民俗芸能』一九　二頁
永田衡吉　一九七七　『神奈川の祭と芸能』神奈川合同出版
永田衡吉　一九七八　「お役所の芸能調査の始まり――民俗芸能回想記(八)――」『かながわの民俗芸能』二五　二頁
永田衡吉　一九八二　『民俗芸能　明治大正昭和』錦正社
永田衡吉　一九八三　『生きている人形芝居』錦正社
永田衡吉　一九八七　『神奈川県民俗芸能誌　増補・改訂版』錦正社
中藤政文　一九九〇　「民俗芸能誌の刊行と永田衡吉先生」『民俗芸能研究』一二　四〇-四三頁
中村　規　一九九二　『江戸東京の民俗芸能三　獅子舞』主婦の友社
中村茂子　一九七九　「じんやく踊考」東京国立文化財研究所芸能部編『芸能の科学一〇　芸能論考Ｖ』東京国立文化財研究所　五一-九一頁
中村茂子　一九八〇　「いりは・では・ひきは――風流踊・風流系獅子踊を中心に――」東京国立文化財研究所芸能部

編『芸能の科学一一　芸能論考Ⅵ』東京国立文化財研究所　六一－一〇四頁
中村茂子　一九八七「獅子踊歌の歌詞構成様式――埼玉県・秋田県を中心に――」『民俗芸能研究』六　一九－三〇頁
中村仁美　一九九六「相模原周辺の獅子舞の音楽構造」『三匹獅子舞の諸相』相模原市立博物館　七〇－八一頁
N・A・ネフスキー　一九一八「相模の獅子舞ひの歌」『土俗と伝説』一－三　一九頁
新潟県教育委員会　一九八〇『無形の民俗文化財記録第五集　佐渡の小獅子舞』
新潟県教育委員会　一九八一『無形の民俗文化財記録第六集　越後の風流獅子踊り』
西角井正大　一九七九『民俗芸能入門』文研出版
日本青年館　一九二三『青年』八－一一・一二
萩原龍夫　一九七九「芸能と祭祀組織」本田安次編『講座日本の民俗八　芸能』有精堂　二二一－二三八頁
橋本裕之　一九八九a「これは民俗芸能ではない」小松和彦編『これは「民俗学」ではない』福武書店　七一－一〇九頁
橋本裕之　一九八九b「文化としての民俗芸能研究」『民俗芸能研究』一〇　二二－四二頁
橋本裕之　一九八九c『〈民俗芸能研究の会／第一民俗芸能学会〉通信』
橋本裕之　一九八九d「近代の復讐――牛尾三千夫の「美しい村」をめぐって――」『法政人類学』四一　二－一九頁
橋本裕之　一九九〇「民俗芸能研究における「現在」」『国立歴史民俗博物館研究報告』二七　三六三－三九一頁
橋本裕之　一九九三「民俗芸能研究という神話」『課題としての民俗芸能研究』ひつじ書房　三－一五頁
橋本裕之　一九九四「演技の民俗誌――松戸市大橋の三匹獅子舞――」松戸市立博物館編『千葉県松戸市の三匹獅子舞』一八七－二一四頁
橋本裕之　一九九五「「民俗芸能」における言説と身体」福島真人編『身体の構築学――社会的学習課程としての身体技法』ひつじ書房　一四三－二〇六頁
橋本裕之　一九九六「保存と観光のはざまで――民俗芸能の現在」山下晋司編『観光人類学』新曜社　一七八－一八八頁

橋本裕之　一九九七a　『王の舞の民俗学的研究』ひつじ書房
橋本裕之　一九九七b　「歌詞が引き出す身体技法」久保田淳他編『岩波講座日本文学史第一六巻　口承文学一』岩波書店　三二三-三四三頁
畠山　豊　一九九七　「村富神社の獅子頭」相模原市教育委員会編『平成八年度　相模原市文化財年報』　一四-一五頁
早川孝太郎　一九三〇　『花祭』岡書院
林　京平　一九八九　「大先達・永田衡吉」『芸能』三一-一一　二七-二八頁
東恩納寛淳　一九五六　「無形文化財に取り上げられるまで」『かながわ文化財』六　一二五-一二八頁
樋口　昭　一九七三　「風流踊歌――類歌の研究」小泉文夫他編『吉川英治先生還暦記念論文集　日本音楽とその周辺』音楽之友社　三四一-三六七頁
樋口　昭　一九七七　「風流踊歌の形式」『東京音楽大学紀要』二　二九-五七頁
平山和彦　一九九二　『伝承と慣習の論理』吉川弘文館
弘前市教育委員会　一九八五　『文化財シリーズNo.一二　弘前の文化財――獅子舞――』
俵木　悟　一九九七　「民俗芸能の実践と文化財保護政策――備中神楽の事例から――」『民俗芸能研究』二五　四二-六三頁
兵藤裕己　二〇〇〇　『平家物語の歴史と芸能』吉川弘文館
福島真人　一九九三　「儀礼とその釈義――形式的行動と解釈の生成」民俗芸能の会/第一民俗芸能学会編『課題としての民俗芸能研究』ひつじ書房　九九-一五四頁
藤田隆則　一九八九　「音声による言葉の断片化――謡を身体動作の脈絡においてみる――」『岩波講座　日本の音楽・アジアの音楽　第七巻　研究の方法』岩波書店　二三五-二六〇頁
藤田隆則　一九九五　「古典音楽伝承の共同体――能における保存命令と変化の創出」福島真人編『身体の構築学――社会的学習課程としての身体技法』ひつじ書房　三五七-四一四頁
藤田　正　一九九一　「河内音頭はエレキ・ギターで夢を見る」全関東河内音頭振興隊『日本一あぶない音楽――河内

音頭の世界』ＪＩＣＣ出版　九八-一一一頁
古野清人　一九七三　『古野清人著作集　第六巻』三一書房
文化庁・神奈川県教育委員会　一九九五　『平成七年度東部地区文化財振興会議報告書――文化の振興と地域の活性化――』
本田安次　一九三四　『陸前浜乃法印神楽』伊藤書林
本田安次　一九四二　『山伏神楽・番楽』斎藤報恩会
本田安次　一九五七　「獅子舞考」『日本民俗学』五-一　一-二四頁
本田安次　一九六七　『日本の民俗藝能II　田楽・風流一』木耳社
本田安次　一九七〇　『日本の民俗藝能Ⅳ　語り物・風流二』木耳社
本田安次　一九七九　「概説」本田安次編『講座日本の民俗八　芸能』有精堂　一-二一頁
本田安次　一九八四　『東京都民俗芸能誌　上巻』錦正社
町田市立博物館　一九八六　『多摩の三匹獅子舞　獅子頭・面・太鼓』
松戸市立博物館　一九九四　『千葉県松戸市の三匹獅子舞』
真鍋昌弘　一九八二　『中近世歌謡の研究』桜楓社
三隅治雄　一九五八　『無形文化財全書第八巻　郷土芸能』大同書院
三隅治雄　一九七二　『日本民俗芸能概論』東京堂出版
三隅治雄　一九七六　『芸能史の民俗的研究』東京堂出版
三隅治雄　一九八一　「概説」三隅治雄他編『民俗芸能辞典』東京堂出版　二四-三二頁
三隅治雄　一九八五　「民俗芸能研究の歴史と現状と展望」『民俗芸能研究』一　四-一三頁
三隅治雄　一九八九　「民俗芸能と芸能研究」『芸能』三一-四　一二-二〇頁
三隅治雄　一九九四　「民俗芸能学会十年の歩み」『民俗芸能研究』二〇　八-一一頁
民史研究資料館　一九八八　「永田衡吉先生略年譜」『永田衡吉文庫資料一　永田衡吉文庫資料目録』民史研究資料館　六二-六四頁

民俗芸術の会　一九三〇　『民俗芸術』三-一
民俗芸能学会　一九九三　「シンポジウム「民俗芸能とおまつり法」」『民俗芸能研究』一七　七八-九七頁
民俗芸能研究の会／第一民俗芸能学会　一九九三　『課題としての民俗芸能研究』ひつじ書房
柳田國男　一九三〇　「獅子舞考」『民俗芸術』三-一　二四三-二六〇頁
山路興造　一九七一　「全国風流踊り歌一覧」『民俗芸能』四四　四九-九一頁
山路興造　一九八四　「第七章　芸能伝承」野口武徳他編『日本民俗学』弘文堂　一六九-二〇〇頁
山路興造　一九八六　「三匹獅子舞の成立」『民俗芸能研究』三　五〇-六六頁
山路興造　一九九〇　『翁の座――芸能民たちの中世』平凡社
山路興造　一九九四　「民俗芸能研究の諸動向」『民俗芸能研究』二〇　二一-二七頁
山路興造　一九九六　「獅子の芸能」町田市立博物館編『獅子頭～東日本を中心に』　八-一三頁
山本宏子　一九八六　「民俗芸能の伝承方法についての一考察」『民俗芸能研究』三　六七-七八頁
山本修康　一九八五　「埼玉における獅子頭の形態分類についての一試論――三頭一人立ち獅子舞の頭を中心として
――」『埼玉県立博物館紀要』一二　一七五-一九九頁
山田尚彦　一九九三　「行政の調査者とフィールドのあいだ」松戸市立博物館編『千葉県松戸市の三匹獅子舞』　一三〇-一三九頁
山田尚彦・小林康正・中村仁美・笹原亮二　一九九六　「三匹獅子舞の上演を巡って」相模原市立博物館編『三匹獅子舞の諸相』　三-五六頁
吉田智一　一九七七　『獅子の平野』国書刊行会
米沢市　一九九〇　『米沢市史　民俗編』
李家孝　一九六九　「会長あいさつ」『かながわの民俗芸能』一　二頁
渡邊修　一九八八　「永田衡吉と紀州新宮」『永田衡吉文庫目録』民史研究資料館　七八-七九頁
和歌森太郎　一九七〇　『新版日本民俗学』清水弘文堂

初出一覧

序　新稿

第一章　新稿

第二章　「誌の欲望——なんとなく確かな三匹獅子舞の現実——」（『歴史民俗資料学研究』第三号、一九九八）

第三章　新稿

第四章

一　「演じられる詞——三匹獅子舞の歌と詞章を巡って——」

（関一敏編『現代民俗学の視点二　民俗のことば』朝倉書店、一九九八）

二　新稿

第五章

一　「文字に記された過去と演者——三匹獅子舞に関する文字記録を巡って——」

（『歴史民俗資料学研究』第四号、一九九九）

二　「語られる過去——演者が語る三匹獅子舞の歴史——」（『民俗芸能研究』第二九号、一九九九）

第六章　「獅子のかたち——三匹獅子舞の用具の伝承を巡って——」（『歴史民俗資料学研究』第五号、二〇〇〇）

第七章

一　新稿

二　「ある民俗芸能家の肖像——永田衡吉の仕事を巡って——」（『藤沢市史研究』第二五号、一九九二）

結　新稿

あとがき

本書は、平成一二年（二〇〇〇）九月に神奈川大学大学院歴史民俗資料学研究科に学位請求論文として提出し、平成一三年（二〇〇一）三月に博士（歴史民俗資料学）の学位を授与された論文「三匹獅子舞の研究」に加筆訂正を施し、内容を部分的に削除・変更して構成を整えたものである。

本書の執筆にあたり、多くの方々のお世話になった。まず、博士論文の審査をしていただいた香月洋一郎先生、小馬徹先生、中島三千男先生、山本幸司先生、熊倉功夫先生に感謝したい。香月先生には、神奈川大学大学院博士課程前期在籍中に指導教授としてお世話になり、その後も現在に至るまで、在籍中と同様、あるいはそれ以上に厳しくも熱心なご指導をいただいた。筆者は当初、当時神奈川大学におられた宮田登先生のもとで博士論文を準備していたが、宮田先生が亡くなられた後は香月先生が引き継いでくださり、指導していただいた。何とか論文をまとめることができたのは、香月先生のご指導のおかげであり、感謝の言葉もない。論文の審査に際し、香月先生を初め、先生方には多くの貴重なご意見やご教示をいただいた。本書の作成に当たっては、可能な限りそれらを生かすように努めたつもりである。

本書のもととなったのは、筆者が平成元年（一九八九）から行ってきた神奈川県北部の五ヵ所の三匹獅子舞に関する研究であるが、その過程においても多くの方々や関係機関にお世話になった。そもそも研究を始めたきっかけは、神奈川県相模原市にある相模原市立博物館に準備室の段階から学芸員として奉職し、博物館資料の収集や調査の過程で各地の三匹獅子舞と出会ったことである。同館在職中にはそれらの三匹獅子舞について詳細な調査を行い、成果を報告書として都合六冊作成することができた。本書の研究のための基礎的なデータは、大部分がこの時期の調査研究を通じて収集したものといっても過言ではない。そうした研究の機会を与えてくれた相模原市立博物館、そして、日々の業務で多忙を極める地域博物館にあって、かくも自由な調査研究の遂行を許していただいた上に貴重なご意見やご教示を賜った、同館在職当時の館長をはじめ、上司、先輩、同僚、後輩の学芸員の方々に深く感謝したい。本書掲載の写真もすべて同館から提供していただいたものである。

相模原市立博物館在職中、小林梅次先生からは、神奈川県内はもとより全国各地の民俗芸能や祭にご一緒させていただき、民俗調査の手ほどきを一から受けた。中村仁美氏、山田尚彦氏、小林康正氏には神奈川県北部の三匹獅子舞の調査を共同で行い、貴重なデータや研究のヒントをいただいた。相模原市教育委員会、愛川町教育委員会には各種資料の提供や現地調査の際の便宜を図っていただいた。特に愛川町教育委員会からは、三増の獅子舞について再度調査を行う機会を得て、新たな内容の報告書を作成することができた。また、神奈川県立歴史博物館、川崎市市民ミュージアム、町田市立博物館、八王子市立郷土資料館など、神奈川県内や東京都内の各地の博物館の学芸員の方々にも、相模原周辺の三匹獅子舞の現地調査や関連資料の所在などについてたびたび情報をいただき、お世話になった。

本文中でも触れたが、筆者が本書のようなかたちで民俗芸能の研究を行うに至ったのは、平成二年(一九九〇)から二年間に渡って活動した「民俗芸能研究の会/第一民俗芸能学会」に参加し、多くの斬新で先端的な研究に触れることができたことによる。同会を主宰した橋本裕之氏を初め、大石泰夫氏、上野誠氏ら、同会に参加した方々の独創的な研究発表や闊達な議論からは、実に多くのことを学ぶことができた。その一方で、早稲田大学において学生時代以来お世話になってきた鳥越文蔵先生をはじめ、山路興造氏や渡辺伸夫氏ら諸先輩方からは、芸能研究や民俗芸能研究が長年に渡って蓄積してきた研究の成果を十分踏まえることの重要性を、ことあるごとにご指導いただいた。ほかにも、神奈川大学大学院でお世話になった諸先生方や同大学日本常民文化研究所の方々など、これまでの研究活動において学恩を蒙った方々は数えあげればきりがない。すべての方々に改めてここで謝意を表したい。

本書で示した通り、筆者の研究の基本的な姿勢は、民俗芸能を伝承していくことをどのように理解すべきかということを、実際に各地で三匹獅子舞を行っている演者の方々とともに考えるというものであったが、それをなんとか貫徹できたのは、ひとえに各地の演者の方々が筆者を受け入れてくださったからである。何度も同じような話を聞きにやって来る筆者に、嫌な顔ひとつせずに相手をしていろいろな話をしてくださった、鳥屋の獅子舞、三増の獅子舞、田名の獅子舞、下九沢の獅子舞、大島の獅子舞の演者の方々には本当に感謝したい。彼らの話からは実に多くのことを学ぶことができた。お世話になった方々のなかには、本書の刊行を待たずに亡くなられた方が少なからずいらっしゃる。そうした方々に本書に目を通していただけなかったことが残念でならない。

前述のように、筆者の博士論文の作成は、当時神奈川大学大学院歴史民俗資料学研究科におられた宮田登先生の指導で始めたものであった。筆者が国立民族学博物館に奉職して関西に居を移して後も、定期的にお目に掛かってご指導いただいた。宮田先生は筆者の論文の進行状況が芳しくないことがわかると、電話をくださり、励ましてくださったこともあった。体調を崩して入院されていた平成一二年の正月明けにも、筆者の論文を案じる宮田先生のお声が自宅の留守番電話に入っていた。入院中にわざわざご本人から電話をいただいたことに、恐縮しつつもお体が快方に向かっているものと安堵していたので、それから一カ月ほどして、出張先の中東で先生の訃報を受け取った時にはにわかには信じられなかった。生来の怠惰さから論文をまとめるのに時間が掛かり、宮田先生にお目にかけることができなかったことは、悔やんでも悔やみきれない。ようやく本書を刊行することができて、宮田先生から受けたご恩に少しは報いることができたのではないかと考えている。

筆者が現在勤務している国立民族学博物館には、前の職場から引き続いて三匹獅子舞の研究を存分に行うことができる研究環境を与えていただいた上に、本書の出版に関しても格別のご配慮をいただいた。記して謝意をあらわしたい。最後になるが、思文閣出版の林秀樹編集長と濱野智さんには本書の編集と出版に際して大変お世話になった。改めてお礼を申し上げる。

索　引

（＊印は人名）

◆著者略歴◆

笹原《ささはら》亮二《りょうじ》

1959年生まれ．1982年早稲田大学第一文学部卒．1995年神奈川大学大学院歴史民俗資料学研究科博士課程後期中退．相模原市立博物館学芸員，国立民族学博物館民族文化研究部助手を経て，現在，国立民族学博物館民族文化研究部助教授．博士(歴史民俗資料学)．

三匹獅子舞《さんびきししまい》の研究《けんきゅう》

2003(平成15)年3月31日　発行

定価：本体6,500円(税別)

著　者　笹原亮二
発行者　田中周二
発行所　株式会社思文閣出版
〒606-8203 京都市左京区田中関田町2－7
電話 075－751－1781(代表)

印　刷
製　本　株式会社 図書印刷 同朋舎

ISBN4-7842-1151-9　C3039